Als Einstein nicht mehr weiterwußte

Zum Buch

Albert Einstein ist über die irdischen Zustände bestürzt: Droht ein Zerbrechen der sozialen Ordnungen? Ist die Naturzerstörung noch aufzuhalten? Steht, wie von vielen befürchtet, eine apokalyptische Katastrophe bevor, oder ist sie nur ein neurotischer Alptraum?
Im Himmel lädt Einstein die unsterblichen Seelen der großen Menschheitslehrer Freud, Marx, Descartes, Augustinus, Platon, Buddha und Konfuzius zu einem Krisengipfel ein. Sie fragen sich als »Selbsthilfegruppe«: Haben unsere Wegweisungen versagt?
Horst-Eberhard Richter zur Entstehung des Buches: »Eines Morgens bin ich mit der Idee dieses Buches aufgewacht. Ich erkannte sehr schnell ihre Vorteile, das ernste Thema in der Form eines lockeren Streitgesprächs mit satirischen Elementen zu gestalten.«

Zum Autor

Horst-Eberhard Richter, Professor Dr. med. et phil., wurde 1923 geboren. Er ist Psychoanalytiker, Psychiater und Sozialphilosoph, ehemaliger geschäftsführender Direktor des Psychosomatischen Universitätszentrums in Gießen und heute Direktor des Sigmund-Freud-Instituts in Frankfurt a.M. Wissenschaftliche Schwerpunkte: Jugend-, Familien- und Gruppenforschung, Klinische und Politische Psychoanalyse, Sozialphilosophie. 1980 bekam er den Theodor-Heuss-Preis. Zahlreiche Buchveröffentlichungen.

Horst-Eberhard Richter

ALS EINSTEIN NICHT MEHR WEITERWUSSTE

Ein himmlischer Krisengipfel

Econ & List Taschenbuch Verlag

Veröffentlicht im Econ & List Taschenbuch Verlag 1998
Der Econ & List Taschenbuch Verlag
ist ein Unternehmen der Econ & List Verlagsgesellschaft, München

Umschlagkonzept: Büro Meyer & Schmidt, München – Jorge Schmidt
Umschlagrealisation: Init GmbH, Bielefeld
Titelabbildung: © Isolde Ohlbaum
Druck und Bindearbeiten: Ebner Ulm
Printed in Germany
ISBN 3-612-26569-5

Inhalt

Hat die Konferenz überhaupt einen vernünftigen Sinn? 7

Marx, Einstein, Augustinus: Die Lage war noch nie so ernst 25

Konfuzius und Buddha erweitern den Horizont 49

Der Reihe nach auf der Sünderbank: 83
Platon 83
Augustinus 89
Descartes 100
Marx 113
Freud 126
Einstein 148

Rettung durch die Frauen? 157

Welche Prophezeiungen werden sich erfüllen? 177
Descartes: Der Zug fährt in eine wunderbare neue Welt 177
Freud: Der Pessimismus bereitet den Untergang vor . . 189
Marx: Der globale Ultrakapitalismus steuert in ein Inferno 198
Freud und Descartes: Der eiserne Besen als Alternative? 203

Einstein und Buddha: Vorsichtige Hoffnung auf Selbstheilungskräfte 217
Augustinus: Neue Zuversicht läßt sich erringen 226

Strittiges Resümee 239

Nachtrag 253

Hat die Konferenz überhaupt einen vernünftigen Sinn?

EINSTEIN: Obwohl erst kurze Zeit an diesem himmlischen Orte ansässig, habe ich mir erlaubt, werte Freunde, eure unsterblichen Seelen zu dieser außergewöhnlichen Runde einzuladen. Wenn ich richtig vermute, könnt auch ihr in der Mehrzahl nur besorgt mit ansehen, welche Gefahren unsere jüngsten Nachfahren für sich selbst und alles übrige Leben anscheinend bedenkenlos heraufbeschwören. Ist es nicht so, daß sich dabei ausgerechnet die Völker besonders hervortun, die sich für die fortschrittlichsten halten? Sind sie nicht schon dicht davor, ihre wunderbare Heimstatt endgültig zu zerstören? Verlieren sie nicht jegliches Maß dafür, was sie einander, ihren Vorfahren, den künftigen Generationen wie ihrer gesamten natürlichen Mitwelt an Achtung schulden? Wie mir scheint, wird immer mehr Menschen diese Verantwortungslosigkeit angstvoll bewußt, aber sie sehen nicht, wie sie das Unheil noch aufhalten können.
Ich bitte euch, meine Freunde, mit mir zusammen zu überprüfen, wie die irdische Situation tatsächlich einzuschätzen ist. Sehe ich die Verhältnisse einigermaßen zutreffend oder zu schwarz? Solltet ihr meine Besorgnisse teilen, müßten wir dann nicht fragen, was wir etwa selber zu der kritischen Entwicklung beigetragen haben? Sind wir vielleicht sogar zu einem erheblichen Teil die geistigen Urheber der sich anscheinend anbahnenden apokalyptischen Katastrophe?

FREUD: Aber zuerst solltest du uns doch erklären, Freund Einstein, warum du gerade uns ausgesucht hast, also Konfuzius, Buddha, Platon, Augustinus, Descartes, Marx und mich? Wären nicht noch viele andere bedeutende Himmelsbewohner es wert gewesen, an dieser Konferenz teilzunehmen? Etwa neu zugereiste Wirtschaftsplaner, technologische Experten oder politische Visionäre?

EINSTEIN: Was zunächst die Zahl anbetrifft, so weißt du doch besser als ich, lieber Freud, daß eine kleine Gruppe viel besser gemeinsam nachdenken kann als zwanzig oder fünfzig Leute. Warum habe ich euch bei meiner Auswahl bevorzugt? Ihr habt euch durch euren besonderen Mut hervorgetan, das *Ganze* zu bedenken. Unter den Neuankömmlingen vermisse ich originelle Köpfe, die nicht nur fachspezifische Projekte verfolgen, sondern erst einmal danach fragen, warum es so ist, wie es ist, und warum die Menschen Falsches tun, obwohl sie wissen, daß es falsch ist. Auch ist es ein Manko der meisten Neuen, daß sie zwar sehr gut über Geld nachdenken können, auch über viele Dinge, die sie machen oder künftig machen wollen. Aber was mit ihnen selbst ist, wozu sie da sind, welche Rücksicht die Natur von ihnen fordert, davon wissen sie wenig oder wollen es gar nicht wissen. Sie fragen, wie sie zu den Dingen passen, die sie herstellen, aber nicht, wie die Dinge zu einer vernünftigen Erfüllung ihres Lebens passen.
Vielleicht sucht ihr in dieser Runde vergeblich noch den einen oder anderen orthodoxen Religionsstifter. Aber ich wollte gern einen Disput über religiöse Dogmen vermeiden, wieviel Streit auch immer zwischen uns entstehen wird. Buddha hat einer pluralistischen Entfaltung seiner eigenen Lehre Raum gegeben, die immer Toleranz gegenüber anderen Religionen bewahrt hat. Konfuzius und Augustinus haben sich gerade auch als philosophische Lehrer hervorgetan. Und ähnlich sehe ich Marx, in dem viel mehr von einem Philosophen steckt, als er selber zugibt, auch wenn er

als dogmatischer Verkünder einer politisch-ökonomischen Gesetzlichkeit auftritt.

MARX: Es steht dir frei, mich so zu deuten. Nur frage ich dich, was bei unserer Konferenz herauskommen soll. Bewirken können wir damit nichts mehr. Wir erreichen auf der Erde keine Rezensenten, die unsere Ergebnisse, wenn es denn zu solchen überhaupt käme, verbreiten könnten.

FREUD: Stimmt es eigentlich, daß du und Engels seinerzeit die meisten Rezensionen zum »Kapital« selbst gefertigt habt?

MARX: Was blieb uns denn anderes übrig? Ohnehin hat es fünf Jahre gedauert, bis tausend Exemplare verkauft waren. Aber ich wiederhole meine Frage an Einstein: Welchen Nutzen soll es bringen, daß wir uns hier den Kopf über die aktuellen Probleme der Irdischen zerbrechen? Niemand hört uns. Im übrigen werdet ihr sehen, daß der Kapitalismus ganz allein für seine Selbstzerstörung sorgen wird, ob wir uns hier oben darüber Gedanken machen oder nicht.

PLATON: Vorläufig sind deine Anhänger jedoch überall daran gescheitert, daß sie, wo immer sie die herrschende Klasse von der Macht vertrieben haben, am Ende selbst zu Unterdrückern geworden sind. Aber wir sollten tatsächlich zuerst klären, was wir von Einsteins Vorhaben halten. Mir gefällt sein Vorschlag nicht nur, sondern ich halte ihn sogar für ein höchst fruchtbares Rezept. Nämlich zunächst als Therapie für uns selbst. Ich gehöre zu denen, die hier oben einen ewigen Zwang zur kritischen Selbstprüfung erleben. Vermutlich geht es euch ähnlich, und ihr müßt ebenfalls unaufhörlich grübeln: Was habe ich an Falschem verbreitet? Wie habe ich dazu beigetragen, daß richtig Gemeintes falsch verstanden wurde? Wo habe ich meine höchstpersönlichen Probleme mit denen der Allgemeinheit verwechselt? Was habe ich, Platon, zum Beispiel damit angerichtet, daß ich die

Sklaverei nie in Zweifel gezogen habe? Wenn ich mit euch einmal darüber reden kann, was alles ich mir vorwerfe, wird es mir leichter werden. Und vielleicht täte es euch genauso gut, euch in diesem Kreis mit euren Selbstzweifeln mitteilen zu können.

AUGUSTINUS: Mir bestimmt. Bedenke ich etwa, daß ich mit meiner Sündentheorie so viel Selbsthaß geschürt habe, daß die Kirche ihn zur Abreaktion mit Hilfe der Inquisition mißbrauchen konnte und daß sie bis heute die Manipulation von Schuldgefühlen als Herrschaftsmittel benützen kann.

FREUD: Auch ich bin erschreckt, wie ich nunmehr mit den Irrtümern und Freveln meiner irdischen Existenz wie in einem Käfig eingesperrt sitze. Ich stimme Platon also zu. Wir sollten die uns von Einstein gebotene Chance zumindest im Sinne einer *Selbsthilfegruppe* nutzen. Jeder legt offenherzig Rechenschaft über sich ab. Alle nehmen Anteil. Es ist immer noch besser, sich die schonungslose Kritik von anderen anzuhören, als ewig nur allein mit sich zu hadern. Deshalb habe ich früher schon einmal gesagt: Gläubiger sind leichter als Schuldgefühle zu ertragen.

EINSTEIN: Der Begriff Selbsthilfegruppe gefällt mir. Indessen stelle ich mir vor, daß wir über die gemeinsame kritische Selbstbespiegelung hinausgehen und in einer Art Gedankenwerkstatt darüber nachsinnen, wie die Irdischen aus ihrer Krise vielleicht doch noch herausfinden könnten. Wie immer wir auch mit unseren Fehleinschätzungen zu ihren Verirrungen beigetragen haben, so haben wir aus unserem Kreis doch auch gute Ideen geliefert, die sie zu ihrem Schaden gar nicht erst oder nur vorübergehend beherzigt haben. Warum sollten wir nicht neue Lösungswege entdecken können?

MARX: Dann werden wir wissen, wenn die dort unten zugrunde gehen, wie sie das hätten vermeiden können. Ist das nicht purer Zynismus?

FREUD: Unter einer Bedingung sehe ich das nicht so. Entdecken wir für die Völker Ziele, von denen nur *wir* wünschen, daß sie sich wünschen sollten, diese zu erreichen, dann freilich müßten wir uns mit dem Selbsthilfenaspekt bescheiden. Aber wir könnten doch auch entdecken, daß in der irdischen Gemeinschaft schon verheißungsvolle Strebungen bereitliegen, die nur noch eines Katalysators bedürfen. Für manche fruchtbaren Bewegungen, die ihr einst entzündet habt, wart ihr solche Katalysatoren. Aber wäret ihr es nicht gewesen, hätte vermutlich irgendein anderer diese Funktion übernommen, denn ein Seismograph ist immer da, der heute schon spürt, wie sich die Menschen morgen verstehen wollen. Vielleicht ermitteln wir bei unserer Analyse irgendwo heilvolle Aufbruchtendenzen, die nur noch eines Anstoßes bedürfen. Dann werden demnächst einer oder mehrere kommen, die den Prozeß in Gang setzen. Und wir wären getröstet. Also laßt uns suchen!

AUGUSTINUS: Ich bin zwar deiner Einladung gern gefolgt, lieber Einstein, weil ich schon zu deinen Lebzeiten ein großer Bewunderer deines humanistischen Engagements war. Auch das Selbsthilfegruppen-Konzept ist mir sympathisch. Ihr wißt ja vielleicht aus meiner Autobiographie, den »Bekenntnissen«, wie wichtig es mir ist, mich mit meinen eigenen Mängeln und Sünden der Diskussion zu stellen. Aber ich traue weder uns noch anderen die Voraussicht zu, ob die Völker sich selbst und die Natur erhalten oder zugrunde richten werden. Niemand weiß, was Gott mit seiner Schöpfung vorhat. Und warum er etwa zur Zeit Weltuntergangsängste, wie am Ende des ersten Jahrtausends, heftig wuchern läßt. Jedenfalls bin ich bis heute von meiner Prädestinationslehre nicht abgegangen, obwohl es hier oben nicht genauso aussieht, wie ich es mir einmal vorgestellt habe.

EINSTEIN: Ich selbst war vom Walten göttlicher Vernunft stets überzeugt. Die wunderbare Ordnung des Universums, die sichtbar zu machen ich vielleicht ein wenig beigetragen habe, hat mich in dieser Anschauung bestärkt. Aber haben wir nicht Anlaß zu erkennen, daß die Industrievölker dabei sind, das in sie gesetzte göttliche Vertrauen, die Verhältnisse auf der Erde partnerschaftlich mitzugestalten, brutal zu mißbrauchen? Hätte ein Gott, der alles unabwendbar vorherbestimmt, sich gefallen lassen, daß unser Geschlecht den Atomkern zertrümmert, um die Energien für völkermörderische Waffen zu entwickeln, oder daß die Menschen sich neuerdings anschicken, durch Manipulation des Erbgutes Leben nach Belieben neu zu züchten oder wegzuzüchten? Ich meine, daß die Irdischen jetzt die Verantwortung, die sie sich mit der Erzeugung unermeßlicher Risiken aufgeladen haben, nicht mehr einfach abstreifen und in mittelalterlicher Ergebenheit an ein höchstes Wesen zurückdelegieren können. Wir hier oben dürfen uns erst recht nicht davor drücken, die Last unseres eigenen Anteils auf uns zu nehmen.

PLATON: Ich war schon nahe daran, einen aus unserem Kreis dafür vorzuschlagen, die Rolle eines Gott-Stellvertreters zu übernehmen, der uns die Leviten lesen und überdies probieren sollte, die für unser Geschlecht verbleibenden Optionen aus göttlicher Sicht zu erläutern. Aber was sollte der uns sagen, was wir nicht selber einschätzen können? Ich finde im übrigen Einsteins Gedanken einleuchtend: Man kann nicht in alle Lebenszusammenhänge des Universums rücksichtslos eingreifen und gleichzeitig eine himmlische Fügung erwarten. Das wäre pure Heuchelei. Haben die Irdischen ihre Befugnisse überschritten, wie es aussieht, dann müssen sie selber die Konsequenzen tragen, anstatt auf Strafe oder Rettung von oben zu warten.

BUDDHA: Ich kann dem nur zustimmen. Meine Anhänger glauben ohnehin, wie ihr wißt, an keinen Schöpfergott, obwohl sie häufiger meditierend den Blick nach innen kehren als die meisten Christen. Ich wüßte also nicht, welche Kompetenz wir hier an einen fiktiven Gott-Stellvertreter abtreten sollten, die uns nicht selber zukommt. Vielleicht würden mich Zweifel an meiner Haltung befallen, würde ich wahrnehmen, daß die Christen das, was sie Schöpfung nennen, in Demut vor ihrem Gott besser schützen würden als meine Anhänger. Aber es ist nun einmal genau umgekehrt. Die größte Gewalt gegen die Natur geht doch gerade von den Völkern aus, die sich christlich nennen. Im übrigen möchte ich bemerken, daß wir alle uns auf Erden als geistige Lehrer ausgegeben haben, die das Richtige wissen, oder wir sind wenigstens so verstanden worden. Also sollten wir doch nicht etwa versuchen, uns nachträglich für minder zurechnungsfähig zu erklären.

DESCARTES: Mir hätte Platons Idee, die er selber dann fallengelassen hat, durchaus eingeleuchtet. Wir Christen haben nun einmal, Buddha respektiert es, eine Vorstellung von Gott durch dessen in der Bibel geoffenbartes Walten, woraus sich durchaus einiges ableiten ließe ...

AUGUSTINUS: Ich traue dir sogar zu, Descartes, daß du hier gern selber die Rolle des Gott-Stellvertreters übernommen hättest. Denn in deinen »Meditationen« hast du bereits in einer Anwandlung von Größenwahn erklärt, daß die Möglichkeit zur göttlichen Vollkommenheit vielleicht in dir selbst stecke. Und du hast dich nicht geniert, die Existenz Gottes aus deiner eigenen Logik abzuleiten, als ob er erst dadurch wirklich sei, daß du ihn denken könntest.

DESCARTES: Du spielst auf meinen Gottesbeweis an.

AUGUSTINUS: Genau das tue ich. Da hast du nämlich erklärt, deine Idee von Vollkommenheit müsse eine Ursache haben. In dir könne die Ursache nicht liegen, denn du seist nun einmal unvollkommen. Also müsse ein Wesen, dem Vollkommenheit zukomme, die Idee in dir erzeugt haben. Und das könne nur Gott sein. Aber solch ein Kausalschluß ist nur auf Naturvorgänge anwendbar. Außerdem wäre nach deiner Logik Gott mit der böhmischen Königstochter Elisabeth austauschbar.

DESCARTES: Wie kommst du auf diesen Unsinn?

AUGUSTINUS: Du selbst hast an dieser Dame wörtlich die Vollkommenheit ihrer Weisheit gerühmt, was nach deiner Argumentation doch bedeutet, daß auch sie dir den Begriff von Vollkommenheit eingepflanzt haben könnte.

DESCARTES: Mit deinen Spitzfindigkeiten möchtest du mir doch nur meine gläubige Demut absprechen. Aber du hättest den Schlußsatz meiner »Prinzipien der Philosophie« lesen sollen, den ich dir auswendig hersagen kann: »Allein dennoch bin ich . . . stets meiner Schwachheit eingedenk und behaupte nichts unbedingt, sondern unterwerfe alles sowohl der Autorität der katholischen Kirche wie dem Urteil der Einsichtigeren.«

AUGUSTINUS: Das hast du doch nur aus Angst vor der Kirche geheuchelt, nachdem die Inquisition deinen philosophierenden Kollegen Giordano Bruno verbrannt und Galilei eingesperrt hatte.

DESCARTES: Du willst also von uns beiden unbedingt der Gottesfürchtigere sein. Ich meine, du bist der noch Anmaßendere mit deinem vorgeblichen Wissen vom Gottesstaat und dem Teufelsreich. Was sagst du dazu, hier oben einen Gotteslästerer wie Marx anzutreffen?

EINSTEIN: Genug! Ihr könnt euch später noch nach Herzenslust beschimpfen. Aber jetzt möchte ich erst einmal zu dem Punkt zurück, ob es hilfreich wäre, einen unter uns zu suchen, der so etwas wie einen Gott-Stellvertreter spielen könnte. Ich sehe eine Mehrheit, die diese Idee genau wie ich verwirft. Schließlich haben wir uns auf der Erde als mündige Vordenker aufgespielt, auch Descartes und Augustinus. Aber eine andere Frage ist noch genauer zu klären. Vielleicht meint der eine oder andere von euch, die Lage unserer Nachfahren sei vielleicht schwierig, aber lange nicht so prekär, daß wir sie hier mühselig untersuchen und die eigene Schuldverstrickung beleuchten müßten. Marx hat ja schon durchblicken lassen, daß er, wenn ich ihn recht verstanden habe, ohnehin an einen dialektischen Fortgang der Geschichte im Sinne seiner Theorie glaube.

MARX: Nur stimmt mich der Fortgang, wie ich ihn erwarte, keineswegs froh. Der Zusammenbruch des Sozialismus in Ost- und Mitteleuropa paßte schon mal nicht zu meinem Fahrplan. Daß der vorerst siegreiche globale Ultrakapitalismus seinen Untergang vorbereiten wird, dessen bin ich zwar sicher. Und das werde ich auch begründen. Aber was alles er, wenn es eines Tages zu der weltweiten revolutionären Explosion kommt, mit in den Abgrund reißen wird, das weiß noch niemand.

KONFUZIUS: Was mich anbetrifft, so finde ich, daß Einsteins kritische Einschätzung der irdischen Situation manches für sich hat. Aber Vermuten ist eine Sache und Wissen eine andere. Also bin ich dafür, daß wir hier gemeinsam untersuchen, wie begründet Einsteins Mutmaßung ist. Eines fällt mir auf: Die östlichen Völker, die noch an meiner Lehre hängen, spüren wenig von der Weltuntergangsstimmung, die eure Westvölker beschlichen hat. Man kann nun fragen, ob eure oder unsere Leute mit ihren Gefühlen falsch liegen, also die einen mit ihrem düsteren Pessimismus, die anderen mit ihrer größeren Gelassenheit. Aber abgesehen davon, wer die Realität genauer trifft, könnten wir natürlich fragen, ob nicht Hoffnung auf jeden Fall besser ist als Furcht, weil sie eher Kraft zu heilvollem Handeln frei macht. Oder sollte gar der Pessimismus hilfreicher sein, weil gerade auch Furcht zur Abwehr einer großen Gefahr aufrütteln kann? Das sollte unser Kreis besser zu klären versuchen.

MARX: Ich bleibe schon deshalb hier, weil ich ziemlich sicher bin, daß ihr mich, würde ich mich davonmachen, mit meiner Lehre zum Sündenbock für alles Schlechte erklären würdet.

BUDDHA: Dessen bin ich keineswegs sicher. Denn der Dalai-Lama, mein hochgeachteter Nachfahre in Tibet, hält zum Beispiel sehr viel von deinen Ideen. Ich selber lasse mich gern von Einstein belehren, ob es zutrifft, daß die Zerstörung der materiellen Lebensgrundlagen auf der Erde bereits gefährlich fortgeschritten ist. Dabei beschäftigt mich aber vor allem, aus welchem *Bewußtsein* solches geschieht. Warum vertrauen die Menschen offenbar mehr auf die stetige Verbesserung ihrer Maschinen statt auf ihre eigenen inneren Kräfte? Warum entwerten sie sich selbst, indem sie sich nur noch an den Dingen messen, die sie machen und die sie konsumieren? Warum mißachten sie die Natur als ein seelenloses Materiallager, ohne zu merken, daß sie dabei selber seelisch verkümmern und dadurch jegliches Maß in der Vergewaltigung der Natur verlieren?

DESCARTES: Gut, solche Fragen gilt es später zu erörtern. Zuerst müssen wir prüfen, wie schlimm es tatsächlich um die materiellen Ressourcen, um die Produktion von Armut und Hunger, um verschmutzte Luft und den Ozonabbau und so weiter steht. Denn nur ein solches exaktes Wissen versetzt in die Lage, neue Techniken zu ersinnen, um mehr Nahrung zu erzeugen, die Luft zu reinigen und die Ozonschicht wiederaufzubauen. Ich kündige jetzt schon an, daß ich mich gehörig gegen jeden esoterischen Innerlichkeitskult wenden werde, als könnte die Welt durch Meditieren oder durch moralische Prinzipien statt durch kühne Pionierprojekte etwa in der Bio- und der Kommunikationstechnologie gerettet werden. Einstein dürfte uns als kompetenter Naturwissenschaftler mit düsteren Befunden über atomare Bedrohung und Umweltzerstörung beunruhigen. Aber ich setze darauf, daß der Fortschritt noch immer Wege gefunden hat, unlösbar scheinende Probleme zu überwinden. Als früher Verkünder dieser Überzeugung werde ich sicher eure Kritik herausfordern. Indessen will ich genausowenig wie Marx, mit dem mich sonst wenig verbindet, hier kneifen, wenn ihr mir am Zeuge flicken wollt.

AUGUSTINUS: Auch ohne daß es uns Einstein näher belegt, steht mir die Gefahr eines nahen Weltuntergangs ständig vor Augen. Dazu bedarf es für mich nicht erst des Beleges durch wissenschaftliche Daten. Ich halte mich schlicht daran, was in der Bibel zur Apokalypse offenbart ist. Allerdings ist es allein die Sache des Höchsten über uns, zu bestimmen, wann er das Weltende eintreten lassen und wen er in sein Lichtreich oder in die ewige Finsternis schicken will. Indessen bin ich nicht so vermessen, die wissenschaftlichen Befunde zu ignorieren. Nur können diese morgen schon wieder ganz anders lauten, während an der Offenbarung des Johannes keiner mehr rütteln kann.

PLATON: Daß die Welt endgültig kaputtgehen könnte, ist für mich ein absurder Gedanke. Aber daß sich eine einzelne Kultur zerstören kann, habe ich ja schon mehrmals von hier oben mit angesehen. Wir Griechen haben unser Reich untergehen lassen, gleichfalls die Römer, die Maya, die Inka, die Azteken. Eben gerade scheinen die Tibeter an der Reihe zu sein. Ob sich nun auch die Abendländler vorläufig aus der Geschichte verabschieden wollen, darüber möchte ich

hier unbedingt noch mehr erfahren. Soweit ich es mit meinem bescheidenen Erkenntnisvermögen einschätzen kann, scheinen sie tatsächlich auf dem besten oder schlechtesten Wege dahin zu sein. Sie wollen, so scheint es mir, dem Ikarus gleich nicht unseren Himmel, aber das ganze All erobern. Und dabei könnte auch ihnen das Wachs an den Flügeln schmelzen, wenn sie der Sonne zu nahe kommen. Gehen sie nicht genau dieses tödliche Risiko ein, wenn sie momentan die Ozonschicht zerstören?
Vielleicht findet ihr meine Vergleiche naiv und untauglich. Aber mir helfen unsere alten Mythen, die gleichbleibenden Regeln für das menschliche Verhalten auf der Erde zu verstehen. Im übrigen wäre ich nicht untröstlich, sollten die Abendländler mit ihrer Kultur vorerst verschwinden, denn ich bin überzeugt, wie ihr wißt, daß sich die Geschichte in langen Zeiträumen kreisförmig wiederholt. Dennoch wünsche ich mir natürlich, daß gerade die Kultur, die mehr als alle anderen unser griechisches Erbe hütet, ihrer Zerstörung wenigstens vorläufig doch noch entgeht. Deshalb bin ich gespannt, was unsere Analyse ergeben wird.

FREUD: Du siehst also, lieber Einstein, daß wir den Anlaß ernst genug nehmen, der dich zu deiner Einladung bewogen hat. Die meisten unter uns sind wie du von der Sorge bewegt, daß sich dort unten Schlimmes, vielleicht sogar das Schlimmste ereignen könnte. Und es ist unser Wunsch, daß du uns bald wissenschaftliche Daten nennst, damit wir sehen, wie sie zu unseren Befürchtungen passen. Allerdings hat Augustinus schon recht damit, daß die Daten morgen schon wieder ganz anders aussehen könnten. Im übrigen lassen Daten immer noch offen, wie sie verarbeitet werden. Als im 14. Jahrhundert in Europa die Pest weite Landstriche entvölkerte, sahen die meisten das Weltende vor sich und ließen den Kopf hängen. Aber von Boccaccio wißt ihr, daß er auf dem Höhepunkt der Epidemie mit seinen Freundinnen und Freunden auf ein Landgut zog, um sich dort gemeinsam an den herrlichen pikanten Geschichten des Decamerone zu ergötzen. Wissen wir denn, ob diese Lebenskünstler nicht vielleicht gerade deshalb heil davongekommen sind, weil sie lieber an den Eros als an die Pest gedacht haben? Vielleicht haben sie mit ihrer Gelassenheit ihre Immunität gestärkt. Hätten sie sich nur an die katastrophalen Daten gehalten, nämlich an dic Zahl von 25 Millionen Opfern, das war jeder dritte Europäer, hätten sie sich sicher zu Tode gegrämt.

PLATON: Das ist zwar eine amüsante Geschichte. Aber Archimedes wurde bekanntlich gerade deswegen erschlagen, weil er die Bedrohung seiner Heimat Syrakus durch die römischen Soldaten nicht ernst genug genommen hat. Und ich selber habe seinerzeit nicht rechtzeitig begriffen, wie nahe der Zerfall unserer griechischen Kultur bevorstand. Vor manchen kleineren Übeln habe ich gewarnt, aber das größte nicht vorausgesehen.

FREUD: Dennoch könnte es so sein, daß man sich zur Zeit auf der Erde mehr Sorgen als nötig macht und daß wir uns von der dortigen Hysterie anstecken lassen, ohne es recht zu merken.

DESCARTES: Willst du uns etwa unsere Zurechnungsfähigkeit absprechen?

FREUD: Keineswegs. Mir ist klar, daß du mir nicht recht folgen kannst, werter Cartesius, weil du noch nichts vom Unbewußten verstanden hast. Wir sollten zwei Tatsachen bedenken: Warum erzittern auf der Erde gerade solche Völker besonders vor einer Weltkatastrophe, denen es in jeder Hinsicht weit besser geht als der großen Mehrheit der Erdbevölkerung? Eine zweite Tatsache betrifft uns selbst. Alle Heilslehrer, Philosophen und Seelenärzte zehren von dem Schlechten und Krankhaften in der Welt, weil sie ja doch den Weg zum Guten weisen wollen. Also müssen wir von Berufs wegen die Möglichkeit sehen, daß wir die irdischen Übel tendenziell übertreiben, um uns immer noch als fiktive Wegbereiter des Besseren aufführen zu können.

MARX: Mit dem ersten Punkt hast du recht. Die Wohlstandsschichten in den Industrieländern sind in der Tat die nervösesten. Es war aber schon immer so, daß die Reichen mehr Angst haben, weil sie eben auch mehr zu verlieren haben als die Armen. Und wo die riskantesten Technologien entwickelt werden, ahnt man natürlich auch am ehesten, welche Katastrophen mit ihnen angerichtet werden können.
Zu deinem zweiten Punkt fällt mir allenfalls unser heiliggesprochener Kirchenvater ein. Augustinus, dir war doch immer an der Übertreibung des Schlechten und der Sündhaftigkeit aller gelegen, um der Kirche die ewige Herrschaft über ihre vermeintlich lasterhaften Schäfchen zu sichern. Sonst hätte deine Drohung mit der apokalyptischen Höllenstrafe nicht so gut funktionieren können, wie das eineinhalb Jahrtausende gelungen ist.

AUGUSTINUS: Ach, Marx, du gleichst dem Geist, den du begreifst, nicht mir – so habe ich es bei einem Dichter gelesen. Für dich ist Sünde ein Fremdwort, weil du zwar einiges von der Wirtschaft, aber nichts von den Seelen der Menschen verstehst. Ich behaupte indessen, daß die Herrschenden im Westen sehr wohl als Schuld spüren, was sie aus Egoismus den Armen in den eigenen Ländern, erst recht den Völkern in den Elendsgebieten des Südens und schließlich der Natur antun, die sie rücksichtslos ausplündern. Ich finde es durchaus plausibel, daß sie für sich eine große Strafe erwarten, um sich von ihrer Gewissenslast zu befreien.

EINSTEIN: Ich glaube, daß ein solches Motiv auch für einige von uns zutreffen könnte. Mir selbst fällt zum Beispiel auf, daß ich mich im letzten Abschnitt meines Lebens fast ausschließlich mit der Bedrohung durch einen Atomkrieg beschäftigt habe. Ich aber war derjenige, der den amerikanischen Präsidenten einst gedrängt hatte, Atombomben bauen zu lassen. Zwar hätte ich, wenn man mich gefragt hätte, nie gebilligt, Hiroshima und Nagasaki mit diesen Bomben zerstören zu lassen. Dennoch habe ich bis heute nicht verwunden, indirekt mitschuldig an der Ermordung mehrerer hunderttausend Japaner geworden zu sein. Also wäre doch denkbar, daß ich später, von Schuldgefühlen geplagt, den atomaren Teufel unentwegt an die Wand malen mußte, um etwas gutzumachen.

FREUD: Das ist der Punkt. Wir alle müssen zunächst darüber nachdenken, ob wir nicht die Misere auf der Erde überbewerten, weil wir mit der Anteilnahme daran eigene Fehler oder Versäumnisse sühnen wollen.

DESCARTES: Das hört sich reichlich kompliziert an. Wir wären damit, so scheint mir, wieder bei der Frage angekommen, ob wir unsere Aufgabe nur als die einer Selbsthilfegruppe verstehen wollen. Das paßt mir nicht. Es muß sich doch klar unterscheiden lassen zwischen dem, was auf der Erde tatsächlich schiefläuft, und dem, was wir etwa – im Sinne von Freud – nur aus eigenen Komplexen hineininterpretieren.

EINSTEIN: Wir möchten dir gern zustimmen. Aber das Problem, das Freud beschrieben hat, sollten wir doch ernst nehmen. Mich hat er jedenfalls zu der Erinnerung angeregt, daß ich als Wissenschaftler eine bestimmte Gefahr wahrscheinlich überscharf gesehen habe, weil ich die Dinge aus meiner Biographie heraus so sehen *wollte*. Die subjektive Verfälschung fängt also nicht erst bei der Auswertung von Daten an, sondern bereits bei der Auswahl der Fragen, die wir Wissenschaftler verfolgen. Die einen blicken sorgenvoll auf die 50000 atomaren Sprengköpfe und ihre globale Zerstörungskraft, die anderen zuversichtlich auf die Anstrengungen, die nuklearen Arsenale zu verringern und weitere Atomtests zu unterbinden. Die einen zählen die Fischbestände, die in den Meeren schwinden, die anderen jene, die in einer Reihe von Flüssen und Seen schon wieder zunehmen. Die einen errechnen den Segen, die anderen den Fluch der Gentechnologie und ihrer praktischen Konsequenzen. Die einen feiern medizinische Siege über alte Krankheiten, die anderen erschauern vor der Heimsuchung durch neue mörderische Viren. Angst oder Hoffnung sind immer schon dabei, wenn wir angeblich nur feststellen, was ist, aber in Wahrheit finden, was so und nicht anders sein *soll*.

PLATON: Einer meiner philosophischen Nachfahren, der Deutsche Odo Marquard, rechnet es sogar zur Naturanlage des Menschen, Angst haben zu müssen und sich davor zu fürchten, daß die Angst beschäftigungslos werden könnte. Damit meint er, daß ein Großteil der Menschen fortwährend auf der Suche nach angemessenen Bedrohungen sei, an die sie ihre Angst zur Entlastung anheften könnten. Besonders ausgeprägt findet er dieses Fahnden nach Bedrohungen bei den politisch Linken. Die hätten zunächst die herrschende gesellschaftliche Klasse zum Schreckgespenst ernannt, nun aber, nach dem Abflauen des Klassenkampfes, die angeblich unterdrückte Natur als neues Bedrohungsopfer erfunden. Das ganze Weltuntergangsgerede sei also in Wahrheit nur ein psychohygienisches Problem.

MARX: Das ist natürlich nichts als großer Quatsch! Am Ende wären die Armen schuld, daß sie selber immer ärmer und die Reichen immer reicher werden, weil sie damit ihr Bedrohungsbedürfnis herrlich sättigen könnten. Soweit kommt es noch, daß der Kapitalismus seine Opfer zu Urhebern der Angst macht, die er ihnen bereitet, und daß die naturverschmutzenden und -vergiftenden Unternehmen sich als Verfolgte hypochondrischer Umweltgruppen darstellen.

FREUD: Immerhin gibt es einzelne und auch Gruppen, die es offensichtlich drängt, sich als vom Unheil verfolgt zu erleben, wie die Psychoanalyse herausgefunden hat. Therapeuten beobachten in ihrer Praxis nicht selten Menschen, die kein sorgenfreies Leben anstreben, sondern unbewußt Leiden suchen. Nur der Druck einer Bedrohung oder eines Unglücks verschafft ihnen ein vorläufiges Gefühl von Entspannung. Und wehe, man nimmt ihnen diese Last von den Schultern. Dann werden sie krank oder stürzen sich in irgendein neues Elend. Umgekehrt verlieren sie oft erst eine Krankheit, wenn sie einen beruflichen Mißerfolg haben, in eine Ehekrise geraten oder von Schulden geplagt werden. Ich habe diese Störung als »moralischen Masochismus« bezeichnet. Er hat seine Wurzeln in unbewußten Schuldgefühlen. Die Betreffenden kommen von tiefen Selbstvorwürfen nicht los, die sie irgendwann erworben haben. Sie müssen sich aus einem dunklen Zwang fortgesetzt selbst bestrafen, ohne sich aber ihrer unbewußten Schuldgefühle entledigen zu können, solange sie diese nicht klar erkennen und zu verarbeiten lernen. Von diesem moralischen Masochismus können selbst Massen erfaßt werden.

So hat zum Beispiel ein Journalist die Theorie aufgestellt, die Deutschen marschierten deshalb in vorderster Front der Bewegung gegen Atomtests, Kernkraftwerke, Umweltverschmutzer, Gentechnik und so weiter, weil sie ihren relativen Wohlstand nicht mit den ungestillten Strafbedürfnissen vereinbaren könnten, die von ihrer nur mangelhaft verarbeiteten Nazi-Schuld herrührten. Diese Deutung hat durchaus einiges für sich. Es könnte doch sein, daß auch in den übrigen Völkern, in denen besondere Ängste vor Krieg, sozialen und Umweltkatastrophen erheblich angestiegen sind, derartige Schuldgefühle Bedrohungsvorstellungen fördern.

PLATON: Ich sehe nun zunächst zwei Möglichkeiten: Entweder die Dinge auf der Erde stehen wirklich schlecht, und die Pessimisten dort unten und unter uns sehen die Verhältnisse richtig. Oder die Schwarzseherei trifft nicht die Tatsachen. Aber es kommt noch eine dritte Perspektive hinzu: Die äußeren Tatsachen, also die demoskopische Entwicklung, die wirtschaftlichen Verhältnisse, der Zustand der Natur mögen schlimm oder weniger schlimm sein. Indessen, ob die Menschen resignieren, ob sie sich umbringen, ob sie sich nach Boccaccio-Art ablenken oder sich zu heilvollem Tun aufraffen, das ist eine offene Entscheidung.

BUDDHA: Für mich ist diese dritte Perspektive ohnehin die allein wichtige. Deshalb würde ich es persönlich bevorzugen, wir würden uns gleich mit dem inneren Zustand der Lebenden beschäftigen, mit ihrem handlungsleitenden Denken und Fühlen. Ich stelle diesen Anspruch jedoch erst einmal zurück und gebe Descartes nach, der ja schon vor einer Weile danach gedrängt hat, an erster Stelle die materiellen Fakten genauer zu betrachten und zu diskutieren. Mein Anliegen kann noch ein wenig warten.

Marx, Einstein, Augustinus: Die Lage war noch nie so ernst

MARX: Endlich kommen wir zur Sache. Ich konnte das Gerede über Masochismus, Schuldgefühle und Strafbedürfnisse kaum mehr mit anhören. Buddha, verzeih mir, aber zum besinnlichen Denken und Fühlen müssen die Menschen erst einmal wissen, wovon sie leben können. Und da sehen die Fakten ziemlich verheerend aus. Die Schicht, die sich um ihr Auskommen keine Sorgen machen muß, wird immer dünner. Um so ungenierter mißbraucht sie ihre Stärke, um die Schwächeren nach unten zu drücken. 358 Milliardäre haben so viel Geld wie die knappe Hälfte der gesamten Weltbevölkerung! Ein Fünftel der Menschheit verfügt über mehr als vier Fünftel des Bruttosozialprodukts der Welt und aller Inlandssparguthaben. In 88 Ländern hungert die große Mehrheit der Bevölkerung. 200 Millionen Kinder unter fünf Jahren sind unterernährt. Die verarmten Länder müssen durch ihren Schuldendienst mehr an die reichen zurückzahlen, als sie von diesen an Finanzhilfe bekommen.
Das Vermögen der sieben reichsten Männer würde ausreichen, um den Hauptteil der Armut in der Welt zu beseitigen. Statt dessen hat sich seit 1960 die Kluft zwischen den ärmsten 20 Prozent und den reichsten 20 Prozent der Menschheit mehr als verdoppelt, nämlich von 30 : 1 auf 78 : 1. Mehr als die Hälfte der Weltbevölkerung muß mit weniger als zwei Dollar pro Tag auskommen.
Vor zwanzig Jahren gelobten die Industrienationen, sie wür-

den ihre Entwicklungshilfe für die armen Länder auf 0,7 Prozent ihres jeweiligen Bruttosozialproduktes steigern. Noch vor fünf Jahren bekräftigten sie dieses Vorhaben feierlich auf dem Erdgipfel in Rio. Was ist seitdem geschehen? Die Hilfe ist auf das Rekordtief von 0,27 Prozent gesunken. Der Anteil der Entwicklungshilfe an den öffentlichen Ausgaben der Industrieländer hat den niedrigsten Stand überhaupt erreicht. Die Vereinten Nationen sprechen von einem offenen Bruch zwischen den reichen und den armen Ländern. Nur *eine* Fürsorge für die Dritte Welt funktioniert ungemindert, nämlich die Belieferung mit Waffen aller Art.

PLATON: So wie du uns mit diesen Daten schockierst, sollten doch auch die Menschen in den Industrienationen über ihr Versagen entsetzt sein. Warum sind sie es nicht?

MARX: Die starren wie Kaninchen auf ihre Regierenden, die sich in immer rascherer Folge auf allen möglichen Wirtschafts-, Sozial- und Erdgipfeln treffen, Kommissionen bilden, Resolutionen verabschieden und die Not verharmlosen, die immer größere Flüchtlingsströme, Gewalt und neue Kriegsgefahren heraufbeschwört. Ohnehin beunruhigen sich die Westvölker weniger über die Verelendung im Süden als über die Umverteilung in der eigenen Gesellschaft. Da bekommen sie zu hören: Um das Bestehen in der globalen Konkurrenz zu sichern, müßten nicht die Reichen Federn lassen, sondern die Schwächeren, die zu hohe Löhne, zuviel Sozialunterstützung beanspruchten, überdies unziemlich hohe Krankheits- und Pflegekosten verursachten. Und sie sehen, daß die Politik in der Klemme sitzt, weil von den Gewinnen der globalisierten Wirtschaft kaum etwas in die öffentlichen Kassen zurückfließt. Die Konzernriesen präsentieren sich mit ihren Einnahmen in Niedrigsteuer-, mit ihren Ausgaben in Hochsteuerländern und zeigen den Finanzministern ihrer Stammländer die kalte Schulter.

Währenddessen erfahren immer größere Massen von Arbeitslosen, daß sie für die elektronisch revolutionierte Produktivität ihrer Firmen nichts mehr wert und zugleich eine schwer erträgliche Bürde für die überschuldeten Staatshaushalte sind. Aber das System ist so, wie es ist. Und die Verlierer stehen da als zuwenig flexibel und zu begehrlich. Lernen sollen sie, daß an ihnen gespart werden soll, – wobei sie mit dem falschen Wort getäuscht werden. Denn Sparen heißt eigentlich bewahren oder schützen, nicht Geldwegnehmen. Geschützt wird nur das Geld derer, die es haben, in ihren Unternehmen, ihren Aktien, ihren Immobilien. Und die es haben, sagen, wir brauchen noch mehr, um zu investieren, um erfolgreich zu konkurrieren. Soziale Wohltaten sind human, aber ein anachronistischer Luxus im Kampf um die Märkte. Also wird weiter gespart an denen, die selber nichts zu sparen haben. Errechnet hat man, daß sich demnächst nur noch 20 Prozent oben behaupten und an der Globalisierung noch weiter verdienen werden, abgekoppelt von 80 Prozent stetig weiter absackenden Verlierern.

PLATON: Und die lassen sich das gefallen? Warum stehen sie nicht gegen die Ungerechtigkeit auf? Ist es aber nicht so, daß die Völker in den Demokratien noch immer gerade solche Regierungen wählen, die den Schwachen mehr Lasten als den Starken zumuten? Wenn das stimmt, dann kann entweder der Kapitalismus nicht so schlimm sein, wie du ihn hinstellst, oder die Leute sind zu dumm oder zu feige, um sich zu wehren. In unserer alten griechischen Demokratie waren die Sklaven ausgeschlossen und ohnmächtig. Aber in den neuen Demokratien könnten die Völker sich doch sozial gerechtere Regierungen anschaffen.

FREUD: Die Menschen haben immer noch das Desaster vor Augen, das deine Anhänger, Freund Marx, in den sogenannten sozialistischen Ländern angerichtet haben. Eben der von dir so düster porträtierte Kapitalismus hat deinen Schülern, wo immer sie die Macht errungen haben und nicht zu heimlichen Renegaten geworden sind, wie in China, den politischen Garaus gemacht. Wieviel Schuld du selbst am Scheitern der von dir inspirierten Gesellschaftsformen trägst, darüber werden wir noch weidlich zu reden haben, wenn jeder von uns reihum zur Rechenschaft gezogen wird. Jedenfalls fehlt den Heutigen die Vision eines überzeugenden Gegenmodells.

MARX: Das Modell wäre ja da, wenn meine Schüler es nicht bedauerlicherweise verraten hätten. Sie haben die Menschen nicht, wie versprochen, von Unterdrückung befreit, sondern im Gegenteil entmündigt. Und im Mißbrauch ihrer Macht haben sie die kapitalistische Elite noch übertroffen. Das gebe ich ja zu, wie ungern auch immer. Weil die einfältigen Massen sich nun aber einreden oder einreden lassen, wer siegt, habe recht, glauben sie nur noch an ihre Ellbogen. Und weil die meisten erfahren, daß ihre Ellbogen zu schwach sind, meinen sie, es liege an ihnen selbst, daß sie die Verlierer sind. Sie schämen sich ihrer Armut, hassen sich als Versager, verkriechen sich als Kranke oder Behinderte und bekommen Schuldgefühle, daß sie, wenn sie alt werden, immer noch da sind und den Jungen zur Last fallen. So hat sich vorläufig der Geist des Kapitalismus paradoxerweise auch in den Köpfen seiner Opfer eingenistet. Das ist der Grund, werter Platon, warum die meisten eher resignieren und sich nicht wehren. Aber die Zahl der Opfer steigt rasend schnell, und die sich ausweitende Kluft gegenüber den Profiteuren wird Massen von Absteigern bald die Augen aufgehen lassen. Es gibt eine Schmerzgrenze, und dann wird ein Sturm losbrechen …

DESCARTES: Sachte, sachte. Wir sind immer noch beim Sammeln von Tatsachen. Da hast du uns nun eine Reihe sehr bedenkenswerter Befunde mitgeteilt. Die sollten wir erst einmal so stehenlassen. Ich schlage vor, daß wir uns jetzt von Einstein anhören, was er aus seiner Sicht als Naturwissenschaftler uns über den gegenwärtigen Zustand der Lebensbedingungen auf der Erde sagen kann. Denn wenn ich es recht sehe, halten viele die Naturzerstörung – wenn es denn eine solche gibt – für noch bedrohlicher als die Gefahr sozialer Katastrophen.

EINSTEIN: Ich meine nicht, daß man die eine Sorge von der anderen trennen könnte und daß es überhaupt sinnvoll wäre, beide Fragen auseinanderzureißen. Wie die Menschen und Völker miteinander und wie sie mit der Natur umgehen, hat gemeinsame soziale und psychologische Wurzeln. Darüber werden wir ja noch eingehend nachdenken müssen. Aber wenn ihr möchtet, kann ich zusammenfassen, wie es nach Meinung kompetenter Forscher zur Zeit um die natürliche Umwelt der Irdischen steht. Nur solltet ihr mir dabei nicht mit gefalteten Händen, sondern durchaus mit kritischer Skepsis zuhören.

DESCARTES: Warum diese befremdliche Warnung? Auf wen sonst als die Naturwissenschaftler sollten wir uns verlassen, um exakte Erkenntnisse zu erhalten?

EINSTEIN: Das möchte ich euch erklären:
Naturwissenschaftler können zwar genau bestimmen, wie zum Beispiel das Wasser der Meere oder der Flüsse, wie die Atemluft in bestimmten Regionen, wie der Ozonmantel über einzelnen Teilen der Erde momentan beschaffen sind. Sie können auch rückwirkend die Veränderungen einiger Verhältnisse gut beziffern, etwa das Bevölkerungswachstum, die Zunahme des Energieverbrauchs, das Absinken des Grundwassers, das Schrumpfen landwirtschaftlicher Nutzflächen. Aber sie wissen nicht, ob die Menschen sich morgen oder übermorgen ganz anders verhalten und alle Vorausberechnungen über den Haufen werfen werden.
Und – die Naturwissenschaftler sind untereinander selten einig. Nicht wenige unter ihnen sind leider auch käuflich.

Jahrzehntelang hat die Tabakindustrie die Menschen mit wissenschaftlichen Untersuchungen verdummt, die das Zigarettenrauchen als harmlos erklärten, bis endlich kritische Forscher mit ihren verläßlichen Resultaten durchdrangen. Fast jede Industrie hat ihre naturwissenschaftlichen Experten, die ihre umweltschädlichen Produkte für gut verträglich erklären, so etwa die Autoindustrie, die pausenlos mit Gefälligkeitsgutachten beweisen läßt, wie umweltschonend ihre Autos sind. Bei manchen Wissenschaftlern wißt ihr schon im voraus, was sie beweisen werden, wenn ihr nur die Partei, die Stiftung oder die Organisation kennt, die ihre Untersuchungen bezahlt.
Aus Vorsicht berufe ich mich deshalb im folgenden auf eine Erklärung, die einhundert naturwissenschaftliche Nobelpreisträger – das ist die Mehrheit der noch lebenden Inhaber dieser Auszeichnung – der internationalen Öffentlichkeit übergeben haben. Sie haben ihren Text aus eigenem Antrieb und ohne fremde Auftraggeber verfaßt. Freud wird mir hoffentlich darin recht geben, daß in einem solchen Kreis von Spitzenforschern hinreichende Kritikfähigkeit versammelt sein sollte, um voreilige und einseitige Ergebnisse auszuschließen.

FREUD: Obwohl auch schon mal Nobelpreisträger korrupt oder verrückt geworden sind. Dennoch stimme ich dir zu: Diese Leute dürften es verdienen, daß wir sie sehr ernst nehmen. Also laß hören, was sie zu sagen haben.

EINSTEIN: Sie haben ihre Erklärung eine »Globale Warnung« genannt und gründen diese auf folgende Feststellungen:
Erstens: Das Schwinden des Ozonschildes in der Stratosphäre kann demnächst viele Lebensformen auf der Erde schädigen oder sogar vernichten.
Zweitens: Bodennahe Luftverunreinigungen und saurer Regen wirken sich schon heute in weiter Verbreitung nachteilig auf Menschen, Wälder und Feldfrüchte aus.

Drittens: Die rücksichtslose Ausbeutung der Süßwasservorräte läßt gegenwärtig schon vierzig Prozent der Weltbevölkerung an Wassermangel leiden. In dreißig Jahren, so besagt eine zusätzliche Rechnung, dürfte sich der Wassernotstand für drei Milliarden Menschen katastrophal auswirken.

Viertens: Die Meere werden überfischt und mit giftigen Schadstoffen belastet.

Fünftens: Selbstverschuldetes Nachlassen der Bodenerträge und Schrumpfen der landwirtschaftlichen Nutzflächen um elf Prozent seit 1945 lassen die Nahrung verknappen.

Sechstens: Einige Waldarten werden schon bald ausgestorben, die tropischen Regenwälder mehrheitlich in spätestens hundert Jahren vernichtet sein.

Siebtens: Ein Drittel der jetzt noch lebenden Arten dürfte im Laufe des kommenden Jahrhunderts aussterben.

Achtens: Die Erde ist am Ende ihrer Fähigkeit, Müll und Schadstoffe zu bewältigen. Sie stößt an ihre Grenzen, Lebensmittel und Energie für eine wachsende Menschheit bereitzustellen.

PLATON: Das hört sich alles ziemlich schrecklich an. Ich hoffe, damit ist der Gruselkatalog nun erschöpft. Mich würde aber interessieren, ob die einhundert Nobelpreisträger aus ihren Daten irgendein Resümee gezogen haben.

EINSTEIN: Sie sagen kurz und bündig: Wenn die Völker so weitermachen wie bisher, werden sie verhindern, daß das Leben auf der Erde in der uns bekannten Art fortdauern kann. Nur in den allernächsten paar Jahrzehnten bietet sich der Menschheit die letzte Chance, unermeßliches Unheil abzuwenden. Wörtlich sagen die Wissenschaftler: »Eine *neue Ethik* ist gefordert zur Wahrung der Verantwortung für unser Geschlecht und alles Erdenleben. Wir müssen begreifen, daß wir die begrenzten Ressourcen der Erde nicht länger der vollständigen Ausplünderung preisgeben dürfen.

Wir müssen dafür sorgen, daß aus einer solchen Ethik eine große Bewegung erwacht, die sämtliche widerstrebenden Kräfte auf den verschiedenen gesellschaftlichen Ebenen, von oben bis unten, von der Notwendigkeit eines grundlegend gewandelten Verhaltens überzeugt.«

MARX: Amen. Dann sollten diese großartigen Nobelpreis-Laureaten sich doch erst einmal an die eigene Nase fassen und – wie Einstein – einsehen, daß sie selber viel von dem Unheil vorbereitet haben, das sie jetzt bejammern. Ohne sie hätte es keine Atombomben, kein Tschernobyl, keine Chemiewaffen gegeben. Die Forscher waren doch schon genauestens darüber im Bilde, daß FCKW die Ozonschicht zerstören würde, als sie seine Massenproduktion schweigend zuließen. Die Herren Wissenschaftler sind nun einmal nicht pingelig, wenn die Industrie sie für schädliche, aber profitable Vorhaben vereinnahmt oder wenn es dem Militär um die Entwicklung völkermordender Waffen geht.

DESCARTES: Lieber Marx, denk doch daran, was die Anbeter deiner Lehre in den Ländern, wo sie herrschten, mit der Umwelt angestellt haben. Nirgends ist die Natur so zerstört worden wie dort. Also hättest auch du reichlich Grund, dich zu genieren. Aber bevor wir darum streiten, wer dort unten und wer unter uns am meisten Grund zum Wehklagen, Schimpfen oder Bereuen hat, sollten wir doch eines festhalten: Schon die knappen soziologischen und naturwissenschaftlichen Übersichten, die uns Marx und Einstein geboten haben, machen unser Treffen sinnvoll. Die Daten sind unerfreulich. Das ist das eine. Aber es gibt doch noch ein anderes, mich sehr ermutigendes Faktum: Das ist der ungeheure Fortschritt, mit elektronischen Mitteln alle erforderlichen Informationen gewinnen und Lösungen errechnen zu können. Also werden die Völker fortan leicht herausfinden, welche Fehler sie begangen haben und in Zukunft vermeiden müssen.

PLATON: Nie hätte ich zu meiner irdischen Zeit den Menschen zugetraut, solche wunderbaren Maschinen ersinnen zu können, die ihrem Verstand voraus sind. Sie wollen, wie ich höre, diese sogenannte künstliche Intelligenz noch so verbessern, bis ihnen irgendwann überhaupt keine Fehler mehr unterlaufen. Sie glauben, nichts könne ihnen mehr passieren, was ihnen ihre Computer nicht vorhergesagt haben. Wie froh wären wir Griechen gewesen, hätten wir von der Zukunft so viel vorausberechnen können, anstatt an den dunklen Sprüchen der Pythia und der delphischen Orakelpriester herumrätseln zu müssen. Allerdings haben die uns auch an unsere Pflichten gemahnt, während die Computer nicht sagen, was gut und schlecht ist.

DESCARTES: Das *müssen* diese Maschinen auch gar nicht. Es reicht, wenn sie erkunden, wie die Güter der Welt besser verteilt, wie die Finanzströme zweckmäßiger geleitet, die natürlichen Ressourcen schonender genutzt werden sollen. Die Verantwortlichen wären doch von allen guten Geistern verlassen, würden sie diese Ergebnisse nicht prompt beherzigen.
Mit neuem Wissen die eigene Stellung in der Welt zu stärken, das ist doch das große Ziel dieses Zeitalters, zu dessen geistiger Ausrichtung ich – erlaubt mir diesen kleinen Stolz – persönlich beitragen durfte. Welchen anderen Sinn sollte denn aller moderner Forschungseifer haben?

EINSTEIN: Und wie erklärst du dir dann, daß gerade die sogenannten fortgeschrittenen Gesellschaften ihre Verhältnisse nicht vor der jetzigen verheerenden Unordnung bewahrt und daß sie die Natur nicht sorgsamer geschützt haben?

DESCARTES: Ganz einfach, weil ihnen noch nicht klar war, was sie angerichtet haben. Die Computer gibt es erst kurze Zeit, und erst deren nächste Generation wird so perfekt arbeiten, wie es not tut.

EINSTEIN: Also du bleibst bei deiner Behauptung, daß es zu dem Schlamassel nicht gekommen wäre, hätten die Verantwortlichen nur genauer gewußt, was sie taten?

DESCARTES: So meine ich es allerdings. Wo es ihnen an Wissen über die Konsequenzen ihres Tuns mangelte, haben sie schwerwiegende Fehler gemacht. Wo dieses Wissen ihnen zur Verfügung stand, haben sie gewaltige Verbesserungen in der technischen Kommunikation und in der Beherrschung vieler Krankheiten zustande gebracht.

EINSTEIN: Das sind in der Tat Beispiele, wo neues Wissen nützlich angewendet wurde. Aber die Lageberichte, die ihr eben von Marx und mir gehört habt, künden eben von schwerwiegenden anderen Fällen, wo die gleichen Verantwortlichen ihrem besseren Wissen kraß zuwidergehandelt haben und noch immer zuwiderhandeln.
Fünf Jahre ist es her, daß allen Staatsmännern der Weltgemeinschaft in Brasilien die lückenlosen Daten über die globale Armutskrise und die fortschreitende Naturvernichtung präsentiert wurden. Feierlich beschloß die Versammlung daraufhin eine »Agenda 21« mit über 2 500 Empfehlungen für eine gerechtere Weltordnung und eine bessere Schonung der Naturressourcen. Aber die wichtigsten Empfehlungen blieben folgenlos. Die Armen erhalten weniger Unterstützung als je, wie ihr gerade von Marx gehört habt. Auf einer UN-Sondertagung in New York haben Amerika, Kanada und Australien konkrete Abmachungen zur Absenkung der Treibhausgase wiederum verhindert, obwohl der Ausstoß des klimaschädlichen Kohlendioxyds laufend auf neue Höchstmarken klettert und obwohl die Klimaforscher nicht müde werden, gewaltige Überschwemmungen und ein bedrohliches Anwachsen der Wüsten als Folge der Erwärmung der erdnahen Luftschichten vorauszusagen. Auch die Warnungen vor einer Überfischung der Meere haben nichts gefruchtet. Schon 70 Prozent der Fanggründe sind total aus-

geschöpft oder bedroht – laut letzter Befundmeldung der Welternährungsorganisation. Die Energiegewinnung könnte längst in höherem Maße auf weniger schädliche Weise erfolgen, nämlich unter steigender Zuhilfenahme von Sonne und Wind, würden die Energiekonzerne nicht die Erforschung und Anwendung entsprechender Technologien gezielt behindern. Die Tropenwälder wollte man schonen, statt dessen werden nach wie vor 130 000 qkm davon jährlich zerstört. Eine Trendwende ist nicht in Sicht. Alle diese Frevel passen zu einem Verhalten, das ein deutscher Philosoph unlängst in einen simplen Dreisatz gefaßt hat:
Erstens: So geht es nicht weiter.
Zweitens: Was statt dessen geschehen müßte, ist bekannt.
Drittens: Trotzdem geschieht es im wesentlichen nicht.

DESCARTES: Mir schwirrt der Kopf. Ich kann und will einfach nicht glauben, was du sagst. Es wäre in der Tat purer Wahnsinn, das Gegenteil von dem zu tun, was man klar und deutlich als richtig errechnet hat. Die Leute können sich also meiner Meinung nach nur verrechnet oder sonstwie getäuscht haben, wo sie ihre soziale und ihre natürliche Umwelt scheinbar verantwortungslos durcheinanderbringen.

EINSTEIN: Jetzt bist *du* dabei, etwas nicht wissen zu wollen, nur weil es dir nicht paßt.

DESCARTES: Bloß weil ich deiner Theorie nicht folge, daß normalsinnige Völker mit ihren Regierungen angeblich in voller Einsicht den eigenen Untergang vorbereiten?

EINSTEIN: Du willst nicht glauben, was du insgeheim weißt. Im übrigen haben Marx und ich keineswegs gesagt, daß der Untergang kommen *muß*. Aber wenn er verhindert würde, dann sicher nicht, weil die nächste Computergeneration besser ist als die heutige.

DESCARTES: Sondern wodurch?

EINSTEIN: Die Nobelpreisträger haben von einer *Neuen Ethik* gesprochen ...

AUGUSTINUS: Endlich kommt ihr zum entscheidenden Punkt. Alle Fortschritte der sogenannten künstlichen Intelligenz hindern die Menschen nicht, das Böse zu tun und das Gute zu unterlassen. Die Misere auf der Erde kommt nicht daher, daß sich die Irdischen im *Kopf* geirrt, sondern im *Herzen* verirrt haben. Und es wird für sie schwer sein, aus dieser Verirrung je wieder herauszufinden. Denn die Sünde Adams ist ihr ewiges Erbe. Die phantastischen Erkenntnisse der Wissenschaft nutzen sie vor allem dazu, das Werk des Bösen mit einer Vernichtungswucht wie nie zuvor zu verrichten. Sie waren dicht davor, mit einem Atomkrieg große Teile der Erde zu entvölkern. Jetzt sehe ich sie schon auf dem Weg zur nächsten großen Katastrophe. Es steckt in ihnen eine Schlechtigkeit, die sie immer wieder verführen wird, unschuldiges neues Wissen als Rezept zu böser Anwendung zu mißbrauchen. Ich sehe sie bereits nahe daran, mit Hilfe der Gentechnik den gesamten fein abgestimmten Zusammenhang der Schöpfung in sündigem Allmachtswahn zu zerstören. Demzufolge ist es für mich alles andere als ein Wunder, daß sich viele im christlichen Abendland zur Jahrtausendwende an die *Apokalypse* erinnern, so wie diese in der Bibel verkündet ist. Sie ist offenbart und bedeutet für mich ein tieferes Wissen als alles, was die Computersimulationen hochrechnen.

EINSTEIN: Ich bin froh, daß ich dich mit eingeladen habe, verehrter Kirchenvater. Du bringst eine Sicht ein, die nur wenige offen bereden, aber häufiger, als es scheint, insgeheim bedenken. Nur frage ich dich: Könnte es nicht sein, daß die Nobelpreisträger mit ihrem moralischen Appell doch Erfolg haben?

AUGUSTINUS: Ich wollte, es wäre so, lieber Einstein. Aber im Augenblick sehe ich gerade bei den Völkern, die es am meisten nötig hätten, die geringste Bereitschaft, moralische Appelle zu beherzigen. Gerade auch im Machtbereich der von mir gegründeten Kirche halten sich die meisten die Ohren zu, kommt man ihnen mit sittlichen Ermahnungen. Das wäre vielleicht anders, würde die Kirche selbst sich vorbildlicher verhalten. Aber deren höchste Führer sieht man allzuoft an der Seite der Reichen und der Herrschenden, die für die soeben aufgeführten Mißstände verantwortlich sind. So werden sich einige der höchsten geistlichen Amtsträger nicht verwundern dürfen, wenn sie am Jüngsten Tag das Höllenschicksal ihrer skrupellosen Gönner teilen müssen.

PLATON: Vielleicht sollten mir doch Zweifel an der Berechtigung der abfälligen Bemerkungen kommen, die mir vorhin über die alten Orakel von Delphi entschlüpft sind. Da erhielten wir zwar nur vage Voraussagen, jedoch in der Regel eine wichtige moralische Orientierung, wie sie die Heutigen weder von ihren Computern noch von ihren Autoritäten empfangen. Wir glaubten allerdings an die göttliche Eingebung unserer Orakelpriester.

AUGUSTINUS: Wer den Menschen auch immer ein Offenbarungswissen vermittelt – es kommt darauf an, ob sie ein solches überhaupt an sich heranlassen oder es in sich wiederfinden *wollen*. Die Heutigen im Westen sind gespalten. Einerseits wollen sie nur noch an die Wissenschaft glauben, damit diese ihnen alle Probleme löst. Andererseits ahnen sie, daß das in ihnen steckende Böse sie zu hindern vermag, ihrer Selbstzerstörung zu entgehen. Und in dieser Ahnung erinnern sie sich, was in der Bibel über die Apokalypse geweissagt ist. Aber weil sie sich vor dieser geoffenbarten Wahrheit panisch fürchten, suchen sie um so krampfhafter nach dem Stein der Weisen mit ihren Computern und der Gentechnik zur Erfüllung ihrer magischen Wunderhoffnungen.

EINSTEIN: Wir haben also neben den schlichten sozialen und naturwissenschaftlichen Fakten auch die psychische Realität der offenen oder heimlichen Glaubensinhalte zu beachten. Sollten wir jetzt nicht erst einmal Augustinus bitten, uns zu helfen, unsere Erinnerungen an die biblische Darstellung der Apokalypse aufzufrischen?

DESCARTES: Ich sehe, daß die Mehrzahl der anderen diese Empfehlung begrüßt, also will ich Augustinus nicht zurückhalten. Aber ich sage gleich, daß er mit meiner Skepsis bei dieser Märchenstunde rechnen soll.

MARX: Auch ich sehe die alternative Wirklichkeit nicht, von der Einstein spricht, es sei denn, daß man frommen Phantasien eine solche großzügig zubilligen möchte. Indessen möge uns Augustinus ruhig testen, ob wir mit seinem Offenbarungswissen etwas anfangen können.

AUGUSTINUS: Es ist euch sicherlich recht, wenn ich euch mit umfänglichen Bibelzitaten verschone und nur die wesentlichen Aussagen heraushebe. In ihnen werdet ihr immer wieder das Thema einer Weltzerstörung als Strafe für frevelhafte Hybris der Irdischen erkennen, aber gleichzeitig die Verheißung eines neuen, unter der Herrschaft Gottes stehenden Reiches. Erinnert euch zuerst bitte an Daniel, den Nebukadnezar, König von Babel, als jungen Mann an seinen Hof geholt hatte. Daniel verstand sich auf Gesichte und Träume. Er deutete dem König einen Traum, in dem ein Stein ohne Zutun von Menschenhand Eisen, Kupfer, Ton, Silber und Gold zermalmte. Es werde also, so sah es Daniel, am Ende zur Zermalmung aller Königreiche kommen, aber Gott werde ein Reich aufrichten, das unzerstörbar und ewig sein werde.

In einem eigenen Traum unter dem König Belsazer sah Daniel den Aufstieg eines Königs voraus, der Gott lästern, die Heiligen vernichten und Festzeiten und Gesetze ändern werde. Das werde eine Zeit und zwei Zeiten und eine halbe Zeit andauern. Dann aber werde ein Gericht die Herrschaft dieses Königs vernichten. Und es heißt: Das Reich und die Macht und die Gewalt über die Königreiche unter dem ganzen Himmel wird dem Volk der Heiligen des Höchsten gegeben werden, dessen Reich ewig ist, und alle Mächte werden ihm dienen und gehorchen.

Ein anderes Mal widerfuhr es Daniel, daß der Erzengel Gabriel ihn ansprach: »Siehe, ich will dir kundtun, wie es gehen wird zur letzten Zeit des Zorns, denn auf die Zeit des Endes geht das Gesicht.« Am Ende werde ein überheblicher, betrügerischer König kommen und viele verderben. Aber, so kündigte der Engel an, »er wird zerbrochen werden ohne Zutun von Menschenhand«.

In einer neuen Vision des Themas tauchte wiederum ein arroganter König auf, der das Heiligtum entweihen, das tägliche Opfer abschaffen und ein Greuelbild der Verwüstung schaffen werde, jedoch, so steht geschrieben: »Es wird mit ihm ein Ende nehmen, und niemand wird ihm helfen.« Indessen ist auch von Verständigen die Rede, die zahlreichen Menschen zur Einsicht verhelfen würden, damit sie sich für die Zeit des Endes bewähren und rein und lauter erhalten könnten. Zuletzt kommt es zum Gericht: »Viele, die unter der Erde schlafen liegen, werden aufwachen, die einen zum ewigen Leben, die anderen zu ewiger Schmach und Schande.«

Am ausführlichsten wird das Drama in der Offenbarung des Johannes geschildert. Ich meine, die heutigen Irdischen könnten sich in der großen Hure Babylon wiedererkennen, wie sie dort porträtiert wird. Da erscheint die Stadt, symbolisiert als über und über geschmückte Hure mit einem goldenen Becher, voll von Greueln und Unreinheit. Ein Engel nennt sie eine Behausung der Teufel, ein Gefängnis der unreinen Geister und aller unreinen und verhaßten Tiere. Von dem Wein ihrer Hurerei, so heißt es, »haben alle Völker getrunken, und die Könige auf Erden haben mit ihr Hurerei getrieben, und die Kaufleute auf Erden sind reich geworden von ihrer großen Üppigkeit«. »Ihre Sünden reichen bis an den Himmel, und Gott denkt an ihren Frevel.« Sie thront als Königin in Üppigkeit und sagt von sich: »Leid werde ich nicht sehen.«

Aber dann heißt es im Text: »Darum werden ihre Plagen an *einem* Tag kommen, Tod, Leid und Hunger, und mit Feuer wird sie verbrannt werden; denn stark ist Gott der Herr, der sie richtet.« Fühlt ihr euch dabei nicht erinnert, meine Freunde, an den bedenkenlosen Übermut und den Sittenverfall, wie sie zur Zeit gerade in den Metropolen der westlichen Welt herrschen? Sagen die Menschen nicht heute wie damals: »Leid werden wir nicht sehen?« Haben sie nicht wie seinerzeit Demut und Ehrfurcht wie lästige Fesseln abgeworfen? Bieten sie nicht den Korrupten alle Chancen, inmitten der allgemeinen Verdorbenheit üppige Reichtümer anzuhäufen? »Leid werden wir nicht sehen!« Ist das nicht das Motto des Wahns vom Fortschritt, daß alles Leid abgeschafft werden soll oder daß zumindest diejenigen, die es tragen müssen, die Armen und Kranken, sich verkriechen und möglichst unsichtbar machen sollen?

Aber alle Sünden werden in einem großen Buch des Lebens aufgeschrieben. Und danach, was darin steht, werden die Toten am Ende gerichtet. In der Offenbarung heißt es: »Und der Tod und sein Reich gaben die Toten heraus, die darin waren; und sie wurden gerichtet, ein jeder nach seinen Werken.«

Die Offenbarung tröstet jedoch mit der Verheißung, es werde ein neuer Himmel mit einer neuen Erde erscheinen. Und ein neues, heiliges Jerusalem werde von Gott aus dem Himmel herabkommen, »bereitet wie eine geschmückte Braut für ihren Mann«. Und eine Stimme läßt sich vernehmen: »Siehe da, die Hütte Gottes bei den Menschen!

Und er wird bei ihnen wohnen, und sie werden sein Volk sein.«

DESCARTES: Aber siehe da, sooft und so dramatisch das Weltende auch von diesen und anderen in der Bibel vorhergesagt wurde, es ist nicht eingetreten. Wenn Daniel unter Nebukadnezar gelebt hat, ist er seit zweieinhalb Jahrtausenden tot, und die Welt lebt weiter. Der Verfasser der Offenbarung, der sich Johannes nennt, hat mit der Hure Babylon Rom gemeint. Nun, Rom hat schlimme Zeiten durchgemacht, aber es hat sich immer wieder aufgerappelt. Es hat weder satanische Finsternis erlebt, noch hat es sich, obwohl es den Papst beherbergt, zu einer Stätte besonderer Reinheit und Heiligkeit geläutert.

Es ist wohl richtig, daß sich zur Zeit manche Irdische von solchen Horrorgeschichten den Kopf verwirren lassen. Aber ich sage, das tun sie nur aus Angst. Und ich vermute, die Angst war seinerzeit auch der eigentliche Erzeuger der Geschichte vom dramatischen Weltende. Ich bleibe jedenfalls bei meinem Prinzip, nur das für wahr zu nehmen, was mit klaren und unwiderlegten Gründen bewiesen ist.

FREUD: Das ändert nichts an der Tatsache, daß viele Lebende für ihre Ängste und Schuldgefühle in den biblischen Apokalypse-Texten eine Vorlage finden, die ihren inneren Zustand bildhaft ausdrückt. Sie übersetzen die antiken Bilder ganz unwillkürlich in moderne Szenarien von Atomkatastrophen, Chemieunfällen und massenhafter Ausdehnung von Krebsfällen durch das Ozonloch. Sie nennen ihre Metropolen Sündenbabel und glauben daran, daß etwas von der Hure Babylon in ihnen selbst steckt.

AUGUSTINUS: Allerdings beschränken sich die modernen Visionen nur auf den ersten Teil der biblischen Prophezeiungen. Es fehlt in der Regel der zweite, nämlich der Ausblick auf die Welterneuerung und die Erlösung, wie sie Paulus den Thessalonichern versprochen hat, daß nämlich, wenn die Stimme des Erzengels ertönen und die Stimme Gottes erschallen werden, die in Christo Lebenden und Gestorbenen auf den Wolken in den Himmel des Herrn geführt werden, um für allezeit bei ihm zu bleiben. Auf das neue Reich, das in den biblischen Texten regelmäßig angekündigt wird, scheinen die Heutigen wohl kaum zu hoffen.

FREUD: Das ist so – wenn man die Träume von einer paradiesischen Informationsgesellschaft und von einer idyllischen Kunstwelt des Cyberspace nicht als Surrogate ansehen will. Von einem neuen heiligen Jerusalem, das von Gott aus dem Himmel herabkommt, ist jedenfalls nicht mehr die Rede.

EINSTEIN: Ich denke noch darüber nach, daß man die Apokalypse-Texte auf dreierlei Weise verstehen kann:
Erstens: Vorausgesagt wird eine konkrete kosmische Katastrophe, die unermeßliche Zerstörungen anrichtet, was immer noch danach kommen mag. Es ist ein Ereignis, das schon hätte eintreten sollen, wie Descartes unterstellt, oder das noch irgendwann bevorsteht.
Zweitens: Die biblischen Szenarien von zertrümmerten Städten und herabstürzenden Sternen symbolisieren nur ein Versinken aller Ordnungen in Chaos und Gewalt, eine innere Auflösung der Kultur.
Drittens: Dieser Zerfall ist schon da. Er wird nicht erst irgendwann stattfinden. Die Menschen stehen hier und jetzt in der Prüfung, sich entweder aufzugeben oder sich für einen radikalen Wandel zu entscheiden.

AUGUSTINUS: Der Zerfall ist schon da, und es herrschen die bösen Kräfte Babylons, die ihn fördern. Deshalb ist die dritte deiner Deutungen die entscheidende. Die fortgeschrittenen Völker wissen sehr wohl, wie sie eine gerechtere und naturverträglichere Welt aufbauen könnten. Aber das Böse in ihnen verwehrt ihnen, solches Wissen zu beherzigen. Solange sie ihre Verdorbenheit nicht anerkennen wollen, werden sie auch die Prüfung nicht bestehen, von der du redest. Denn sie wollen ja nicht einmal wahrhaben, einer solchen unterworfen zu sein. Das Böse, das sind für sie die Feinde, die sie besiegen wollen, die Krankheiten, die sie noch nicht heilen oder verhüten können, die schlechten Gene, die sie noch nicht wegzuzüchten vermögen. Aber jedes einzelne Übel, das sie überwinden – schlimme Diktaturen, mörderische Seuchen, unheilvolle Gene –, läßt neue wachsen, so scheint es ihnen. In Wahrheit sind *sie selbst* es, die miteinander nur leidlich Frieden halten können, solange sie Haßobjekte aufzuspüren vermögen, die sie von dem eigenen Bösen ablenken. Bessern könnten sie sich erst, würden sie sich zu dem eigenen Schlechten bekennen und daran bußfertig arbeiten. Aber davon sind sie noch weit entfernt.

FREUD: Ich möchte dir gern zustimmen. Aber wenn wir im folgenden über unsere eigenen Sündenregister reden werden, so werde ich dir vorhalten: Du selbst warst es, der das Böse so übermächtig dargestellt hat, daß es die Menschen nicht mehr tragen konnten und deshalb überall nach Feinden suchen mußten, denen sie den Teufel austreiben wollten. Ihr habt in eurer Kirche wohlweislich keine Statistik darüber geführt, ob ihr drei, vier oder – wie manche schätzen – sogar sechs Millionen Ketzer und Hexen verbrannt habt, von den Massenmorden ganz abgesehen, mit denen eure Anhänger diverse Eroberungsfeldzüge im Namen Christi geführt haben.

AUGUSTINUS: Ich werde mich später verteidigen, aber dich schon mal daran erinnern, daß nicht ich es war, sondern Paulus, auf den sich Papst Gregor IX. berufen hat, als er die Ketzerverbrennungen billigte. Denn Paulus hatte den Korinthern geraten, das Fleisch der Unzüchtigen dem Satan zu übergeben, damit ihre Seelen am Jüngsten Tag gerettet würden. Aber ihr müßt doch zugeben, daß die Kirche sich, wenn auch spät, von dem Frevel der Inquisition und der Hexenjagd abgewandt hat. Und ich bin es doch, der in diesem Kreis noch die große Heilshoffnung vertritt, die ich aus der Offenbarung des Johannes herauslese, während ihr – in der Mehrheit wenigstens – nur den Absturz in die Finsternis vor Augen habt.

KONFUZIUS: Ich habe euch lange sehr aufmerksam zugehört. Mir hat imponiert, wie präzise ihr den materiellen Zustand der Irdischen skizziert und am Ende festgestellt habt, daß etwas an der geistigen Verfassung gerade derjenigen Völker nicht stimmen kann, in denen eine Gegenmacht gegen die Kräfte des Verfalls wachsen müßte. Aber warum tritt eine solche Gegenmacht nicht auf den Plan? Was ist es an dem vorherrschenden Geist, das eine Umbesinnung verhindert?

Ich habe dazu einen Gedanken, der euch eher laienhaft und banal vorkommen mag. Es ist meine Vermutung, daß ihr aus dem Westen – gemeinsam mit euren Völkern – vorläufig zu nichts anderem fähig seid, als euch entweder einen totalen Niedergang oder einen ganz großartigen Aufschwung vorzustellen. Ob ihr es euch eingesteht oder nicht, eure Visionen laufen immer nur auf zwei Extreme hinaus: Entweder seht ihr die Menschheit in die Hölle abstürzen oder sich vielleicht doch noch in fast allmächtige Prothesengötter verwandeln, wie du, Freud, es einmal ausgedrückt hast. Ihr mögt euch noch so sachlich und nüchtern geben, aber nach meinem Eindruck steckt ihr tief in der Falle dieses Alles-oder-nichts-Denkens.

Auch zu meinen Lebzeiten sah ich um mich herum lauter Verfall und Unheil. Ich klagte, »daß gute Anlagen nicht gepflegt werden, daß Gelerntes nicht wirksam wird, daß man seine Pflicht nicht kennt und nicht davon angezogen wird, daß man Ungutes an sich hat und nicht imstande ist, es zu bessern: das sind Dinge, die mir Schmerz machen«. Manchmal war ich auch dicht am Verzagen und gestand es ein: »Es ist vorbei. Mir ist noch keiner begegnet, der es vermocht hätte, seine eigenen Fehler zu sehen und, in sich gehend, sich selber anzuklagen.« Die Inhumanität meiner Mitwelt bedrückte mich tief. Aber nie wäre ich darauf verfallen, die Menschheit verloren zu geben und an ein Weltende zu denken. Unerfreuliche Zeitalter kommen und gehen. Keine Lage ist so aussichtslos, daß sie nicht auch Hoffnung auf Besserung erlaubt, zu der jeder beitragen kann und sollte. Aber eure Völker im Westen machen sich diese Hoffnung schwer, weil sie mit ihrem Fortschritt ins Unendliche aufsteigen wollen oder, weil sie daran scheitern müssen, als Alternative nur den totalen Untergang vor sich sehen. Sie denken, daß sie, wenn sie zu anderen Sternen zu fliegen und das Leben nach Belieben umzuzüchten vermögen, der Allmacht und der Unversehrbarkeit immer näher kommen. Aber in der Tiefe wächst ihre Angst, mit solcher Überheblichkeit ein gigantisches Chaos anzurichten.

Eine Ursache für ihr Dilemma erkenne ich darin, daß die Westvölker seit Descartes in dem Maße, in dem sie die materielle Welt zu berechnen gelernt, *sich selbst* zu erforschen unterlassen haben. Nur einige wenige wie Freud bildeten eine Ausnahme. Aber ihre Erkenntnisse drohen schon wieder verschüttet zu werden, seitdem die Erforscher der Gehirnzellen und ihrer chemischen und elektrischen Funktionen wähnen, mit ihren Entdeckungen bald die Untersuchung der geistigen Innenwelt überflüssig machen zu können.

EINSTEIN: Mir scheint, verehrter Konfuzius, daß du uns einen Fingerzeig gibst, wie wir den toten Punkt überwinden können, an dem unser Gespräch angekommen zu sein scheint. In der Tat wissen die Menschen in den Westländern inzwischen vieles über die Gesetze der materiellen Welt und was sie in deren Anwendung alles machen können. Von sich selbst und den Motiven ihres Machens wissen sie jedoch viel weniger. Wir hier oben haben zwar festgestellt, daß sie gegen besseres Wissen vieles falsch machen, aber was es eigentlich in ihnen ist, das sie zum Falschen verleitet, das sollten wir nun erst genauer erkunden. Verzeih mir, Augustinus, aber deine These vom Urbösen, von dir hundertmal wiederholt und zum Dogma erhoben, ist zu schlicht und zu grob, als daß wir uns mit ihr zufriedengeben dürften.

AUGUSTINUS: Weil sie dir zu grob oder vielleicht nur zu peinlich ist?

EINSTEIN: Du sagst, die Menschen freveln, weil das Böse seit Adam in ihnen steckt, der seine Willensfreiheit durch den Sündenfall mißbraucht habe. Also hätte Gott deiner Meinung nach an dem menschlichen Bösen keinen Anteil.

AUGUSTINUS: Du sagst es.

PLATON: Ich kann dem Kirchenvater nur mit allem Nachdruck zustimmen. Es war meines Erachtens ein großer Irrtum des ehrwürdigen Homer, den göttlichen Zeus ebenso als Spender des Bösen wie des Guten dargestellt zu haben. Keinem Dichter dürfe erlaubt sein, so habe ich dem Adeimantos erklärt, die Gottheit mit dem Bösen zu verquicken. Höchstens für den heilsamen Effekt der Strafe darf man Gott verantwortlich machen.

EINSTEIN: Mir geht es hier nicht um Theologie. Aber zu denken gibt mir, was Konfuzius gesagt hat. Ihm ist die Absolutheit aufgefallen, mit der die Abendländler immer nur in dem Gegensatz von Licht und Finsternis denken, ohne Abstufungen und Versöhnung. Selbst wenn sie sich gegen das Böse entscheiden, so können sie nach Augustinus nicht einmal gewiß sein, ob sie am Jüngsten Tag der Verdammnis entrinnen.

DESCARTES: Ich bin zwar sowenig Theologe wie Einstein. Indessen erinnere ich mich, daß der Prophet Samuel von Jahwe berichtet hat, dieser selbst habe David einst zu bösem

Tun verleitet. Mein etwas älterer deutscher Philosophenkollege Jakob Böhme hielt es für gewiß, daß Gott, die Ursache von allem, selbstverständlich auch das Böse selbst hervorgebracht habe. Vom Guten könnten wir doch überhaupt nur wissen, wenn dieses sich vom Hintergrund des Bösen abhebe und aus diesem hervorleuchte. Unser seliger Zunftgenosse Friedrich Hegel zweifelte genausowenig an einer sinnvollen Einordnung des Bösen in den geschichtlichen Weltprozeß. Solltet ihr meinem Zeugnis mißtrauen, könnten wir die unsterblichen Seelen der beiden ja herbeirufen. Mich selbst hat dieses Thema nie besonders aufgeregt. Mich hat am Bösen nur interessiert, wie die Leidenschaften, die man ihm zurechnet, im Körper entstehen.

EINSTEIN: Würden die Menschen Jakob Böhme glauben, daß das Böse einen Platz in Gottes Schöpfung habe, könnten sie es jedenfalls leichter tragen und sich mit ihm auseinandersetzen. Fällt es indessen nach Augustinus in ihre eigene alleinige Verantwortung, so können sie darunter leicht verzweifeln und aus Schwäche erst recht dem Schlechten anheimfallen.

FREUD: Damit kommst du genau auf meine paradox anmutende Entdeckung zurück, daß Menschen, die von übergroßen Schuldgefühlen geplagt werden, oft gerade deshalb neue Schuld auf sich laden. Dabei richten sie es so ein, daß diese entdeckt wird und ihnen Bestrafung einträgt, weil sie solche Buße weniger fürchten als die reine Gewissensqual.

EINSTEIN: Ich spinne den Gedanken Jakob Böhmes weiter: Könnten die Menschen dem Bösen mit mehr Selbstgewißheit ins Auge blicken, dann müßten sie es nicht ewig in Gestalt äußerer Feinde suchen und mit Waffen bekämpfen, mit denen sie sich am Ende selbst zu vernichten drohen. Glauben sie aber Augustinus und sehen das Böse ausschließlich als ihre eigene Sache an, kann die innere Not sie zu amokläuferischem Tun mit den Folgen antreiben, die wir zur Zeit mit ansehen. Aus Angst vor dem Überdruck des Schlechten vermehren sie ebendieses unbewußt und ungewollt. Demnach wären sie in der kirchlichen Tradition vielleicht besser Jakob Böhme als unserem verehrten Freunde Augustinus gefolgt.

BUDDHA: Oder meiner Lehre. Denn auch ich habe zwischen dem Bösen und dem Guten nie eine unüberbrückbare Kluft gesehen. Und diese Anschauung haben meine Nachfahren übernommen. Laßt mich das euch an einem Beispiel zeigen: Ich hatte einen überehrgeizigen und machthungrigen Vetter, der hieß Devadatta. Als ich alt wurde, drängte er darauf, daß ich ihn zu meinem Nachfolger ernennen solle. Als ich dies nicht tat, überkam ihn so große Wut, daß er mir – allerdings vergeblich – nach dem Leben trachtete. Zur Strafe wurde er krank. Aber in meiner Anhängerschaft wuchs später die Überzeugung, daß Devadatta einen unendlich langen Läuterungsprozeß durchmache und irgendwann sogar zur Stellung eines Buddhas aufsteigen werde. Fazit: Das Böse hat keine absolute Macht. Auch wer ihm einmal verfallen ist, kann immer noch hoffen, sich durch einen langen Reinigungsprozeß zu befreien. Keiner muß sich also endgültig verloren geben und sich etwa dadurch in weiteres Unheil treiben lassen.

EINSTEIN: Ich sehe dir an, Augustinus, wie sehr es dich zu einer heftigen Entgegnung drängt. Aber ich bitte dich, halte dich erst einmal zurück. Es wird später noch reichlich Gelegenheit zum Austausch beziehungsweise zur Entkräftung von Vorwürfen und Bezichtigungen geben. Laß dir zu deiner vorläufigen Beruhigung schon einmal sagen, daß auch Freud das Böse unter dem Namen Destruktionstrieb in das Reich metapsychologischer Mythen erhoben und es damit menschlicher Verfügbarkeit weitgehend entzogen hat. Dafür wird er sich alsbald ebenfalls zu rechtfertigen haben.

Konfuzius und Buddha erweitern den Horizont

EINSTEIN: Sobald wir auf die menschliche Innenwelt zu sprechen kommen, flammt unter uns prompt heftiger Streit auf. Wir fallen übereinander her, als ginge es dabei nur noch ums Rechthaben anstatt um eine sorgfältige und besonnene Ermittlung der Wahrheit. Konfuzius hat uns einen mir auf den ersten Blick einleuchtend erscheinenden Hinweis gegeben, wo wir eine Erklärung finden könnten. Habe ich ihn richtig verstanden, so meint er, wir Abendländler hätten *uns selbst* aus den Augen verloren, seitdem wir alle Aufmerksamkeit auf die Erkundung und Beherrschung der *materiellen Dinge* gelenkt hätten. Die gewaltigen zur Entschlüsselung und technischen Beherrschung der Naturgesetze aufgebrachten Energien hätten alles Fragen nach dem Sinn und den Aufgaben unseres Geschlechtes in den Hintergrund gedrängt. Tatsächlich können unsere Völker unendlich viel mehr *machen* als je zuvor, aber nehmen nicht mehr wahr, was ihnen *zu machen zusteht, wozu sie überhaupt da sind*. Ich habe Freud als einen der wenigen neueren Westler eingeladen, die wenigstens angefangen haben, den Blick wieder auf die Selbsterforschung zu richten. Seine Bemühungen machen mir bewußt, wie sehr die Menschen sich, was tiefere Selbsterkenntnis anbetrifft, zu Analphabeten zurückentwickelt haben und wie dringend es not tut, daß die westliche Kultur in der Erforschung der psychischen und moralischen Gesetze baldigst den Rückstand gegenüber ihren naturwissenschaftlich-technischen Errungenschaften verringert oder gar wettmacht. Andernfalls wird sie durch falsches Machen des je Machbaren immer wieder der Einsicht vorauseilen, daß sie dieses oder jenes Machen unbedingt hätte unterlassen müssen.

Konfuzius, du hast uns auf dieses Defizit aufmerksam gemacht. Ich glaube, daß wir, die wir aus dieser westlichen Kultur stammen, von der Weisheit deiner uns wenig vertrauten Lehre profitieren könnten, die sich in deiner Heimatregion über zweieinhalb Jahrtausende wunderbar lebendig erhalten hat.

KONFUZIUS: Was sich erhalten hat, ist das, was ihr »Konfuzianismus« nennt, der zwar vieles von meiner Lehre bewahrt, anderes minder beachtet oder auch verändert hat, ähnlich wie es in eurem Abendland der Lehre Jesu in der Geschichte des Christentums ergangen ist. Ob ich euch den Profit verschaffen kann, von dem Einstein spricht, dessen bin ich mir nicht sicher. Aber es drängt mich ohnehin, euch einige Gedanken mitzuteilen, die mir während eurer Befundsammlung gekommen sind. Damit ihr mich besser verstehen könnt, sollte ich euch aber zuerst noch etwas zu meiner Person und meinen Beweggründen sagen. Ein wenig ähnele ich wohl Platon darin, daß ich mich als eine Art Ethiklehrer zugleich um Politik gekümmert habe. Allerdings träumte ich nicht wie du, Platon, davon, daß ein Philosoph selbst König sein sollte. Aber als Berater eines regierenden Fürsten, der meine Lehre hätte anwenden sollen, hätte ich schon gern eine Weile gewirkt. Ich hatte auch ganz kurz ein solches Amt inne, bin daraus aber wieder vertrieben worden. Noch unmittelbar vor meinem Tode habe ich geklagt: »Kein weiser Herrscher ersteht, und niemand im Reich will mich zu seinem Lehrer machen!« Anders als der weise Buddha und der verehrungswürdige Laotse, dem ich übrigens einmal in meinem Leben begegnet bin, habe ich mich mit Vorliebe nicht in der Einsamkeit, sondern inmitten der

Gesellschaft bewegt. Mein Hauptthema war, die Ordnung des Zusammenlebens zu verbessern. Dennoch war ich nicht etwa ein stürmischer Erneuerer, sondern eher ein Überlieferer.

EINSTEIN: Wir würden wohl sagen: ein Konservativer.

KONFUZIUS: Vermutlich. Mich zog die geschichtliche Vergangenheit unwiderstehlich an, insbesondere unser Altertum. Zeitlebens habe ich den alten Gründern unseres Gemeinwesens gegenüber, den Yao, Schun und Yü, die tiefste Ehrfurcht bewahrt. Aber solches Zurückblicken folgte keinem beliebigen Interesse, sondern es war eine mir notwendig erscheinende Einstellung, um Prinzipien herauszufinden, nach denen wir augenblicklich und in Zukunft unser Leben einzurichten hätten. Für mich ähnelt die Geschichte einem alten, immer noch wachsenden Baum, an dem die gerade Lebenden nur einen kleinen Trieb bilden, der sich in die Ordnungen einfügen muß, die das Wachstum des Baums bisher bestimmt haben.

Nichts schützt besser vor Hochmut und Größenwahn, als die Vorfahren mit ihren Leistungen und Sitten zu studieren und zu achten. Und man wird im Zurückschauen auch davor bewahrt, die eigene Lebensstrecke zu wichtig zu nehmen und mehr aus ihr schöpfen zu wollen, als angemessen ist. Die Lebenden sollten sich stets fragen, ob sie das Erbe, das ihnen unzählige Generationen hinterlassen haben, sorgsam und im Blick auf die Nachfolgenden verantwortungsvoll verwalten.

Wenn ich es richtig sehe, weichen eure Westvölker gerade dieser Frage aus. Deshalb benehmen sie sich achtlos so, als erfülle sich der Sinn der Geschichte allein in ihrer kurzen Lebensstrecke oder allenfalls noch in derjenigen ihrer Kinder. Weil sie mißachten, was sie ihren Ahnen und den später folgenden Generationen schuldig sind, fehlt es ihnen auch an der Rücksicht untereinander. Es ist der gleiche Egoismus, der sie voneinander wie von ihren Vorfahren und den nachfolgenden Generationen entfremdet. Sie kommen mir mitunter wie Wahnsinnige vor, die glauben, sich selbst erschaffen und als Unsterbliche die Welt nur zur eigenen Verfügung zu haben. Was sie als großartigen Aufstieg anstreben, erscheint mir eher als ein Herausfallen aus ihrer historisch vorgegebenen bescheidenen Rolle in der Kette der Generationen. Es fällt mir schwer, solches Benehmen zu verstehen. Denn wer stets dessen eingedenk ist, was er seinen Ahnen verdankt, wird daraus am ehesten ein Handeln schöpfen, das ihm von den Kommenden ähnliche Achtung eintragen wird. Und, verzeiht mir, ich finde es töricht, auf eine solche ermutigende Aussicht zu verzichten.

FREUD: Aber um diese Aussicht wichtig zu nehmen, muß man sich erst einmal in die Nachkommen hineinversetzen. Tut man das nicht, weil man sich selbst allein wichtig nimmt, verliert die postume Schande jeden Schrecken.

PLATON: Wenn ich mich kurz einmische, verehrter Konfuzius, so um dir lebhaft beizupflichten. Auch im alten Athen war uns die Verbundenheit mit unseren Vorfahren überaus wichtig. In das Lob der Ehrfurcht möchte ich gern einstimmen. Wie du mit der Pflege des Ahnen- und Opferkultes habe ich bei vielen Gelegenheiten meine eigene Ahnenverehrung kundgetan, auch mit der von mir schriftlich hinterlassenen Mahnung, »daß man nicht aufhört, ihr Andenken dauernd zu erhalten und ihnen einen angemessenen Anteil des vom Glück uns selbst gestatteten Aufwandes zuzuwenden«.

Aber nun erlaube mir noch eine heikle Frage: Was ist, wenn die Ahnen ihre Nachkommen mit schweren Freveln und Versäumnissen beschweren?

KONFUZIUS: Natürlich sind diese Frevel zu kritisieren. Aber was die Vorfahren und insonderheit die Eltern auch immer falsch gemacht haben, bleibt ein innerer Anteil der Kinder, den diese in die eigene Zukunft als Aufgabe mitnehmen. Wenn die neue Generation diesen Anteil verleugnet, weil darin peinliche Schuld steckt, dann lügt sie sich vor, sich gleichsam neu erzeugt zu haben. Zur Achtung vor den Eltern gehört, ihre Fehler so ernst zu nehmen wie ihre Verdienste und aus den einen wie den anderen Lehren zu ziehen.

MARX: Ich versage dir, das sollst du wissen, durchaus nicht meine Achtung und Ehrerbietung, Freund Konfuzius. Ich verstehe auch, daß du als Sproß des Kleinadels seinerzeit am Feudalismus festgehalten hast. Aber was ich nicht begreife, ist, daß du zwar die Verhältnisse bessern wolltest, aber die Jungen mehr Unterordnung als Selbstbefreiung gelehrt hast. Aus Gehorsam entsteht kein Mut zum Verändern, zur Neugestaltung der Zukunft.

KONFUZIUS: Loyalität war mir schon sehr wichtig. Aber was ich eigentlich wollte, war, für die Notwendigkeit von *Vorbildern* zu werben. In meiner persönlichen Entwicklung haben mir Vorbilder sehr geholfen, und deswegen habe ich ihnen für die Erziehung eine große Bedeutung beigemessen. Menschen werden nur besser durch Verehrung von Vorbildern, indem deren Vorzüge in ihnen Spuren hinterlassen. Wenn sie früh alles schon selber am besten zu wissen und zu können glauben, bleiben sie klein und dumm, auch wenn sie die neuesten technischen Geräte perfekt bedienen können. Suchen sie keine Vorbilder mehr, werden sie auch keine solchen mehr erzeugen. Sie werden keine edlen Fürsten oder Staatslenker mehr bekommen – und dann beklagen sie sich, wie jetzt die Westvölker, daß sie an der Spitze nur noch mittelmäßige oder sogar unredliche Politiker haben. Aber sie dürften sich nicht beklagen, weil sie es nicht anders wollten. Gesetze und Vorschriften sind unentbehrlich. Sie sind jedoch nur äußere Regelungen. Übertritt man sie, wird man von außen ermahnt oder bestraft. Vielleicht empfindet man sogar Genugtuung, wenn man sie ungeahndet umgehen kann. Wer hingegen ein Vorbild verrät, erlebt den Vorwurf von innen, der empfindet Scham, und die prägt sich viel tiefer ein. Ihr seid in euren westlichen Ländern zu Recht stolz auf eure fortschrittlichen Gesetze. Indessen, wie ihr seht, schützen diese euch nur sehr ungenügend vor sozialer Rücksichtslosigkeit, Korruption und Gewalt. Dann seid ihr schnell dabei, eure Gesetze zu verschärfen. Aber was hilft euch das, wenn die Jugendlichen nicht mehr gute Vorbilder suchen oder finden, die ihnen inneren Halt geben?

Ich beobachte, daß die Jugend in eurer Kultur geradezu Angst hat, verdienstvollen geistigen oder moralischen Autoritäten nachzueifern, und daß sie schon die Elterngeneration baldmöglichst wie eine auslaufende Warenserie verwirft, um eine eigene Kultur dagegenzusetzen. Euren Gesellschaften fehlt es schlicht an Stetigkeit. Die Achtzehnjährigen verstehen schon die Vierzigjährigen nicht mehr, die wiederum fühlen sich durch die Sechzigjährigen eher beschwert als bereichert. Die Modernisierungssucht überträgt sich von den Produkten auf die Menschen. Die Alten sind aus der Mode, weil ihre Technik überholt ist, weil sie sich im Internet nicht mehr auskennen. Es heißt, sie sollten in der Rivalitätsgesellschaft froh sein, daß die produktive jüngere Generation sie noch freiwillig miternährt und nicht in die Ecke stellt.

Wenn du mir vorhältst, werter Marx, ich hätte zu wenig in die Zukunft hineingedacht, so läßt du mich erstaunen. Die Generation der Alten ist doch jeweils die eigene Zukunft der Jungen. Denn in jenen wird diesen gespiegelt, was sie bald selber sein werden. Wenn sie aufhören, jene zu verehren, bereiten sie sich die eigene baldige Entwertung vor. Sie erschrecken also eigentlich vor der Zukunft, anstatt in diese, wie sie vorgeben, entschlossen hineinzuleben. In Wahrheit denken sie nur bis zum nächsten Tag. Sie berechnen zwar mit Computersimulationen die fernere Entwicklung, aber handeln so, wie es ihnen gerade jetzt am besten gefällt.

EINSTEIN: Sosehr mir vieles von dem einleuchtet, was du eben gesagt hast, so möchte ich die kritische Frage unseres Freundes Marx doch noch einmal aufgreifen: Wie kann denn Besserung kommen, wenn man vor allem zurückblickt?

KONFUZIUS: Natürlich muß auch Neues gewagt und ausprobiert werden. Aber die Leute in eurem Westen geraten ja, sobald sie innehalten und zurückschauen, gleich in Panik, weil sie den Anschluß im blinden Wettkampf um die Märkte zu verlieren fürchten. Natürlich müssen sie nicht auf die schlechteren Produkte von gestern zurückblicken, wenn sie heute bessere haben. Aber eure und unsere gemeinsame Sorge ist es doch, daß es den Abendländlern inzwischen vor allem an Orientierung über sich selbst und die gemeinsame Aufgabe fehle. Und dazu, so meine ich, sollte man erst einmal geduldig lernen, wo man herkommt, wie sich Sitten und Riten gebildet, welche sich bewährt und welche versagt haben. Es gibt im Überlieferten viel Gutes inmitten von Untauglichem. Es dauert viele Generationen, das Gute herauszufinden, zu stärken und sich daran zu halten. »Vieles hören, das Gute davon auswählen und ihm folgen, vieles sehen und es sich merken, das ist wenigstens die zweite Stufe der Weisheit.« Persönlich habe ich lange gebraucht, um weiser zu werden:
»Ich war fünfzehn, und mein Wille stand aufs Lernen, mit dreißig stand ich fest, mit vierzig hatte ich keinen Zweifel mehr, mit fünfzig war mir das Gesetz des Himmels kund, mit sechzig war mein Ohr aufgetan, mit siebzig konnte ich meines Herzens Wünschen folgen, ohne das Maß zu überschreiten.«
Wahrheit ist etwas, was immer schon da war. Aber es gilt, sie sich anzueignen und zu verwirklichen. Ich weiß, daß dies alles in westlichen Ohren recht seltsam klingt. Ihr würdet wohl sagen: Da fehlt die Dynamik, der Drang nach vorn, das Erobern von Neuland. Ich bin euch gewiß zu statisch. Das könnt ihr mir vorhalten. Aber wenn ich in eurer Kultur

die ständige Sorge wahrnehme, Wichtiges zu verpassen, von anderen überholt zu werden, dann scheint mir, den Menschen sitze ewig die Angst im Nacken, letztlich die Angst, vor dem Sterben noch nicht richtig gelebt zu haben. Aber in der Hetze verfehlen sie gerade, ihr Leben mit Wesentlichem auszufüllen. Sie finden nicht in ihrem Innern ihr Maß und ihre Mitte. Maß und Mitte habe ich als das Yen bezeichnet, als das Wesen des Menschen.

PLATON: Auch mich beunruhigt diese mir fast krankhaft erscheinende Eile, zu der die westliche Kultur die eigenen und nun auch schon die umliegenden Völker antreibt. Da waltet eine Unvernunft, die zu begreifen mir schwerfällt. Viele Erfindungen sollen nur dazu dienen, Zeit zu gewinnen. Das gesamte Trachten geht dahin, alles noch schneller berechnen, erzeugen und transportieren zu können. Mit ihrer Elektronik und ihren Flugzeugen überbrücken die Menschen augenblicklich die weitesten Strecken. Aber nicht nur Einstein läßt uns daran zweifeln, daß sie die gewonnene Zeit nicht nur für geschäftliche Vorteile und banales Vergnügen, sondern auch dafür nutzen, ihr Verständnis füreinander und für die von ihnen zu verwirklichenden Werte zu vertiefen. Umgekehrt scheint es mir, daß ihre Interessen und Bestrebungen in dem gleichen Maße verflachen, in dem sie ihr Tempo beschleunigen.

KONFUZIUS: Das hat den Schnellsten in den reichen Ländern immerhin, jedenfalls vorläufig, gewaltige materielle Vorteile verschafft, aber sie in meiner Sicht eher weiter von dem Ziel entfernt, ihren Platz innerhalb der ewigen Zusammenhänge des Universums besser zu verstehen. Sie begreifen nicht, wie sie sich in die Kette der Generationen einzuordnen, wie sie das Erbe der Ahnen zu verwalten und den Boden für die künftigen Generationen zu bereiten haben und was die Natur ihnen erlaubt oder verbietet. Vor allem ist ihnen der Sinn verlorengegangen für das Ineinanderwirken der beiden großen Weltprinzipien des Yang und des Yin, von dem das Gleichgewicht des Ganzen abhängt.

FREUD: Das solltest du uns bitte etwas genauer erklären.

KONFUZIUS: Yang ist das aktive, das zeugende Prinzip, auch als das männliche bezeichnet. Yin hingegen ist das weibliche, das hingebende, das empfangende, das verhüllende. Eure Kultur hat sich in der Neuzeit achtlos und willkürlich einseitig dem Yang verschrieben und dem Yin die Achtung entzogen. Deshalb überzieht sie die Welt mit einem atemlosen Aktivismus, berauscht sich blindlings an allem, was mehr Schnelligkeit, mehr Größe und mehr Stärke verheißt. Die Menschen verschließen sich gegen das Yin, das ihnen mehr Sanftheit und Bescheidenheit verordnen und ihnen Augen und Ohren öffnen würde für ihre Einbettung in das großartige Netzwerk, das alles Lebendige verbindet. Gewinnt das Prinzip Yang die Oberhand, wie geschehen, nehmen automatisch Gewaltsamkeit und Rücksichtslosigkeit zu. Der Umgang wird kälter, härter, eben weil Yin nicht mehr ausgleichende Milde, Wärme und Hingabefähigkeit beisteuert.

PLATON: Wie man die beiden Prinzipien auch immer nennt, von denen du uns erzählst, so leuchtet mir der Grundgedanke sehr ein, nämlich daß die Westmenschen im bloßen Aktivsein zu ihrem Unglück inzwischen einen absoluten Wert sehen, also daß sie ununterbrochen *etwas machen* müssen. Passivsein hassen sie als bloßen Mangel, als Lahmheit, Ohnmacht, schließlich als Schuld. Aber was alles entgeht ihnen an wesentlichen Erkenntnissen, die sich nicht erobern lassen, sondern sich offenbaren, wenn man sich innerlich dafür bereitet. Erkennen der wichtigsten Wahrheiten ist doch, wie ich immer gelehrt habe, zu einem guten Teil nur ein Wiedererinnern.

FREUD: Du denkst wohl an Wertmaßstäbe, die den Menschen bei Geburt mitgegeben und von ihnen als moralische Prinzipien entdeckt werden können?

PLATON: Genau das habe ich gelehrt. Ich bin überzeugt, daß in uns elementare Wahrheiten angelegt sind, die nicht dem Wandel der Zeiten unterliegen, sondern in jedem abgebildet sind und ans Licht gebracht werden können. Ich habe ja sogar gemeint, daß sich daraus ein vorgeburtliches Sein der Seelen ableiten lasse.

FREUD: Auch ich habe allmählich gelernt, daß etwa in der Stimme des Gewissens ein konstitutioneller Anteil steckt, also eine angeborene Anlage. Und unser streitbarer Himmelsgenosse Schopenhauer beharrt bekanntlich ganz strikt darauf, daß der Grundantrieb aller Moral – das Mitleid als Auslöser des Helferdranges – allen Menschen eigen sei, allerdings bei den Männern schwächer ausgeprägt als bei den Frauen.

KONFUZIUS: Damit wären wir wieder bei meiner Feststellung, daß eure Westvölker, wie ahnungslos auch immer, einseitig dem Yang huldigen, indem es ihnen beim Forschen immer nur um das aktive Erobern von Macht über andere oder über die Natur geht. Ich denke dabei mitunter an einen Ausspruch von dir, Einstein, der mir sehr gefallen hat. Du hast einmal gesagt, nicht die Atombombe sei das Problem der Heutigen, sondern ihr Herz. Ich bilde mir ein, daß du damit in eurer Sprache dazu mahnen wolltest, das Prinzip Yin nicht zu vernachlässigen.

EINSTEIN: Jedenfalls können wir dir nur darin beipflichten, daß unsere westlichen Völker offenbar das weibliche Prinzip, das ihr Yin nennt, zumindest vorläufig nicht mehr als eine notwendige Gegenkraft zum Yang anerkennen, was sich darin ausdrückt, daß ihr aktionistisches Machen zu einem ungebändigten Wüten ausgeartet ist. Nur ist das, was du uns bietest, doch nur eine neue Weise, das Übel zu *beschreiben*. Und da die westlichen Untugenden schon auf weite Teile deiner alten Heimat übergegriffen haben, wage ich kaum große Hoffnung mit dem Wunsch zu verknüpfen, daß du einen Weg zur Rettung wüßtest.

KONFUZIUS: Ihr solltet euch nicht täuschen. Zwar kopieren die Chinesen zur Zeit viele eurer westlichen Fehler. Aber ich glaube nicht, daß der Geist, aus dem diese Fehler entspringen, tiefer in die chinesischen Seelen eindringt. Die Chinesen kaufen eure Technik oder bauen eure Maschinen nach. Und zum Unglück haben sie sich auch nicht von der Anschaffung der furchtbaren Atombomben abhalten lassen. Aber ihr werdet bei ihnen vergeblich nach eurer westlichen Weltuntergangspanik suchen. Dieses riesige Volk hat bisher noch alle Einbrüche fremder Kulturen und Herrschaftssysteme verdaut und ist schließlich immer wieder zu den eigenen alten Traditionen zurückgekehrt. Es hat die Eroberung durch die Mongolen und die Herrschaft der Mandschukaiser überstanden, außerdem die grausamsten Bürgerkriege und Gemetzel unter meinen Anhängern, zuletzt die sogenannte Kulturrevolution unter Mao mit Hunderttausenden von Opfern.

Wie das Volk es vorläufig fertigbringt, in seiner Gesellschaftsordnung kapitalistische mit marxistischen Elementen zu verschmelzen, werdet ihr kaum verstehen, da ihr doch immer nur nach dem Schema »Entweder – oder« denkt. Zu eurer Verwirrung verträgt sich ein durch und durch autoritäres Herrschaftssystem mit den Prinzipien einer kapitalistischen Konkurrenzwirtschaft. Wie solltet ihr auch begreifen, daß in einem Volk von bald eineinhalb Milliarden Menschen und mehr als fünfzig nationalen Minderheiten soziale Prozesse nach ganz anderen Regeln ablaufen als in euren westlichen staatlichen Einheiten und daß die Strukturwandlungen, die ihr jetzt an der Oberfläche erlebt, in China vieles unberührt lassen, was in der Tiefe von altem Geist bewahrt wird? Seit dem Tode Maos wird übrigens meine alte Morallehre vielerorts wieder geachtet, erst recht von den Auslandschinesen in zahlreichen Ländern von Asien bis Amerika.

EINSTEIN: Deine Zuversicht zu vernehmen ist eine wahre Labsal nach so vielen düsteren Befunden über sozialen Verfall und apokalyptische Ängste. Ein wenig beneide ich die Völker, in denen deine Philosophie Wurzeln geschlagen hat, die keine heroischen Kriege und gewaltsamen Eroberungen, sondern ein friedlich geordnetes und gesittetes Staatsleben vertreten und sogar der Musik in der Jugenderziehung einen besonderen Wert beigelegt hat. Aber vielleicht ist deine Lehre gerade deshalb in unseren Ländern nicht durchgedrungen, nicht einmal bekannt geworden, weil sie eben nicht im abendländischen Sinne Himmel und Hölle kannte, nicht Heilige und Ketzer, weil du keine Wunder vollbracht hast und schlicht und undramatisch gestorben bist – ohne Kreuzigung und Auferstehung und ohne Begleitung durch Erdbeben und Göttertrommeln.

FREUD: Man könnte nun folgern, die Westmenschen müßten nur chinesischer werden – so sie das könnten –, um ihre Gespaltenheit zwischen paradiesischen Fortschrittsillusionen und apokalyptischen Katastrophenerwartungen zu überwinden. Aber wer traut ihnen das zu? Würden sie sich überhaupt etwas von einer fremden Mentalität aneignen wollen, der sie sich noch immer turmhoch überlegen fühlen? Glauben sie nicht starrsinnig mit ihren in alle Erdteile gelieferten modernen Maschinen die neuen Götter zu exportieren, deren Anbetung auch die Chinesen von allen alten Glaubenstraditionen losreißen sollte?

Wahrscheinlich hat Konfuzius damit recht, daß die Abendländler die Kraft der Chinesen unterschätzen, sich Fremdes anzueignen, ohne sich dauerhaft von den Kernelementen

der eigenen Kultur zu entfremden. Er läßt uns darüber nachdenken, ob wir, die wir aus dem Westen stammen, das Ausmaß der von unseren Ländern ausgehenden Zerstörungsenergien möglicherweise zu hoch veranschlagen. Vielleicht bringen die Chinesen in einhundert Jahren wieder vieles davon ins Lot, was die Unsrigen momentan an Schaden anrichten? Man könnte es als Ausfluß des westlichen Größenwahns ansehen, mit dem Verfall der eigenen Kultur gleich die ganze Welt mit untergehen zu sehen.
Allerdings sträube ich mich gegen die suggestive Selbstgewißheit, mit der Konfuzius auftritt, und zwar aus zwei Gründen. Die technische Revolution dieser Tage greift um vieles tiefer in die chinesischen Lebensformen ein als alle Außeneinflüsse der letzten zweieinhalb Jahrtausende. Ob man dich, Konfuzius, je noch einmal mit den Gottheiten von Himmel und Erde gleichstellen wird, wie 1906 von der Mandschudynastie geschehen, möchte ich sehr bezweifeln. Zweitens kann ich mir kaum einen schlimmeren Abfall von deiner politischen Morallehre vorstellen als die jüngste Unterjochung Tibets mit der Ermordung von einer Million Menschen. Wir mußten von hier oben den schrecklichen Versuch beobachten, eine der friedlichsten Kulturen der Erde zu zerstören. Und manches spricht dafür, daß dieses furchtbare Unternehmen gelingen könnte. Das ist doch nicht unter Fremdeinwirkung geschehen, sondern ganz allein aus der Eroberungslust der Machthaber aus deiner Heimat.

KONFUZIUS: Niemand leidet mehr unter dieser Schande als ich selbst. Aber in einem muß ich dich berichtigen. Der Geist, aus dem dieses barbarische Verbrechen entsprang, hat sehr wohl fremde Wurzeln. Die Eroberer Tibets waren zwar Chinesen, jedoch in der marxistisch-leninistischen Ideologie geschulte Kommunisten. In Wahrheit war ihr Traum von einer expansionistischen Weltrevolution der Traum Stalins, den sie sogar noch träumten, als die Russen sich schon mehr

und mehr von Stalin abwandten. Aber der neue chinesische Kommunismus ist, wie ich schon sagte, nur noch ein halber, und was davon übrigbleiben wird, weiß niemand.
Wenn ihr mich aber so verstanden hättet, als hätte es meine Lehre vermocht, China vor barbarischen Exzessen und Tyranneien zu bewahren, so müßte ich das schleunigst richtigstellen. Unter zahlreichen schlimmen Beispielen möchte ich nur den Kaiser nennen, dessen tönerne Grabwächterarmee inzwischen die Touristen aus euren westlichen Ländern bewundern. Es war der größenwahnsinnige Qin Shi Huangdi, der sich im dritten Jahrhundert vor eurer westlichen Zeitrechnung zum Gottkaiser erklärte, viele meiner Anhänger regelrecht abschlachten ließ und Bücherverbrennungen befahl, wie ihr sie aus der jüngsten Geschichte eines europäischen Diktators kennt. Aber auch diesen Ausbruch von tyrannischem Allmachtswahn hat unser Volk überwunden. Und es hat sogar später die fremden Mandschukaiser in brave Konfuzianer verwandelt, die sich nicht scheuten, meine Lehre zur offiziellen Staatsideologie zu erheben.

PLATON: Möchtest du uns suggerieren, die kommunistischen Führer Chinas würden gleichfalls demnächst zu Konfuzianern konvertieren?

KONFUZIUS: Möglich ist alles. Aber am unwahrscheinlichsten ist, daß unsere Kultur definitiv von irgendeiner fremden Lehre marxistischer, kapitalistischer oder sonstiger Art je verschluckt werden wird.

AUGUSTINUS: Ebenso unwahrscheinlich ist jedoch, daß die abendländisch-christliche Kultur je vom Konfuzianismus aufgesogen werden könnte.

FREUD: Warum geht es immer gleich um Aufsaugen, Verschlucken oder ganz allgemein um den Triumph der einen über die andere Lehre? Was ich an Konfuzius wie übrigens auch an Buddha bewundere, ist, daß beide für ihre Lehren gar nicht den Anspruch auf alleinige Gültigkeit erheben – im Gegensatz zu den christlichen Kirchen und zum Islam.

BUDDHA: Es wäre in der Tat unverständlich, würden sich die Völker, während sich ihre Wirtschaften immer enger miteinander verflechten, nicht auf die Gemeinsamkeiten ihrer Weisheitslehren besinnen. In den Tugendlehren sehe ich da zum Beispiel große Übereinstimmungen. Andererseits mußten wir feststellen, daß es bedeutende Unterschiede in der Einschätzung der geistigen Triebkräfte und der Bedeutung der seelischen Innenwelt gibt. Wir fanden, daß vieles an dem maßlosen und ungerechten Verhalten, das zu Unordnung, Unfrieden und Elend führt, mit einem Mangel an Selbsterkenntnis zu tun habe. Im Westen hat man ungeheuer viel über die Dinge gelernt, auch über die eigene materielle Existenz, aber sehr wenig über die Welt des Seelischen, die außermenschlichen Wesen auf der Erde eingeschlossen, denn ich sehe die Beseelung, wie ihr wißt, nicht als Monopol der menschlichen Spezies an.
Wollen wir aber mehr von den Prinzipien der inneren Welt verstehen, an denen unser Geschlecht sein Verhalten ausrichtet, so können wir wertvolle Schlüsse aus bewährten Sitten und Riten ziehen, von denen zumal Konfuzius fundamentale moralische Weisheiten abgeleitet hat – auch aus uralten Mythen, in denen viele Geschlechter ihre existentiellen Probleme abgebildet gefunden haben. Aber zu dem Studium des Überlieferten sollte die innere Einkehr hinzutreten, die jeder einzelne nur für sich vollziehen kann. Wer sich nicht regelmäßig und geduldig in sein Inneres versenkt, wird nie im Leben zu den tiefsten Wahrheiten vordringen, wird nie erfahren, was rechte Anschauung, rechtes Streben, rechtes Handeln bedeuten.

DESCARTES: Aber das ist doch genau mein Ansatz gewesen. Ich habe den Abendländlern, als sie im Anschluß an das

Mittelalter nicht mehr woher, wozu und wohin wußten, gezeigt, wo sie eine neue Gewißheit finden konnten, nämlich in der Besinnung auf die klaren und deutlichen Erkenntnisse ihrer Ratio.

BUDDHA: Dabei bist du allerdings – warum, darüber werden wir mit dir noch reden – bei den oberflächlichen Gewißheiten der Mathematik und der Naturwissenschaft steckengeblieben. Vermieden hast du eine tiefergehende spirituelle Selbsterforschung, die allein den Menschen helfen kann, sich stufenweise vom Leiden, von der Gier und vom hektischen Umherirren zu befreien.

PLATON: Ich freue mich, verehrter Buddha, daß du dich nun endlich in erfrischender Weise kritisch einmischst, obwohl ich deine etwas abfällige Bemerkung über das mathematische Denken bedaure. Auch mir hat die Mathematik, wie du weißt, viel bedeutet. Um so mehr bewundere ich die Tiefe und den Reichtum der inneren Erfahrungen, die du gewonnen und vielen anderen vermittelt hast. Allerdings scheint es mir, daß die Sprache, die diese Erfahrungen sichtbar machen soll, so recht verständlich immer nur denen war, denen sich diese Welt in der eigenen Meditation erschloß. So hast du nach und nach große Scharen von Eingeweihten um dich versammelt, aber dich von der politischen Realität abgekehrt, in die Konfuzius und ich hineinzuwirken bestrebt waren.

BUDDHA: Damit hast du, was meine Person anbetrifft, zweifellos recht. Aber es wird dir nicht entgangen sein, daß es in meiner Nachfolge immer wieder erfolgreiche Bestrebungen gegeben hat, mit meiner Lehre auch das politische Leben zu durchdringen. Denkt nur an Tibet, wo dem Dalai-Lama die Doppelwürde eines geistlichen und zugleich politischen Oberhaupts zuerkannt worden ist. Ihr seht, daß der heutige Dalai-Lama von Politikern zahlreicher westlicher Länder gern angehört wird und sich keineswegs scheut, in seinen Büchern politische Themen anzusprechen.

MARX: Ach, lieber Gautama Buddha. Was dein liebenswerter Dalai-Lama von realer Politik versteht, hat sich vor kurzem gezeigt, als er mit seinen Gebeten die chinesischen Soldaten zu vertreiben versuchte. Ich gestehe dir ja gern zu, daß deine Nachfolger in Tibet eine paradiesisch friedliche Kultur aufgebaut hatten. Aber diese konnte nur eine Zeitlang in einer Art von Naturschutzpark am Ende der Welt gedeihen, also fern von den Machtspielen der realen Politik.

FREUD: Das klingt, als wäre für dich nur reale Politik, was deine brutalen Anhänger in Tibet angerichtet haben. Gerade diese Gewaltpolitik ist es doch, die Millionen auf der Erde anwidert und Buddha viele neue Anhänger zutreibt, die sich nach alternativen Prinzipien für die Gestaltung des eigenen und des Lebens in ihren Gemeinschaften sehnen. Wenn ich es richtig sehe, erntet Buddhas Lehre zur Zeit im Westen viel Sympathie, weil sich ihre Repräsentanten eben nie auf Konkurrenz mit den weltlichen Herrschaftssystemen eingelassen haben, anders als viele christliche Kirchenführer, die sich in Kriege verwickelt, Kriege gesegnet und die eigene Macht mit Ächtung und Verfolgung Abtrünniger durchgesetzt haben.

AUGUSTINUS: Was ich mit Schrecken und Abscheu von hier oben mit ansehen mußte.

FREUD: Aber ich habe noch eine ganz persönliche Frage an dich, Buddha. Vielleicht hast du entdeckt, daß ich mir gelegentlich eine deiner Ideen geborgt habe, um meine eigene Theorie zu stützen. Und zwar habe ich mich auf deinen Begriff vom Nirwana berufen, den ich mit meiner Annahme eines Todestriebes verbunden habe, der dem Lebenstrieb entgegenwirkt – also ein den Menschen innewohnendes Naturprinzip, das auf ihre Selbstauslöschung gerichtet ist. Sag mir bitte offen, Buddha, ob du mit meiner Interpretation einverstanden sein kannst.

BUDDHA: Ich kenne deine Theorie sehr wohl. Aber insoweit du dich meiner Nirwana-Lehre zum Vergleich bedienst, hast du mich – gestatte, daß ich es offen sage – durchaus mißverstanden. Denn den Todestrieb, von dem du sprichst, hast du rein biologisch erklärt, wie es deiner Denkweise entspricht. Gesagt hast du, der Todestrieb wolle das Leben wiederaufheben, in einen anorganischen Zustand zurückführen. An anderer Stelle hast du den Todestrieb auch mit einem Trieb zur Destruktion gleichgesetzt, der sich nach innen, teils auch als Aggression nach außen wende. Ich meine mit Nirwana jedoch keineswegs etwas Biologisches, sondern ausschließlich einen spirituellen Zustand. Wörtlich heißt Nirwana zwar Verlöschen, aber ich meine lediglich das Verlöschen von Gier, Haß und Wahn, also eine spirituelle Form von Erlösung. Es ist der Zustand einer höchsten Befreiung von allem Aktionismus, von innerer Unruhe und Geplagtheit. Mit Destruktivität hat das nichts zu tun, denn Nirwana ist ein positives Ziel des spirituellen Strebens. Ihr würdet es vielleicht eine mystische Verfassung von Glückseligkeit und des absoluten inneren Friedens nennen.
Jedenfalls siehst du, lieber Freud, daß unsere Vorstellungen sich in diesem Punkt nicht treffen, sondern einander geradezu entgegengesetzt sind. Du suchtest nach einem Naturprinzip, das Tod und Zerstörung erklärt, ich suchte nach einem inneren Weg zur seelischen Befreiung. In unserer buddhistischen Tradition gibt es übrigens gar nicht den Tod als Vernichtung, sondern nur als Übergang in einem ewigen Zyklus des Werdens und Vergehens. Dabei geht nichts verloren. Die Seelen werden in neuen Existenzweisen wiedergeboren, und zwar in Vergeltung ihrer guten oder ihrer schlechten Absichten und Taten. Im ersten Fall steigen sie in höhere Daseinsformen auf, im zweiten leben sie in niederen

weiter. Das jeweilige Verhalten geht also als Kette von Ursachen und Wirkungen in die nächste Existenz über, alles in einer durchgängigen Abhängigkeit voneinander. Die Wiedergeburt kann in menschlicher Gestalt erfolgen, aber auch in niederen oder höheren Daseinsformen.
Dir aber, werter Freud, verüble ich durchaus nicht, daß du meinen Nirwana-Begriff mißverstanden hast. Es ehrt mich vielmehr, daß du dich in meine Gedankenwelt einzuleben versucht hast. Umgekehrt habe ich mich in unserer gegenwärtigen himmlischen Muße bemüht, mich mit deinen interessanten Ideen näher vertraut zu machen. Dabei ist mir übrigens der kühne Einfall gekommen, deine Theorie vom Unbewußten auf dich selber anzuwenden, um mir dein Konzept vom Todestrieb besser verständlich zu machen.

FREUD: Du machst mich neugierig.

BUDDHA: Tue ich dir unrecht, wenn ich dich so verstanden habe, daß du religiöse Vorstellungen von Unsterblichkeit oder Wiedergeburt nie für dich akzeptieren konntest?

FREUD: Damit hast du recht. Zu keiner Zeit hatte ich ein Erlebnis von der Art eines »Ewigkeitsgefühls«, und ich habe die Theorien vom Weiterleben nach dem Tod psychologisch als illusionäre Wunscherfüllungen erklärt.

BUDDHA: Um so mehr dürftest du gelitten haben, als du zehn Jahre hindurch glaubtest, an einer dir von den Ärzten verheimlichten Herzentzündung zu leiden, und fürchtetest, schon vor dem fünfzigsten Jahr am Herzschlag zu sterben. Wenn der Tod für dich nichts anderes als die pure Vernichtung bedeutete, so hast du ihn, indem du ihn auf einen natürlichen Trieb zurückgeführt hast, vielleicht für dich erträglicher machen wollen.

FREUD: Wie das?

BUDDHA: Wenn der Tod von einem Trieb ersehnt wird, dann ist er kein erschreckender Feind mehr, sondern ein natürliches Wunschziel, so wie jede Triebbefriedigung ein Wunschziel darstellt. Man wird dann vom Tod nicht überwältigt, sondern man gibt einem unbewußten Verlangen nach. Insofern hätte dein Todestriebmythos für dich die Funktion einer trostspendenden Illusion erfüllen können.

Allerdings hat dieses Bild dann in deiner Lehre einen Riß bekommen. Denn indem du den Todestrieb wiederum mit der aggressiven Destruktivität vermischt hast, wurde aus dem sanften erlösenden »Nirwana« doch wieder etwas Böses: der Tod als Feind des Lebens. Du siehst, ich habe hier oben deine Denkweise genau studiert, was mich auf den Einfall brachte, deine mutige Eigenanalyse vielleicht ergänzen zu können.

FREUD: Gib mir Zeit, über deine Deutung nachzudenken.

PLATON: Dich und mich, lieber Buddha, vereinte jedenfalls schon zu irdischen Zeiten der Glaube an das Fortbestehen der Seelen in neuen Existenzweisen, in denen die guten und die schlechten Taten vergolten werden. Ich hatte sogar mit meiner Behauptung recht, daß speziell die Philosophen nach ihrem irdischen Hinscheiden bei den Göttern weiterleben könnten. Würden wir uns sonst in der hiesigen himmlischen Geisterwelt aufhalten dürfen?

EINSTEIN: Aber daß wir uns hier oben mit dem grauslichen Anblick der menschlichen Irrungen plagen müssen, das hast du nicht geweissagt.

PLATON: Vielleicht sollte es unser Lohn sein, daß wir an dieser Stätte ununterbrochen weiter über die Probleme unseres Geschlechts grübeln dürfen, was uns doch zeitlebens die höchste Genugtuung verschafft hat.

FREUD: Jedenfalls würden wir dieses Gespräch hier nicht führen können, hätte ich mit meiner Überzeugung von der Endgültigkeit des Todes recht gehabt. Daß es uns in spiritueller Form noch gibt, wissen die da unten eben nicht, so wie es uns anscheinend verwehrt ist, ihnen telepathisch etwas von den Erkenntnissen zu vermitteln, die wir hier oben austauschen.

PLATON: So bleibt es ein Verhängnis für die Westvölker, daß ihnen niemand einen wissenschaftlichen Weg für ein Fortleben nach dem Tode liefert. Sie lassen sich bei ihrer Suche nach der Wahrheit nicht mehr von noch so einleuchtenden Mythen helfen.

BUDDHA: Aber steckt nicht in ihrem immer mehr zerrinnenden Traum von einem ewigen Fortschritt ein solcher Mythos? Sind sie nicht inzwischen selbst magisch von jener Allmacht besessen, der sie sich im Mittelalter noch in Angst und Hoffnung ausgeliefert fühlten? Haben sie ihrem Gott nicht seine Macht durch deren Verinnerlichung abgerungen? Und wird ihnen ihr Hochmut nun nicht dadurch vergolten, daß sie keinen Frieden mehr mit sich selbst und der Natur finden?

MARX: Aber nun sollten wir uns einmal deine eigenen Mythen anhören, werter Gautama Buddha. Allerdings sage ich dir vorab, daß ich darin nicht viel mehr als die Luxusphilosophie eines verwöhnten Prinzen aus einem hochherrschaftlichen Geschlecht erblicke. Ganz passend finde ich die Legende, wonach du dir selbst deine Mutter ausgesucht hast, nämlich die königliche Maya, die dich – wie sollte es anders sein – jungfräulich geboren hat. Weil Maya nie wieder Mutter werden durfte, mußte sie angeblich schon eine Woche nach deiner Geburt sterben. Nach deinen eigenen Worten genossest du eine einzigartige Verwöhnung, salbtest dich mit den feinsten Cremes und trugst nur die vornehmste Kleidung, ergötztest dich je nach Jahreszeit und Witterung abwechselnd in nicht weniger als drei Palästen, wo anmutige Musikantinnen für deine Unterhaltung sorgten. Ein edles Mädchen wurde dir angetraut, was dich allerdings nicht hinderte, dich an einem stattlichen Harem hübscher Tänzerinnen zu erfreuen. Was Wunder, daß dir dieses prinzliche Lotterleben zuviel wurde und daß es dich irgendwann in die Einsamkeit und die Askese trieb – übrigens angeblich ausgerechnet in der Nacht, als du von der Geburt deines Sohnes erfuhrst. Ohne Abschied zu nehmen, machtest du dich davon, ganz heimlich, um dir peinliche Scherereien zu ersparen. Mir scheint, nach all deinen Verwöhnungen und Schwelgereien hattest du Grund genug, nun tüchtig zu fasten und meditierend mit dir zu Gericht zu gehen.

PLATON: Worauf willst du hinaus? Konfuzius stammt aus vornehmem Haus, ich selbst aus uradeligem Geschlecht. Du, Freund Marx, präsentiertest dich mit Maßanzügen und Monokel als Sproß einer feinen Oberschichtfamilie. Willst du etwa sagen, daß Buddha in seiner Lehre nur die moralische Last seiner privilegierten Herkunft und seiner überschwenglichen jugendlichen Sinnenfreuden abgebüßt habe?

FREUD: Jeder von uns hat in seinem Lebenswerk viel aus seiner persönlichen Geschichte verarbeitet. Wenn ich etwa an die Laster des jungen Augustinus denke ...

PLATON: Gut, gut, du kannst uns später noch so viele Proben deiner analytischen Deutungs- und Suggestionskünste vorführen, wie du magst, werter Freud, und Marx mag bei sich selbst anfangen, wenn er unsere und seine Gedanken vor allem aus der sozialen Klasse oder Schicht eines jeden erklären will. Jetzt aber sollten wir Buddha erst einmal Gelegenheit geben, uns zu helfen, Grundgedanken seiner Lehre besser zu verstehen. Nachdem wir einig sind, daß die Irdischen am ehesten aus ihrem Inneren die Kräfte zu einer heilvollen Umkehr finden könnten, sollten wir nunmehr demjenigen Religionsstifter Gehör schenken, der die spirituelle Welt mit am gründlichsten erkundet hat.

EINSTEIN: Was ich an deiner Lehre am meisten bewundere, verehrter Buddha, ist die Friedlichkeit, zu der sie die großen Scharen deiner Anhänger erzogen hat. Keine andere der großen Weltreligionen hat sich so gewaltfrei ausgebreitet wie die deinige. Ihr habt in vielen Generationen Elemente alter Volksreligionen in euch aufgenommen, habt überall hohe Toleranz für andere Glaubenslehren bewiesen. Deine Anschauungen haben sich in verschiedene Linien aufgezweigt. Auf der einen suchen die einzelnen nur für sich Erlösung, indem sie auf dem Pfad des Lernens die höchste Stufe eines Heiligen erstreben. Daneben haben sich ganze Völkerschaften dem Mahayana zugewandt. Sie betonen den Zusammenhang aller Lebewesen und eines jeden soziale Verantwortung. Sie sagen, wie zum Beispiel der Dalai-Lama: »Persönliches Glück, losgelöst vom Glück der anderen, ist undenkbar.« Wie konnten sich so unterschiedliche Auslegungen deiner Lehre ohne nennenswerte Streitereien und Glaubenskriege entwickeln? Wenn du uns den Schlüssel zu diesem Geheimnis verrätst, bringst du unsere Überlegungen ein wichtiges Stück voran.

BUDDHA: Wenn ich euch sage, daß die verschiedenen Zweige, die aus meiner Lehre hervorgegangen sind, in dem Prinzip der Gewaltlosigkeit übereinstimmen, so werdet ihr damit nicht viel anfangen können. Ihr werdet sagen: Das ist ein hohes Ziel, aber wie kann man es erreichen?
Ihr könnt bemerken, daß wir in unserer Religion keinen Sinn für *Macht* haben, was heißt, daß wir keinen allmächtigen Gott über uns sehen, aber auch keine Lebewesen unter uns, zu deren Beherrschung wir berufen wären. Als Menschen sind wir zwar eine bevorzugte Daseinsform, weil wir durch unsere Fähigkeit zur Spiritualität eine höhere Ver-

vollkommnung anstreben können. Ich selber glaubte noch, der einzelne müsse dazu allein seinen Weg finden. Aber dann haben Nachfahren meine Lehre durch das Mahayana erweitert und entscheidenden Wert auf Güte und Nächstenliebe, also auf die Gemeinsamkeit der Entwicklung gelegt. Unser Trachten in der Meditation und im Handeln geht dahin, störende Kräfte, die wir Geistesgifte nennen, zu überwinden. Dazu gehören vor allem Haß, Begierde, Überheblichkeit und Eifersucht. In der Schulung wird erfahren, daß allen Lebewesen Karuna, Erbarmen, gebührt. Es bildet sich ein innerer Frieden heraus. Das Ich der einzelnen hebt sich nicht, wie bei euren Westvölkern, aus dem Zusammenhang alles Lebendigen heraus. Wir sehen das Wohl der ganzen Menschheit als Bedingung für das eigene Glück an. Auch die Tiere – alles, was unseren Planeten bevölkert – sind unsere Gefährten, an denen wir mitfühlend Anteil nehmen. Daraus allein erkennt ihr, daß meine irdischen Glaubensbrüder und -schwestern mit einer wesentlich bescheideneren Selbsteinschätzung leben als eure Völker.

AUGUSTINUS: Erlaubt mir nur die Zwischenbemerkung, daß ein solches Denken durchaus auch in unserer christlichen Kultur Ausdruck gefunden hat. Erinnert euch nur an den heiligen Franz von Assisi, der nicht nur Vögel, Lämmer, Bienen und Blumen, sondern sogar Sonne und Mond seine Schwestern und Brüder nannte. Seine ihm nachfolgenden Ordensgemeinschaften pflegen seine Ideen bis heute. Und du wirst nicht behaupten wollen, lieber Buddha, daß sie in ihrer Friedlichkeit deinen Anhängern nachständen.

BUDDHA: Wie könnte ich das? Überhaupt erkenne ich eine Reihe enger Verwandtschaften zwischen unseren beiden Religionen. Deine Franziskaner und meine Mahayana-Nachfahren lehren die gleichen Tugenden, und es wächst ja auch die Zahl der Klöster, in denen Anhänger unserer beiden Glaubensrichtungen gemeinsam meditieren und beten. Wie schön wäre es gewesen, wenn eure Kirchenführer mehr auf Franziskus als auf die Schöpfungsgeschichte von Mose gehört hätten, in der von Menschen die Rede ist, »die da herrschen über die Fische im Meer und über die Vögel unter dem Himmel und über das Vieh und über alle Tiere des Feldes und über alles Gewürm, das auf Erden kriecht«. Ich denke, es war menschlicher Machtdurst und Größenwahn, der sich euren Gott als Ebenbild ebendieser Eigenschaften erfunden hat. Diese Überheblichkeit ist doch schuld an dem Hauptübel, dessentwegen uns Einstein hier zusammengerufen hat.

Franziskus hat gespürt, daß wir nur im Einklang mit uns selbst sein können, wenn wir zugleich im Einklang miteinander und vor allem auch mit allen Lebewesen der Natur sind. Wir Buddhisten sind gewiß, daß die Tiere mit uns Menschen durch einen großen Kreislauf der Wiederverkörperung der Seelen verbunden sind. Ihr Christen wäret uns noch näher, würden eure Völker die Tiere wenigstens als beseelte Gefährten im franziskanischen Sinne anerkennen. Wieviel sanfter und behutsamer würden sie dann mit ihrer Mitwelt umgehen, und wie heilvoll mäßigend würde sich das auf ihren Egozentrismus auswirken, dessen Rücksichtslosigkeit keine Grenzen mehr zu kennen scheint.

EINSTEIN: Sowenig ich von Buddhas Lehre verstehe, so fühle ich mich mit seiner Haltung der Demut und der Achtung vor dem wunderbaren Zusammenhang des Universums tief verbunden. Ich erinnere euch an das Bekenntnis meines Glaubens, daß die Welt der Erscheinungen nach Gesetzen der Vernunft gelenkt werde, und daran, daß ich mir einen echten Wissenschaftler ohne diesen festen Glauben nicht denken könne. Mit scheint, daß wissenschaftliche Naturerkenntnis und esoterische Wahrheitssuche zu einer im Prinzip gemeinsamen Weltanschauung führen können, ein Ziel, um das sich bekanntlich schon bedeutende Philosophen zur Zeit der Kreuzzüge bemüht hatten. Damals trafen sich der

Moslem Averroes und der jüdische Philosoph Maimonides in gemeinsamer Rückbesinnung auf Platons Schüler Aristoteles. Man wollte sich darauf verständigen, daß es eine allen Menschen gemeinsame Vernunft und Ethik gebe. Aber immer wieder haben orthodoxe Fanatiker eine Überbrückung der Gegensätze verhindert. Den islamischen Theologen war Averroes zu versöhnungsbereit, so daß sie ihn in die Verbannung schickten. Maimonides wurde als Ketzer verfemt. Die internen Glaubenskriege der Christen sind ein eigenes trauriges Kapitel. Mögen Buddhas Nachfahren mehr Glück haben, wenn sie, wie der Dalai-Lama, neuerlich den gemeinsamen ethischen Kern der Weltreligionen beschwören.

BUDDHA: Als ein Haupthindernis sehe ich die im Westen immer noch tiefverwurzelten kriegerischen Mythen an. Da ist der feuerspeiende Drache, der Sonne und Mond verschlingen möchte und den der heilige Georg vernichten muß. Unentbehrlich scheinen den Westvölkern die Helden, die irdische Weltfeinde oder überirdische Monster zerstören. Ganze Völkerschaften können sich ihr Gutsein nicht anders vorstellen als im Bilde des ewigen tödlichen Niederkämpfens von Drachen und Teufeln, nicht ahnend, daß sie, was sie scheinbar von außen bedroht, in sich selbst nicht zu bändigen vermögen.

Warum sie mit ihren eigenen inneren Geistesgiften nicht fertig werden, haben wir ja bereits gefragt. Ich meine: Indem sie für sich einen perfekten Gott erfunden haben, der nur gut ist, aber sie mit dem Bösen allein läßt, haben sie sich eine unentrinnbare moralische Falle gestellt. Zwischen göttlicher Vollkommenheit und irdischer Schlechtigkeit irren sie ewig als Verzweifelte umher. Sie zittern unter den überstrengen Geboten, die sie ihrem Gott eingegeben haben, in unauslöschlicher Schuldangst. In der heimlichen Verzweiflung bleibt ihnen nur die Zuflucht zu Feindbildern, mit deren Bekämpfung sie sich – vergeblich – ihrer Strafängste zu entledigen hoffen. Die Vorschriften, denen sich meine Anhänger ausgesetzt sehen, erleben diese als weniger einschüchternd, jedenfalls nicht als Nötigung zu gewalttätiger Abreaktion. Vielleicht ist dies auch ein Grund, daß unsere Gemeinschaften in der Nächstenliebe weniger eine Pflicht als einen Weg zu persönlichem Wohlbefinden erkennen. Wenn der Dalai-Lama davon spricht, »daß die Natur des Menschen im Kern gut und mitfühlend ist«, so finden meine Anhänger sich darin wieder, während solche Worte den westlichen Menschen wohl eher wie eine weltfremde Predigt in den Ohren klingen.

FREUD: Aber erweisen nicht die Gewaltszenarien, die uns hier oben so erschrecken, deinen tibetischen Nachfahren tatsächlich als einen realitätsfernen Seelentröster?

BUDDHA: Würde der Dalai-Lama statistisch argumentieren, wäre er ein reiner Tor. Aber bedenkt: Eine noch so schwache Minderheit, die eine sanfte Kultur, wo auch immer, erfolgreich entwickelt, liefert bereits den Beweis, daß die Menschen von ihrer Natur her nicht zur Gewalttätigkeit bestimmt sind, sondern daß ihnen eine mitfühlende und helfende Gesellschaft aufzubauen grundsätzlich möglich ist. Eure kritischen Einwände kann ich sehr gut verstehen. Dahinter spüre ich indessen eure Hoffnung, mich zu einem Bundesgenossen gegen euren heimlichen Pessimismus gewinnen zu können.

PLATON: Ich gebe dir recht: Es gibt Beispiele von friedlichem Zusammenleben gerade in Kulturen deiner Denktradition. Und das zwingt zu der Folgerung: Es liegt prinzipiell in der Hand der Menschen, die »Geistesgifte«, wie du sie nennst, zu bändigen. Aber *ein* Bedenken bleibt übrig, das zu entkräften dir schwerfallen dürfte. Nach meinem Eindruck gibt es relativ sanfte und friedliche Gesellschaften nur in sanatoriumsartigen Oasen, wo sie von fremden strategischen oder wirtschaftlichen Begehrlichkeiten verschont sind und ihrerseits keinerlei Anspruch auf praktische Mitgestaltung des politischen Weltgeschehens erheben. Hättet ihr euch mehr um solche Mitgestaltung gekümmert, wäre die Welt vielleicht weniger von Gewalt zerrissen, es sei denn, ihr wäret dabei einer ähnlichen geistigen Korruption erlegen, wie es den christlichen Kirchen vielfach ergangen ist.

BUDDHA: Ich glaube zu ahnen, lieber Platon, daß du auf deine eigenen Anstrengungen politischer Einmischung zu sprechen kommen möchtest. Den Mangel, den du mir gerade vorwirfst, wolltest du dir ja nicht ankreiden lassen. Du wolltest dich nicht der Kritik aussetzen, deine Kunst bestehe nur in Worten, aber du seist nicht zu Taten bereit. Deshalb hast du dich nicht damit begnügt, eine Theorie über den besten Staat und die ideale Erziehung seiner Bürger zu entwickeln. Du wolltest beweisen, daß du als Philosoph erfolgreich in die politischen Geschicke deines Volkes eingreifen könntest. Nun sag: Bist du damit zufrieden, was du auf diesem Weg erreicht hast?

FREUD: Ich finde, Platon sollte uns erst einmal sagen, wie er überhaupt dazu gekommen ist, nicht nur Schüler zu belehren, sondern sich für öffentliche Angelegenheiten zu engagieren.

PLATON: Nun gut, ich gebe euch gern darüber Auskunft, zumal da ich bei dieser Gelegenheit auf meinen verehrten Lehrer hinweisen kann, dem ich das Interesse und die Ermutigung zum öffentlichen Auftreten verdanke. Ihr wißt natürlich, daß ich Sokrates meine. Es hat mich begeistert, wie ungeniert er mit Staatsmännern wie mit Künstlern, Handwerkern und Hetären das Gespräch suchte. Er ging nicht nur in die Gymnasien, sondern auf den Markt und auf die Straße, nicht um dort gelehrte Reden zu führen, sondern sich in besinnliche Dialoge mit seinen Partnern einzulassen.

Er stellte philosophische Fragen, hörte geduldig zu und half seinen Partnern, voreilige Meinungen zu durchschauen, neue, bessere Fragen zu finden und den Zweifel an ungenügenden Antworten auszuhalten.
Diese Methode hat mich ungemein gefesselt. Gelernt habe ich, ein wie hilfreiches Instrument der Dialog ist, um Erkenntnisse zu vertiefen und zu überprüfen. Indem Sokrates so unbefangen auf die Leute in den Straßen oder auf dem Markt zuging, konnte er seine Ideen sehr rasch bekannt machen. Im Schreiben sah er eine lästige Verrichtung. Deshalb habe ich es zu meiner Aufgabe gemacht, später vieles davon zu notieren, was ich von der Art und dem Gehalt seines Philosophierens erfahren hatte. Daß ich ihm dabei manche eigenen Gedanken unterschoben habe, dürftet ihr sicherlich längst entdeckt haben.

FREUD: Sokrates hat dir also Lust gemacht, dich mit der Philosophie unter das Volk zu mischen. Das hat dich vielleicht auch gelehrt, dich einfach auszudrücken. Deshalb konnte ich dich immer viel leichter als andere deiner Fachgenossen verstehen. Darunter gibt es ja nicht wenige, die glauben lassen, die Bedeutung ihrer Gedanken hänge von der Unzugänglichkeit ihrer Sprache ab. Deshalb habe ich es zum Beispiel auch schwer, esoterische Texte zu begreifen, in denen Wörter vorkommen, die ich zwar kenne, die aber jeweils auf einen geheimen Hintersinn verweisen, der sich offenbar nur Eingeweihten erschließt. Hat es dir gar nichts ausgemacht, daß man dich gelegentlich leicht abfällig als Populärschriftsteller tituliert hat?

PLATON: Durchaus nicht. Ich wollte ja meine Lehre so vielen wie möglich verständlich machen, ohne meine Gedanken zu vereinfachen und zu vergröbern. In der Akademie, die ich in Athen gegründet habe, wollte ich nicht nur angehende Philosophen um mich versammeln, sondern viele junge gebildete Athener, die ich in Arithmetik, Geometrie und Astronomie einführte, aber auch in Musik und Harmonie. So habe ich mich übrigens gefreut, von dir, Konfuzius, zu hören, welche Bedeutung auch du der Musik in der Pädagogik zugewiesen hast.

EINSTEIN: Jedenfalls haben sich die Offenheit und die Aufgliederung deines Lehrangebotes so bewährt, daß deine Akademie mehr als 900 Jahre überlebt hat, ehe Kaiser Justinian sie törichterweise eingehen ließ. Sie wirkte aber als Vorbild für die späteren Universitäten weiter.

FREUD: Wir haben dich für vieles zu loben, lieber Platon. Indessen würden manche unter uns und ich selbst gern noch unbedingt von dir hören, wie es dir in der zeitweiligen Praxis als politischer Lehrer ergangen ist. Jeder von uns hat irgendwann gehofft, mit seinen Erkenntnissen unmittelbar das gesellschaftlich-politische Geschehen beeinflussen zu können. Neben Konfuzius warst du meines Wissens der erste Philosoph, der zumindest vorübergehend den Beruf eines Politikberaters ausgeübt hat. Davon solltest du uns unbedingt noch etwas erzählen.

PLATON: Leider werde ich eure Erwartungen enttäuschen müssen, so wie ich meine eigenen nicht erfüllen konnte. Ich habe mich bei diesem ungewohnten Geschäft nicht sehr geschickt angestellt. Um so weniger glücklich bin ich damit, was ich euch nun zu berichten habe. Übrigens stammte die Idee, dem Herrscher von Syrakus zu einer weiseren Handhabung seiner politischen Macht zu verhelfen, gar nicht von mir, sondern von meinem jungen Bewunderer Dion, der später allerdings keine besonders rühmliche Rolle in der Affäre spielte.

In Syrakus war vor kurzem der Tyrann Dionysius II. zur Macht gelangt, ein schlechterzogener und ziemlich unbeherrschter junger Bursche. Dion bedrängte ihn: »Gib dich voll Vertrauen in die Hände Platons, um deine Seele durch die Lehren des Meisters zur Tugend führen zu lassen. Dann wirst du glücklich sein und ebenso dein Volk. Jetzt gehorcht das Volk nur unter dem dumpfen Druck der Tyrannis, du aber wirst ihm dann besonnen gute Gesetze geben wie ein wohlwollender Vater deines Landes. Dann wirst du wahrhaft König sein, nicht mehr Tyrann.« Diesen Verheißungen, von denen wir durch Plutarch wissen, konnte Dionysius nicht widerstehen und lud mich also ein.

Man hat mir die Absicht nachgesagt, ich hätte durch heilvollen Einfluß auf Dionysius ganz Sizilien zur Genesung verhelfen wollen. Freilich stand die Aufgabe an, die Völker Siziliens zu einen. Aber ich konnte mir zunächst nur vornehmen, den jungen Herrscher zu vernünftigerem und tugendhafterem Tun anzuleiten. Wie ich das versuchte, erregte bald seinen Unwillen. In einem Vortrag pries ich die Gerechtigkeit und legte dar, nur das Leben des Gerechten kenne wahres Glück, das des Ungerechten führe zu Elend und Unglück. Prompt fühlte der Tyrann sich getroffen und wollte nichts weiter hören. Zudem ärgerte es ihn, daß andere Zuhörer mir ihre lebhafte Zustimmung bekundeten. So wurde mir schnell klar, daß meine Methode der Moralpredigt nicht verfing. Ich machte mich bald wieder davon, aber Dionysius ließ nicht locker und wiederholte seine Einladung. Diesmal empfing er mich mit feierlichen Opfern und Ehrungen. Tatsächlich gelang es mir, jedenfalls dem Anschein nach, seinem Verhalten eine heilvolle Wendung zu geben. Bald befleißigte er sich eines maßvollen und rücksichtsvollen Umgangsstils. Mit Wohlwollen verfolgte der Tyrann, daß sich um ihn herum ein wahrer Heißhunger nach Wissenschaft und Philosophie ausbreitete. Überall im Palast streute man Sand, um sich der Geometrie zu widmen. Als der Herold bei einer Feier die übliche Bitte an die Götter richtete, dem Tyrannen eine lange glückliche Herrschaft zu gewähren, unterbrach Dionysius unwillig seine Rede. Alle Welt bestaunte den wunderbar scheinenden Sinneswandel des Machthabers.

Was mir entging, war die Wühlarbeit eifriger Intriganten am Hofe. Während sich das Volk einen Sieg der Philosophie über die Tyrannis wünschte, schuf ich mir ahnungslos gefährliche Neider. Mich selbst überhäufte der Tyrann mit Geschenken, andere ließ er leer ausgehen. Die sagten: Dem Platon schenkt er viel, aber der nimmt gar nichts an. Wir sehnen uns nach Geschenken, aber uns gibt er nichts. Sie machten Dionysius eifersüchtig auf Dion, meinen eifrigen Gönner. Schließlich mußte ich mich aus dem Staube machen, weil ich mich in dem Konflikt zwischen den beiden meines Lebens nicht mehr sicher fühlte. In meiner Mission gescheitert, verließ ich Syrakus, das einer chaotischen Unordnung entgegentrieb.

EINSTEIN: Also ist dein Ausflug in die Politikberatung weder dir selbst noch den Zuständen, die du kurieren wolltest, gut bekommen. Was aber können wir aus deinem fehlgeschlagenen Experiment lernen? Bist du lediglich am untauglichen Objekt gescheitert – an der Unheilbarkeit des Dionysius und der Verdorbenheit seines Klüngels? Oder war deine Methode des moralischen Appellierens und der wissenschaftlichen Belehrung untauglich? Oder hat sich nur gezeigt, daß Philosophen grundsätzlich ihre Finger aus politischen Machtspielen heraushalten sollten?

PLATON: Die beiden ersten Erklärungen dürften zutreffen. Der dritten Annahme kann ich nicht beipflichten. Wenn es mit einer Kultur in allen ihren Zentren bedrohlich bergab geht, dann ist es auch und gerade Sache von Philosophen, mit ihrem Rat dorthin zu gehen, wo die Dinge entschieden werden. Ich sah die Mächtigen in Besitzgier und Luxus schwelgen. Das Volk ließ sich von demagogischen Rednern umschmeicheln, die ihnen das Angenehme statt der Wahrheit verkündeten. War es in dieser Lage nicht des Versuches wert, am Ort der Herrscher für die Vernunft zu werben?

Konfuzius dürfte mich verstehen, hatte er uns doch gerade

erzählt, wie dringend er selber einen Fürsten zu belehren suchte, als ringsum die Ordnung zerfiel. Beide haben wir für den Augenblick nicht viel Gutes bewirken können. Aber was wir aus unserem Engagement gelernt haben, haben immerhin viele spätere Generationen für hilfreich erachtet.

FREUD: Mir ist vor allem aufgefallen, daß du psychologisch reichlich stümperhaft zu Werke gegangen bist. Freilich war damals die gruppendynamische Konfliktberatung noch nicht erfunden.

MARX: Solche Psychoexperten, an die Freud denkt, haben wir heute nun in Hülle und Fülle. Aber was tun sie? Parteien zur Macht verhelfen, im Volke überflüssige Konsumbedürfnisse wecken, im Interesse der Herrschenden soziale Ungerechtigkeiten schönfärben, die verletzte Natur gesundreden. Platon wollte wenigstens ehrlich dem Guten Geltung verschaffen. Unzulänglich waren seine Mittel, das wird keiner bestreiten. Aber ich frage: Waren es nicht auch seine Vorstellungen von einer idealen Staatsverfassung? Sag selbst, Platon, kannst du wirklich mit bestem Gewissen vertreten, was du uns als Modell einer wünschenswerten staatlichen Ordnung hinterlassen hast?

PLATON: Ihr trefft mich an der peinlichsten Stelle. Jedenfalls würde ich den Heutigen nichts weniger wünschen als einen Politikberater Platon mit seinen damaligen Rezepten.

EINSTEIN: Ich danke dir, daß du mit einer solchen offenen Selbstkritik unsere nächste Runde eröffnest, die uns, als wir den Sinn unseres Treffens bedachten, besonders wichtig schien. Jetzt wollen wir uns gegenseitig befragen: Was haben wir selber falsch gemacht? Gehen unsere Nachfahren einer gewaltigen Katastrophe entgegen, was viele von ihnen selber glauben, so doch nicht nur *trotz*, sondern auch gerade *wegen* unserer zum Teil irreführenden Wegweisungen, die wir und sie einst mit verläßlichen Heilsbotschaften verwechselt haben. Wie ich dich verstehe, lieber Platon, bist du als erster bereit, dich auf die Sünderbank zu setzen.

Der Reihe nach auf der Sünderbank:

PLATON

PLATON: Gern hätte ich es mir erspart, vor euch in meinen alten Sünden zu wühlen, aber es gibt dort unten Unentwegte, die sich immer noch auf mich berufen oder mich sogar, vielleicht ahnungslos, in ihren fragwürdigen gesellschaftlichen Entwürfen oder Utopien kopieren. Ob unser kürzlich zugereister Freund Huxley weiß, daß er seine »Schöne neue Welt« nach einem Konzept von mir entwickelt hat, konnte ich ihn noch nicht fragen. Aber ich vermute es.

EINSTEIN: Du meinst das Modell einer Diktatur, die Menschen je nach staatlichem Bedarf planvoll für höhere oder niedere Funktionen sortiert und herrichtet?

PLATON: Zwar konnte ich damals natürlich nicht die Möglichkeiten voraussehen, die Erbanlagen von Eizellen auszutauschen, Chromosomen künstlich herzustellen und menschliche Embryonen im Reagenzglas zu manipulieren. Ich hielt mich an die Erfahrungen mit der Züchtung und Dressur von Tieren. Dementsprechend empfahl ich die planvolle Herauszüchtung von drei Ständen. Der niedrigste Stand sollte nur lernen, zu gehorchen und die beiden höheren Stände zu ernähren. Diese wiederum teilte ich in die »Wächter« und die »Regenten«. Die Regenten sollten bei der Paarung der Bürger für eine geeignete Mischung der geistigen und körperlichen Eigenschaften der Nachkommen sorgen. Ich stellte mir vor, daß die Angehörigen der beiden höheren Stände nur das Gesamtwohl im Auge behalten würden, sofern sie von Kindheit auf in einer großen Gemeinschaft aufwüchsen. Deshalb sollten die Kinder allen säugenden Müttern gleichmäßig zugeteilt werden und in Staatspflege aufwachsen. Nach Plan ernährt und gleichförmig schlicht gekleidet, sollten die Zöglinge in Wohngemeinschaften zu Enthaltsamkeit erzogen werden, um alle ihre Energien auf das Wohl des Ganzen zu lenken und das Aufkeimen individueller Begehrlichkeit sofort zu unterdrücken. Später, nach sorgfältig erdachter Erziehung, sollten die weniger Bewährten zu Beamtenfunktionen, die Besten zur Philosophie ausgewählt werden. Die Philosophen sollten dann zeitweilig das Regentenamt wahrnehmen.

Ich scheute mich nicht, die Sklaven als eine niedere Kategorie von Menschen einzustufen, denen die Unfreiheit von Natur aus zukomme.

EINSTEIN: So glich dein visionärer Idealstaat tatsächlich eher einer totalitären Zwangsanstalt. Zum Glück haben deine Athener dieses Projekt nie ausgeführt. Aber wie konntest du als Schüler von Sokrates, der die Mitglieder *aller* sozialen Stände zum philosophischen Austausch für wert hielt, eine solche fatale Klassenhierarchie ernsthaft herbeiführen wollen?

PLATON: Ich habe sie erst einmal *herbeigedacht*. Aber tut bitte nicht so, als würdet ihr aus allen Wolken fallen. Warum stürzen sich denn die Menschen heute zu Millionen auf die Bücher von Huxley und Orwell? Doch nicht nur, weil sie das Gruseln lernen wollen, sondern weil sie den beiden prophetische Gaben zutrauen. Die Wirklichkeit hat ja zum Teil Huxley schon überholt.

Bedenkt das eine: In Zeiten schlimmen sittlichen Verfalls,

wie ich ihn damals beklagte, und der heute in ähnlicher Form eure Westvölker erschauern läßt, fragen sich auch besonnene Geister: Sind nicht Zwang und Strenge die letzten Mittel, um ruchlosen Egoismus, Machtgier, Habsucht und Verbrechen in Schach zu halten? Wie anders lassen sich Korruption, Chaos und Gewalt noch bezähmen, wenn die Individuen für sich und in ihren Verbänden ihre Freihciten und Privilegien schamlos mißbrauchen? Seht doch, wie sie dort unten zur Zeit die Köpfe zusammenstecken und sich zuflüstern: Brauchen wir nicht autoritäre Regenten, die uns zur Räson bringen, ehe wir alle Werte verfallen lassen und die Natur endgültig kaputtmachen?

Ich gestehe ja zu, daß ich mit dem Reglementieren manchmal bis an den Rand des Grotesken gegangen bin. Etwa wenn ich von den Kinderwärterinnen verlangte, sie müßten bei den Kindern das Entstehen von Rechts- oder Linkshändigkeit verhindern, sondern alle Kinder zur Beidhändigkeit erziehen. Ich war im Alter tatsächlich von der Idee besessen, daß eine funktionierende Ordnung nur mit maßgeschneiderten und vollständig überwachten Menschen zu machen sei.

FREUD: Und ausgerechnet du wolltest der Maßschneider sein. Ich weiß nicht, was mich mehr erschreckt hat – deine grandiose Selbstüberschätzung oder die fatale Mißachtung deiner Mitbürger, die du einer regelrechten Dressur aussetzen wolltest.

MARX: Ich finde, werter Platon, am Ende hast du als Reaktionär unseren Freund Konfuzius noch weit in den Schatten gestellt. Etwa indem du verlangtest, dein Wunschstaat müsse so perfekt sein, daß seine Gesetze nie mehr geändert werden dürften. Alle Reforminitiativen müßten unterdrückt werden. Sogar in der Kunst sollte nichts Neues probiert werden. Der Staat sollte sich nach außen abschotten, um keine fremden Sitten hereinzulassen. Auslandsreisen sollten den Bürgern nur im Ausnahmefall zugestanden werden.

FREUD: Davon haben ja nun allerdings deine späteren Schüler einiges genau kopiert, lieber Marx – etwa mit dem Eisernen Vorhang und dem Verbot neuer unerwünschter Kunstrichtungen. Sie und Platon hätten erkennen sollen, daß soziale Stabilität das Letzte ist, was man mit einem Zwangsstaat erreichen kann. Aggression läßt sich nicht wegzüchten oder verbieten. Es sei denn, man lenke sie mit einer raffinierten Sündentheorie so konsequent nach innen, wie es Augustinus und nach ihm der katholische Klerus zuwege gebracht haben, so daß der Trieb sich in Selbstquälerei und Sühnebedürfnissen austobt. Dann übernimmt das Gewissen die Wut, die eigentlich der einschüchternden Obrigkeit gilt. Deshalb ist der katholische Kirchenstaat zum einzig überdauernden praktischen Beispiel nach Platons Organisationsmodell geworden.

AUGUSTINUS: Mir bleibt fast die Luft weg. Aber ich werde ja wohl nach Platon als nächster auf der Anklagebank sitzen. Nur muß ich jetzt schon schärfsten Widerspruch gegen die Gleichsetzung unserer Kirche mit Platons Polizeistaat erheben, womit ich nicht etwa bestreite, aus vielen anderen Stücken der Philosophie Platons den größten Nutzen gezogen zu haben. Nur schnell ein Wort zu dir, Freud: Meinst du ernstlich, die Kirche oder gar ich selbst hätten mit unserer Sündenlehre ganze Völkerschaften beeindrucken können, hätten die Menschen nicht selbst unter ihrer Schlechtigkeit gelitten, so daß sie dann dankbar nach der Gnadenhilfe der Kirche verlangten?

EINSTEIN: Ich bin jetzt wieder der strenge Moderator und meine, daß erst noch Platon das Wort haben sollte.

PLATON: Hoffentlich genügt es euch, wenn ich in aller Feierlichkeit bekenne, daß ich mich mit meiner totalitären Staatstheorie verrannt habe. Im übrigen hat sie mir bei den Athenern keinen sonderlichen Beifall eingebracht. Niemand

wollte unseren Stadtstaat ernstlich nach meinen Vorstellungen ummodeln. Dennoch rate ich euch, meine Vision nicht als krankhaftes Hirngespinst abzutun. Warum schicken denn die Irdischen ihre Wissenschaftler in die Labors, wo schon eine gentechnisch programmierte Gesellschaft mit Ausmerzung von Unerwünschtem und Züchtung von Genies und Spitzenathleten vorgedacht wird?
Übrigens ist ja auch die Apokalypse, wie sie in den Köpfen spukt, nur eine bis ins Extreme gesteigerte Version einer autoritären Lösung, inszeniert von einem göttlichen Regenten, der die Unwerten in die Hölle schickt und mit den Guten einen idealen Gottesstaat errichtet. Vielleicht können wir uns darauf verständigen, daß dieses Modell vom Jüngsten Gericht die furchtbarste und mein Zwangsstaatsmodell die zweitschlechteste Lösung wäre. Aber wer weiß, wie die praktikable gute Lösung für eine Kultur am Abgrund der Selbstzerstörung aussehen sollte, eine Lösung, die nicht nur intellektuell und moralisch befriedigt, sondern auch in der Praxis Erfolg verspricht?

BUDDHA: Diese Frage wird euch zum Teil unumgänglich erscheinen. Aber erlaubt mir die Zwischenbemerkung: Muß der Tod einer Kultur denn unbedingt verhindert werden? Sind diktatorische Zwangsstaatlichkeit oder eine gentechnisch synthetisierte Gesellschaft nicht bereits Modelle, die, statt Rettung zu verheißen, den Tod eurer einst christlich-humanistischen Kultur bereits vorwegnehmen?
Die griechische Kultur Platons ist zunächst versunken. Aber zu wesentlichen Teilen ist sie doch in der westlichen Welt wiedererstanden. Platons Philosophie hat ohnehin fortgelebt. Kulturen entstehen und vergehen. Das ist für meine Anhänger und mich eine unumstößliche Gewißheit. Läge euren Westvölkern diese Auffassung ganz fern, so hätten kaum Millionen den »Untergang des Abendlandes« für glaubhaft befunden, wie ihn unser Himmelskollege Oswald Spengler prognostiziert hat. Freilich ist mir nicht entgangen,

daß eure Leute dieses erhellende Buch schnell wieder verdrängt haben, weil es ihnen nicht paßt, mit ihrer Kultur unterzugehen.

Nun kommt Einstein und sagt, es sei diesmal ja aber auch ganz anders als beim Untergang früherer Kulturen. Ginge die abendländische zugrunde, bliebe von der Lebenswelt des gesamten Planeten kaum mehr etwas übrig. Denn eure Kultur habe erstmalig die Mittel, alle übrigen Völker mit den ursächlichen Geistesgiften des eigenen Verfalls tödlich zu infizieren. Und nie zuvor habe eine Kultur wie die heutige Instrumente von globaler Vernichtungskraft erzeugt und obendrein die zum Leben notwendigen materiellen Ressourcen weltweit einer totalen Ausplünderung unterworfen. Dies ist eine sehr ernstzunehmende Sorge. Dennoch steckt in dieser Betrachtungsweise ein Mangel, der anscheinend manchen von euch entgeht. Ihr stellt die Frage so, daß euch gar keine konstruktive Antwort einfallen kann. Es entgeht euch, daß ihr gar nicht vom *Sterben* eurer Kultur, sondern nur immer von *Vernichtung* oder *Selbstvernichtung* redet. Entsprechend fällt der Blick eurer Völker unweigerlich immer nur auf die *Gewalt*, die sie ausüben, nicht aber auf die *Verzweiflung*, die sie erst zu dieser Gewalt treibt. Eure Völker kommen mir vor wie potentielle Amokläufer, die sich aus Angst vor dem Tod umbringen und bei dieser Gelegenheit noch alles um sich herum niederschießen und niederbrennen wollen. Warum fragen eure Abendländler nicht nach dem Grund der Verzweiflung, der ihre Kultur so mörderisch gewalttätig macht? Sie sehen immer nur ihr materielles Zerstörungswerk, errechnen die produzierte tödliche Armut im Süden, das Schrumpfen der verschleuderten Ressourcen, die Schädlichkeit des radioaktiven Giftes, das sie nicht entsorgen können. Schließen wir uns im Himmel dieser ihrer Art des Fragens an, werden wir wie sie in die Irre geführt. Es gilt doch, nach der *Ursache* der Verzweiflung zu fragen. Kommt nicht alles daher, daß eure Völker den Tod nicht akzeptieren, sondern ihn nur als Zerstörung phantasieren, die ihnen widerfährt oder die sie aktiv produzieren? Die Völker meines Glaubens haben es freilich leichter, weil sie wissen, daß ihren Seelen eine Wiederverkörperung verheißen ist. Deshalb bedeutet der Tod für sie keinen Fall ins Nichts. Niemals kämen sie auf die schreckliche Idee, alle Zusammenhänge des Lebens durch Schaffung einer gentechnischen Kunstwelt zu zerstören. Das ist doch nichts anderes als Amoklauf.

AUGUSTINUS

AUGUSTINUS: Mir scheint, die Gelegenheit ist gekommen, daß ich mich an Platons Stelle euren Anschuldigungen aussetze. Buddha gibt mir ein Stichwort, das mir immerhin erlaubt, mich mit einem Pluspunkt einzuführen. Darf ich doch mit gutem Gewissen darauf verweisen, daß ich selbst so inständig wie kaum einer aus unserer christlichen Kultur vor der *Superbia* gewarnt habe, also vor dem Größenwahn, selber wie Gott werden zu wollen. Ich ahnte schon, daß der Antrieb, alles wissen zu wollen, einst dazu führen würde, sich an Gottes Stelle zu setzen und die scheinbar unverdächtige Neugier der Wissenschaft in einen hemmungslosen Machttrieb zu wandeln. Ich nannte es einen eitlen Vorwitz, Geheimnisse der Natur ausforschen zu wollen, die für unsere Sinne nicht geschaffen seien, was dann mit den Namen Erkenntnis und Wissenschaft geschminkt werde.

DESCARTES: Bist du etwa noch stolz darauf, den Menschen damit eine auf viele Jahrhunderte nachwirkende Unmündigkeit verordnet zu haben? Gerade haben wir Platon für sein reaktionäres zwangsstaatliches Denken gerügt. Dein Wissenschaftsverbot hat die Menschen eher noch radikaler entmündigt. Im übrigen weigere ich mich strikt, dem im Ursprung unschuldigen wissenschaftlichen Erkenntnistrieb die geheime Nebenabsicht zu unterstellen, Gott zu entmachten und die Menschen an seine Stelle zu setzen. Hat uns nicht erst die Wissenschaft befähigt, die wunderbaren Zusammenhänge und Gesetze der göttlichen Schöpfung zu erfassen und in Ehrfurcht anzuschauen?

AUGUSTINUS: Nur ist es eben bei dieser ehrfürchtigen Anschauung nicht geblieben. Ich mußte dich selbst ja bereits für deine eitle Superbia rügen, nämlich dafür, daß du geglaubt hast, in dir stecke die Anlage zu göttlicher Vollkommenheit. Mit dieser Einbildung leben doch die Heutigen, wenn sie mit Hilfe der Wissenschaft keinen Baustein der Natur mehr unangetastet und unzerstört lassen. Aber dieses Thema wird dir noch zu schaffen machen, wenn du es sein wirst, über den wir mit unserer geballten Kritik herfallen.

EINSTEIN: Ob die Neugier des Forschens am Ende notwendigerweise zum Zerstören führt oder ob es dazu eines gesonderten Antriebs bedarf, das werden wir noch gründlich zu untersuchen haben. Aber bleiben wir vorläufig bei dir, Augustinus. Du hast mit deiner Warnung vor dem Eindringen in die göttlichen Naturgeheimnisse zwar große Demut bewiesen. Doch gleichzeitig bist du mit einer gewaltigen Anmaßung aufgetreten, nämlich mit dem angeblichen Wissen, daß die Mehrzahl der Menschen zu ewiger Verdammnis bestimmt sei. Jeder einzelne habe in Adam mitgesündigt und könne sich von dieser Erbschuld niemals befreien.

AUGUSTINUS: Das war allerdings meine feste Überzeugung. Das irdische Elend der Menschen bewies mir, daß Gott es unmöglich über Unschuldige verhängen könne. Die menschliche Natur, so sagte ich, ist »verwundet, verletzt, gequält, verloren ist sie«.

Ich glaubte zu erkennen, daß die Menschen schon von Kindheit an schlecht sind. Ein wildes Begehren beherrscht sie, eine unwürdige Fleischeslust. Ich sah keine Chance, daß

Menschen sich aus eigener Willenskraft zum Guten durchringen können. Deshalb habe ich, wie ihr vielleicht wißt, meinen Gegenspieler Pelagius auf das schärfste bekämpft, der sich zu behaupten unterstand, der Mensch habe die Freiheit, das Gute zu tun, weil Gott sonst ungerecht wäre.

FREUD: Im Kampf gegen Pelagius hast du ja schließlich selbst Intrigen beim kaiserlichen Hof nicht gescheut, bis du schließlich die Verbannung des Unglücklichen erwirkt hast. Sein milderes Bild vom Menschen hat dich offenbar zutiefst irritiert, als wäre jeder Zweifel an der erblichen Sündhaftigkeit unseres Geschlechtes bereits ein ketzerischer Verstoß. Pelagius hat dir einen Vorwurf gemacht, auf den wir noch zu sprechen kommen werden: Treibt man die Menschen nicht ins Schlechte hinein, wenn man sie von vornherein als sündig verurteilt? Raubt man ihnen damit nicht jedes Selbstwertgefühl, das sie aber benötigen, um zum Besseren zu wirken? Dieser Frage werden wir noch gründlich nachgehen, wenn wir fragen, ob wir den heutigen westlichen Völkern noch zutrauen, sich aus ihrer selbstverschuldeten elenden Lage befreien zu können.
Ich hoffe, lieber Augustin, du gestattest mir nun, ein indiskretes Thema anzusprechen. Ich fühle mich von dir dazu ermutigt, weil du in deinen »Bekenntnissen« so freimütig wie kaum ein anderer Philosoph und Heilslehrer die eigene Biographie vor uns ausgebreitet hast. Mir scheint, deine entmutigende Theorie von der Erbsünde, die bis heute in den Köpfen von Millionen Gläubigen haust, war weniger Ausfluß deiner kritischen Erkenntnis als eines ungelösten höchstpersönlichen Konfliktes. In deinen Bekenntnissen überschüttest du deine Leser förmlich mit der Reue über allerlei sexuelle Jugendverfehlungen und vor allem über die Kränkungen, die du deiner frommen christlichen Mutter durch deinen unzüchtigen Lebenswandel angeblich zugefügt hast. So scheint es mir, du hättest alle Menschen deshalb an die angeblich unausweichliche Erbsünde gefesselt, weil du

dir selbst sogar nach deiner späteren Bekehrung nicht verzeihen konntest, was du zuvor angestellt hattest.

EINSTEIN: Ich verstehe zwar gut, lieber Freud, daß du darauf brennst, an Augustin deine psychologischen Fertigkeiten vorzuführen. Aber fürchtest du nicht, daß wir uns damit zu weit von unserem Thema entfernen?

FREUD: Durchaus nicht. Längst wissen wir zwar, daß viele Philosophen und Dichter vor allem das aussagen, was ihnen ihre persönlichen Ängste, Depressionen, Schuldgefühle oder Ressentiments eingegeben haben. Aber es ist, wenn ich recht habe, doch ein Sonderfall, daß der ungelöste persönliche Konflikt eines großen Philosophen zum dogmatischen Fundament eines ganzen Herrschaftssystems geworden ist, das den Geist einer Weltreligion mitbestimmt hat.

EINSTEIN: Also das hieße, daß Augustins Neurose, wenn es denn eine war, zu einer kollektiven abendländischen Erbkrankheit geführt haben könnte, an der vielleicht sogar die Heutigen noch leiden?

FREUD: Genauso kommt es mir vor. Wenn ihr anderen und vor allem Augustinus selbst es mir erlaubt, euch meine These näher zu belegen, so will ich es versuchen.

AUGUSTINUS: Behaglich ist mir zwar nicht dabei. Aber da ich es mein Prinzip genannt habe, mich schonungslos mit meinen Irrungen auseinanderzusetzen, möchte ich Freud nicht zurückhalten.

FREUD: Damit anfangen möchte ich, daß deine Person offensichtlich das große Lebensthema deiner starken Mutter war, einerseits als Ersatz für ihren enttäuschenden Ehemann, andererseits als Mittel zur Erfüllung ihres enormen Ehrgeizes. Du warst ihr eigentlicher Geliebter, zugleich, wie wir heute sagen würden, als Substitut ihres Ich-Ideals dazu bestimmt, sie, die gläubige Christin, mit einer bedeutenden Karriere als kirchlicher Lehrer zu beschenken.

AUGUSTINUS: Und ich habe, als ich heranreifte, lange Zeit alles getan, um diese wunderbare Frau, die immer um mich sein wollte, zu betrügen und zu kränken. Statt mit ihrem Glauben hielt ich es mit den Manichäern. Ich strafte die Mutter mit einem zügellosen Lotterleben. »Bis zum Verwildern trieb ich's im Wechsel meiner dunklen Liebesabenteuer«, so habe ich's notiert. Schließlich hielt ich mir eine Mätresse und zeugte mit ihr ein Kind.

FREUD: Wie die Beichte eines Verbrechers lesen sich die Geständnisse über dein Sexualleben. Da fallen die Ausdrücke »Sumpf der Fleischesbegier«, »Strudel der Laster«, »Schmutz der Sinnlichkeit«. Du wolltest dich von deiner übermächtigen Mutter losreißen, aber was du ihr auch an Provokationen zumutetest, sie blieb in Tränen an deiner Seite und stürzte dich in verheerende Schuldgefühle.

AUGUSTINUS: So war es. Die Verzweifelte betete Tag und Nacht für mich, umklammerte mich mit ihrer Liebe, während es mich insgeheim drängte, mich von ihr loszureißen. Ich log ihr vor, sie niemals in Afrika allein zu lassen, schiffte mich dennoch eines Nachts heimlich nach Rom ein. Ich nahm es in Kauf, daß sich die tragische Geschichte der Dido hätte wiederholen können, die mir seit meiner Kindheit nie aus dem Kopf gegangen war. Ihr wißt, die verwitwete Königin Dido hat sich erstochen, als ihr Geliebter Äneas sie im Stich gelassen und eines Nachts, ähnlich wie ich, heimlich aus Afrika davongesegelt war.

FREUD: Aber deine Mutter überstand auch diese gefährliche Kränkung, die ihr den Tod hätte bringen können. Du selbst bestraftest dich daraufhin mit einer lebensgefährlichen

Krankheit. Aber diese wirkte sich nachträglich wie eine Katharsis aus. Der Kampf gegen die Mutter war zu Ende. Du führtest ihn fortan nur noch in dir oder gegen dich selbst: zum frommen Christen gewandelt, keine Frau mehr anrührend, nur die eine, die Mutter, verehrend, von der du schriebst: »Zu *einem* Leben war das meine und das ihrige geworden.«

AUGUSTINUS: Und was willst du nun Schlimmes daraus ableiten?

FREUD: Ich meine, du hast es nicht ertragen, für deine vermeintlich unverzeihlichen Verfehlungen, mit denen du der Mutter beinahe das Schicksal der Dido bereitet hättest, ungestraft davongekommen zu sein, sogar mit dem Segen der Mutter und der Kirche. Dein eigenes übermächtiges Schuldgefühl war es, wie ich es jedenfalls sehe, das dich nun nötigte, die gesamte Menschheit seit Adam für unfähig zu erklären, sich die Gnade Gottes durch noch so frommes Leben zu verdienen.

AUGUSTINUS: Aber ist es nicht allzu kühn von dir, meine dir offensichtlich nicht behagende Sündenlehre ausschließlich zu einem Nebenprodukt meiner persönlichen Schuldverarbeitung zu erklären?

FREUD: Vergiß nicht, daß du selbst uns auf diese Spur verwiesen hast. Denn überall, wo du das menschliche Schlechte ausmachtest, geriet es dir zum Porträt deiner eigenen Sexualverstrickungen. Niemand sonst unter den großen Tugendlehrern der Welt hat von allen triebhaften Begierden, die gemeistert werden sollten, so herausragend die Sexualität als die verdammungswürdigste herausgestellt.

AUGUSTINUS: Aber ich verstehe noch nicht, warum ich den Menschen Heilshoffnungen hätte verweigern sollen, nur weil ich mit meinem eigenen inneren Hader in der Tat nicht gut fertig geworden bin.

FREUD: Du argumentierst mit der Logik. Aber was deine Sündenlehre am Ende so streng und unnachsichtig gemacht hat, war der Haß, mit dem dich deine Schuldgefühle verfolgten und den du jeden spüren ließest, der die Hoffnung auf einen versöhnlicheren Gott vertrat. Deshalb mußtest du dich eben mit jenem Theologen Pelagius so unerbittlich verfeinden, der den Menschen versprach, daß sie, folgten sie den göttlichen Geboten, sich durchaus die Gewißheit ihres Heils verschaffen könnten.

EINSTEIN: Nun erkläre mir noch eines, lieber Freud. Offenbar hätte Pelagius seinen Zeitgenossen doch sympathischer sein müssen als Augustin, der ihnen das Herz ungleich mehr beschwerte als jener. Wer mir die bequemerc Erlösung verspricht, ist mir doch zu jeder Zeit angenehmer als ein anderer, der mich lebenslänglich zittern läßt, ob alle meine Bemühungen um Tugendhaftigkeit nicht unerhört bleiben könnten. Also warum wurde am Ende Pelagius aus Rom verbannt und nicht Augustin?

FREUD: Auch diese scheinbare Ungereimtheit läßt sich leicht aufklären. Es spricht vieles dafür, daß die Römer sich von Augustinus besonders verstanden fühlten, weil in ihren Seelen ähnliches vorging wie in der seinigen. Sie bejammerten den in den letzten zwei Jahrhunderten fortgeschrittenen Niedergang ihrer Moral, den sie nicht hatten aufhalten können. Nun stand Alarich vor den Toren bereit, die Stadt zu erobern. Da sagten sich viele: Das ist die Strafe, die wir für unsere Schlechtigkeit verdienen. Augustinus hat recht, wenn er uns diese vorhält. An ihn glauben wir, weil er uns die bittere Wahrheit sagt. Pelagius hingegen haben wir im Verdacht, daß er uns nur als Gesundbeter beschwichtigen will.

AUGUSTINUS: Großartig, wie du das erklärt hast. Also habe ich doch nach deiner eigenen Theorie gar nichts Schlimmes angerichtet, wie du mir nachweisen wolltest. Du sagst selbst, daß ich den Römern nur klargemacht habe, was sie sich selber vorwarfen.

FREUD: Nur hast du sie in ihrem Masochismus noch bestärkt, hast sie zu hoffnungslos Verworfenen erklärt, hast sie geschmäht, sie seien miteinander ein »einziger Klumpen Dreck« geworden. War es denn nötig, sie derart zu verdammen, daß sie an sich nur noch verzweifeln konnten?
Aber mein noch schwerer wiegender Vorwurf ist ein anderer. Lese ich deine Bekenntnisse genauer, so hast du dich selbst nach deiner Bekehrung gar nicht mehr zu dem »Klumpen Dreck« der anderen gezählt. In deiner reichlich exhibitionistischen Beichte hast du dich ähnlich wie der Richter in einem Schauprozeß aufgeführt mit einem Angeklagten, der du gar nicht mehr selber warst. Du hast deine Jugend abgeurteilt wie einen von dir abgespaltenen Teil. Du hast den »Gottesstaat« deshalb nun in aller Herrlichkeit schildern können, weil du dich diesem schon innerlich voll zugehörig fühltest. Den schmutzigen Sünder hattest du abgelegt und dich in den erlösten Heiligen verwandelt. Den »Klumpen Dreck« hast du deinen Mitmenschen zugeteilt, an denen du fortan nur noch die übergroße Schuld wahrgenommen hast, die du selber verdrängt hast.

EINSTEIN: Ist es das, was ihr Psychoanalytiker Projektion nennt?

FREUD: Genau. Augustin, verzeih mir, aber ich sehe es tatsächlich so, daß du und nach dir unzählige Generationen von Oberhirten und Hirten die Schuldgefühle eurer gläubigen Lämmer nötig gehabt habt, um euch von den eigenen zu entlasten. Eure Herden hätten euer Amt längst abgeschafft, wäre es euch nicht gelungen, ihnen ihre angebliche unentrinnbare Verworfenheit einzureden, für die ihr euch zwar nicht als Heilbringer, immerhin als unentbehrliche Gnadenfürsprecher anbieten konntet.

EINSTEIN: Nach wie vor verstehe ich allerdings nicht recht, warum die Sexualität für Augustin und seine Kirche eine so furchtbare Bedeutung als teuflische Schreckensmacht bekommen hat. Daß die Christen von ihrer Religion her besonders empfänglich für Schuldgefühle sind, leuchtet mir ja ein. Aber warum hat Augustin die körperliche Liebe noch schlimmer angeschwärzt als Haß, Neid und Machtgier etwa?

FREUD: Sollte es mir nicht gelungen sein, Augustins entsprechendes Motiv aus seinen biographischen Konflikten hinreichend zu erklären? Allerdings konnten er und die Kirche zusätzlich den Umstand ausnutzen, daß der Sexualtrieb ohnehin mit natürlichen Schamgefühlen besetzt und im Alten Testament für alle Zeiten als Ursünde Adams festgeschrieben ist. Dies wiederum erlaubte es Augustin, den Menschen einzureden, das sexuelle Verlangen sei überhaupt erst durch Adams Sünde in die Welt gekommen, sonst hätte Gott die Fortpflanzung zweifellos auf reinlichere Art sichergestellt. So ließ sich nun jede natürliche sexuelle Erregung, wie sie in den vielfältigsten Formen das Leben jedes Menschen begleitet, als frevelhafter Ungehorsam gegen Gott auslegen, zugleich dem Zwang zur Inanspruchnahme der kirchlichen Gnadenmittel unterwerfen.

EINSTEIN: Was dann, so wie du es schilderst, von der Kirche zu einer ähnlichen Strategie ausgebeutet wurde, wie sie Ärzte anwenden, die eingebildete zu echten Kranken erklären und harmlose Symptome schlimmreden, nur um ihre Kundschaft zu halten und zu mehren.

FREUD: So hat die Kirche eine Marketingstrategie entwickelt, von der die moderne Werbepsychologie immer noch einiges lernen kann.

DESCARTES: Zu meiner Zeit hätte die Kirche euch für solche Aussprüche auf dem Scheiterhaufen verbrennen lassen. Ich denke, Freud, eines solltest du richtigstellen. Wenn es tatsächlich so wäre, daß Augustinus dem katholischen Teil der Menschheit sein ungelöstes Mutterproblem vererbt hätte, so folgt doch aus deiner eigenen Lehre, daß ihm das *Unbewußte* einen Streich gespielt hat, wofür er unsere Nachsicht verdient.

FREUD: Ich hoffe, Augustin, du kannst mir verzeihen. Descartes hat gesagt, was ich eigentlich gemeint habe.

DESCARTES: Das macht es mir leichter, noch einen ganz anderen Vorwurf an Augustinus loszuwerden. Mit seinem nun tatsächlich klar und deutlich ausgesprochenen und auch so gemeinten Verbot wissenschaftlicher Neugier hat er meines Erachtens unermeßlichen Schaden angerichtet. Weil den Menschen versagt war, nach den natürlichen Ursachen widriger Ereignisse zu forschen, fühlten sie sich das ganze Mittelalter hindurch für jegliches Ungemach entweder selbst schuldig oder machten vermeintliche Hexen dafür haftbar.

AUGUSTINUS: Ich muß gestehen, liebe Freunde, daß eure Bezichtigungen mir das Herz schwer machen. Allerdings scheint ihr mir einigermaßen zu überschätzen, was ich an Schlechtem gefördert und an Gutem verhindert habe. So glaube ich zum Beispiel nicht, daß die heutigen Päpste sich an meine Lehren gebunden fühlen, wenn sie den armen Völkern eine Sexualmoral verordnen, die diesen die Familienplanung erschwert und sie vermehrt der Aidsgefahr ausliefert.

Aber noch eine Bemerkung zu dir, Freud. Wie übertrieben oder neurotisch meine Sündentheorie auch immer gewesen sein mag, so haben inzwischen zumindest die westlichen Völker dankbar deine Bemühung erlebt, sie von ihren Sexualängsten zu befreien. Also was soll es, die Untergangsgefahr, der die westliche Kultur ausgesetzt ist, noch mit meiner mittelalterlichen Sündenlehre in Zusammenhang zu bringen? Du hattest doch allen erdenklichen Erfolg mit deiner Kampagne für eine neue sexualfreundliche Moral.

FREUD: Du siehst doch selbst, daß die Päpste stärker sind als ich und daß sie indirekt oder auch ausdrücklich unverändert deine Sexualverbote als Herrschaftsmittel benutzen.
Und wie eh und je kommen ganze Völker von deiner unseligen Trennung eines Gottesstaates von einem Teufelsreich nicht los. Weil sie ihre Verdammnis fürchteten, haben sie viele Jahrhunderte hindurch versucht, ihre Sünden mit der Verbrennung von Millionen Hexen loszuwerden. Und trotz aller meiner Aufklärungsarbeit geistert in vielen Köpfen noch immer die Idee, alle Übel der Welt durch Krieg gegen das Böse überwinden zu müssen. Es ist doch erst kurze Zeit her, daß der Präsident der christlich regierten Vereinigten Staaten seinen Streit mit den Russen als Auseinandersetzung zwischen dem Reich des Lichts und der Macht der Finsternis deklariert hat. Wahrscheinlich hat er gar nicht mal gewußt, daß er deine alte Lehre ausbeutete, die du, wie wir wissen, einst von den Manichäern mitgebracht hattest. Viel hätte nicht gefehlt, dann wäre auf der Erde schon damals eingetreten, was wir immer noch befürchten.
Übrigens war es dann nicht einmal der selbsternannte Herr des Lichtreiches, der den ersten Schritt zum Abbau der mörderischen Raketen wagte, sondern der vermeintliche Fürst der Finsternis. Um so eher können wir dir zugute halten, Augustin, daß es nicht etwa deine Lehre war, die beinahe das Weltende verschuldet hätte, sondern deren augenfälliger Mißbrauch durch einen törichten Staatsmann. Allerdings,

lebte sie in der Erinnerung nicht mehr fort, ließe sie sich auch nicht mißbrauchen.

AUGUSTINUS: So gut du dir in deiner Anklägerrolle auch gefallen magst, werter Freud, so sehe ich dich doch selbst im Glashaus sitzen. Nenne mir eine Religionslehre, die gegen Mißbrauch geschützt wäre. Wissen wir doch alle, wie unser Himmelsgenosse Mohammed unter manchem fundamentalistischen Terror leidet, der in seinem Namen verübt wird. Aber du, Freud, wirst deine höchstpersönliche Verantwortung für den verhängnisvollen Werteverlust nicht abstreiten können, den deine billige Kampagne gegen die mühsam erkämpften Fortschritte der Sexualmoral bewirkt hat.

FREUD: Wir werden noch darüber zu reden haben, daß dein oberflächlicher Eindruck täuscht. So werdet ihr von mir zu hören bekommen, daß es sich mit der sogenannten sexuellen Befreiung ganz anders verhält, als es dir erscheint, werter Augustinus.

DESCARTES

EINSTEIN: So bleibt vorläufig immer noch unentschieden, ob Augustin als Entlasteter oder noch als teilweise Belasteter unter uns weilt. Nun sollten wir uns jedoch erst einmal Descartes zuwenden, dessen Philosophie sich wie kaum eine andere in den Problemen der Kulturkrise widerspiegelt, über die wir hier grübeln.
Wenn ich den Anfang machen darf, so möchte ich dich gleich eines fragen, Descartes. Freud hat gerade von Liebe gesprochen, die im Leben und im Werk Augustins eine so bedeutende Rolle spielt. Aber davon finde ich in deiner Philosophie kaum etwas. Kannst du uns also vielleicht helfen zu verstehen, warum das so ist?

DESCARTES: Ich ahne, was du meinst. Wenn man mir gelegentlich die Ehre erweist, mich als den Begründer des neuzeitlichen Denkens zu bezeichnen, so in der Tat nicht zuletzt deswegen, weil ich schärfer als andere vor mir, auch als Platon, zwischen Verstand und Gefühl getrennt habe. Ich habe allen Regungen mißtraut, die wir als ein Erleiden registrieren. Dazu gehören für mich alle Gemütsbewegungen, in denen sich unser Ich als passiv erlebt. Dagegen habe ich es zu meiner Maxime gemacht, mich nur darauf zu verlassen, was ich mir mit meinem Verstand klar und deutlich machen kann. Deshalb habe ich mir, worüber wir schon gesprochen haben, Gott logisch beweisen müssen und nicht wie die Früheren, etwa wie Augustinus, auf ein Gefühl der Liebe zu ihm vertraut.

FREUD: Du warst der erste Denker, der ganz rigoros dem Herzen die Bedeutung als Zentrum der Seele abgesprochen hat. Dieses Zentrum hast du ins Gehirn verlegt und tatest dabei so, als wüßtest du nicht, daß das Herz seit je symbolisch als Heimstätte des Gemüts angesehen worden ist. In Wahrheit war es deine Absicht, den ganzen Bereich der Gefühle und Gemütsbewegungen auf eine tiefere Stufe zu verweisen, heute würde man sagen: das sachliche Denken vollständig von der Emotionalität abzukoppeln.

DESCARTES: Aber was hast du dagegen einzuwenden? Ist nicht allein die perfekte Versachlichung des Denkens Bedingung für den Triumph der Wissenschaft in der Neuzeit gewesen?

PLATON: Nur bleibt zu fragen, ob der Triumph nicht zu teuer erkauft worden ist. Denn indem diese Art von Wissenschaft nur noch die sachliche Seite der Menschen, der Tiere und der übrigen Natur wichtig genommen hat, sind ihr andere Wahrheiten aus dem Blickfeld geraten, die für eine philosophische Gesamtschau wichtig sind. Sollte ich mich etwa dafür schämen, daß ich in meiner Philosophie die Liebe so hoch geachtet habe, obwohl sie offenkundig gelegentlich den Verstand verwirrt? Ich glaube es nicht. Ausdrücklich habe ich sogar im »Phaidros« den Wahnsinn gelobt, der in der Liebe enthalten sein kann. Denn gerade auch in der Begeisterung des Wahnsinns kann geheimnisvolle Wahrheit geschaut werden, die dem nüchternen Denken verborgen bleibt. Keinen echten Dichter habe ich gekannt, der nicht vom Wahnsinn der Musen befeuert wurde. Und ich sagte, daß die Götter zur größten Glückseligkeit den Wahnsinn der Liebe verleihen, was dem reinen Verstandesmenschen zwar unglaubhaft, dem Weisen aber durchaus einsichtig sein wird.

DESCARTES: Glückseligkeit vielleicht. Aber was für eine Wahrheit soll sich dadurch erschließen?

PLATON: Die Wahrheit, daß die Menschen auf der Erde zusammengehören. Durch den Eros erfahren sie, daß sie einander nahe sind. Ohne diese Gewißheit der Nähe wüßten sie nicht, daß sie aufeinander angewiesen sind und füreinander Verantwortung tragen.

EINSTEIN: Eben diese Wahrheit hat vermutlich Descartes' jüngerer Zeitgenosse Pascal gemeint, als er sagte, daß auch im Herzen Vernunft wohne. Für mich selbst stand immer fest: Spüren die Einzelnen nicht mehr in ihrem Innern, daß ihre Geschicke mit denen aller Mitmenschen in sämtlichen Teilen der Erde engstens verknüpft sind, werden sie gemeinsam untergehen.

FREUD: Ich glaube, Descartes, du hattest einfach Angst vor Nähe, und daraus hast du ein folgenschweres philosophisches Prinzip gemacht. So hast du die Liebe wie eine Sache erforschen wollen – und deshalb nichts von ihr verstanden. Du hast sie auf sogenannte »Lebensgeister« zurückgeführt, die angeblich die Seele reizen, sich mit ihr angenehmen Dingen zu verbinden. Welche Art von Liebe bei diesen »Seelenreizungen« herauskommen sollte, dafür hast du wahrhaft bemerkenswerte Beispiele genannt, nämlich in der Reihenfolge das Begehren nach Ruhm, Geld, Wein und Frauen. Und zu Frauen fiel dir nichts Besseres oder Schlimmeres ein als »die Lüsternheit zur Vergewaltigung eines Frauenzimmers«.

DESCARTES: Ich muß euch wohl zugeben, daß ich von der Art Liebe, die ihr meint, wenig gewußt habe – aber auch nichts wissen wollte. Ich wollte grundsätzlich keiner Gemütsbewegung gestatten, mein mathematisches Denken zu verwirren. Die Philosophie, die ich erstrebte, sollte eine Art Universalmathematik sein. Vielleicht war ich deshalb so unerbittlich, weil ich meine Vernunft vor jeglichem Einfluß der beunruhigenden Verhältnisse schützen wollte, die ich um mich herum wahrnahm.

Vergeßt bitte nicht, wie es damals in Europa aussah. Ich hatte die Verwüstungen des Dreißigjährigen Krieges vor Augen, der mein halbes Leben begleitete. Die Adligen hatten den Staat entmachtet und setzten ihre Herrschaft mit eigenen Waffen durch. Die einfachen Leute verwilderten, weil ihr Leben den Halt verloren hatte, den die Regeln und Rollen der mittelalterlichen Ordnung noch hatten geben können. Den katholischen Bischöfen war ihre weltliche Macht wichtiger als ihre geistliche Mission. Den Schwund ihrer Autorität suchten sie mit dem Terror der Inquisition aufzuhalten. Dabei kam ihnen ein primitiver Aberglaube zu Hilfe, der sich wie eine Epidemie ausgebreitet hatte.

Das alles mag einen Einfluß darauf gehabt haben, daß ich in mir einen festen Halt in der reinen Rationalität und in der Abschirmung von allen benebelnden und irritierenden Emotionen gesucht habe. Wahrscheinlich könnt ihr euch kaum mehr in jene chaotischen Erschütterungen hineinversetzen, die dem untergehenden Mittelalter nachgefolgt waren. Im Glauben verunsichert, flüchteten sich die Menschen scharenweise zu okkulten Praktiken, mit denen sie ihre Ängste

zu bannen hofften. Sie bekämpften ihre Ohnmacht mit allerlei obskuren Künsten und Beschwörungsritualen. Den göttlichen Schutz, den sie entschwinden sahen, sollten die magischen Prozeduren ersetzen, mit denen sie eigene Macht über die Bedrohungen ihrer Sicherheit erobern wollten. Sie klammerten sich an Astrologie und Zahlenmystik, an Nekromantik und Geisterbeschwörung. Rezepte für Zauberkünste und Wundertränke machten die Runde. Die Geheimwissenschaft der Alchimie lebte wieder auf und fand größten Widerhall. Den Gipfel dieser magischen Allmachtshoffnungen bildete die Suche nach dem wunderbaren Stein der Weisen. Der sollte alle Krankheiten heilen, alle Stoffe in Gold verwandeln und sämtliche Dämonen bannen.
Diesen Zeitgeist rufe ich euch in Erinnerung, damit ihr versteht, warum ich für meine Philosophie ein absolut festes Fundament und vor allem einen weiten Abstand zu allem Irrationalen und Magischen gesucht habe.

PLATON: Aber du hast dich nicht nur von dem zeitgenössischen Kult des Magischen abgesetzt, sondern hast auch von den überlieferten Weisheiten der Alten nichts mehr wissen wollen. Die Schriften der Alten hast du mit prächtigen Palästen verglichen, die nur auf Sand gebaut seien. Weder aus der Geschichte noch aus den Sitten der Gegenwart glaubtest du den besagten festen Grund gewinnen zu können. Dann hast du dich an deinen Kachelofen gesetzt und beschlossen, dein eigenes Selbstbewußtsein zum verläßlichsten Maßstab aller Erkenntnisbemühungen zu erklären. Nur was du mit der gleichen Klarheit und Schärfe erfassen konntest wie dein eigenes Existieren, durfte vor deinen Zweifeln bestehen.

DESCARTES: So ist es. Ich mißtraute sogar allem, was meine Sinne mir als Eindruck von Wärme, Licht, Geruch und Geschmack vermittelten. Nur der Ausdehnung, der Gestalt und der Bewegung von Gegenständen legte ich Gewißheit bei. Dagegen erregten alle Gefühle meinen Argwohn, die ich nicht als Leistungen meines Intellekts und meines Willens ansehen konnte.

FREUD: Darum feiern dich ja viele Generationen von Naturwissenschaftlern als ihren bahnbrechenden Pionier. Aber indem ich dir zugehört habe, fiel mir auf, daß du dich offenbar doch und sogar primär von *einer* Gefühlsregung hast leiten lassen. Du hast uns auf dein großes *Mißtrauen* aufmerksam gemacht, das dich nach verläßlichem Halt suchen ließ. Dieses hat dich zu dem Rückzug auf dein Selbstbewußtsein und die Mathematik getrieben. Mißtrauen ist aber eine Form von Angst, daß man verloren sein könnte, wenn man keinen Sicherheit vermittelnden Halt fände.

DESCARTES: Wenn ich es recht bedenke, muß ich dir beipflichten. Mich trug nicht mehr der naive Glaube des Augustin – verzeih mir das Wort naiv, werter Kirchenvater. Ich mußte mir, worüber wir schon gesprochen haben, ersatzweise die Existenz des Höchsten erst mit der eigenen Logik beweisen.

AUGUSTINUS: Womit dein Gott so etwas wie ein selbstgefertigter abstrakter Talisman wurde.

FREUD: Das hat übrigens die psychologisch erfahrene katholische Kirche sehr bald herausgefunden und deine Schriften prompt auf den Index gesetzt. Aber bleiben wir noch bei deiner Angst, Descartes. Wenn dir, wie du sagst, der naive Glaube des Augustin gefehlt hat oder nachträglich abhanden gekommen ist, so verstehen wir gut, daß du dir kein Gefühl von Passivität und Abhängigkeit mehr leisten konntest, weil du damit ja in eine furchtbare Leere gefallen wärst. Es war keine barmherzige Macht mehr da, die dich hätte auffangen können. So begreife ich, daß du dir einen Gott gemacht hast, der erst von deiner Logik zur Existenz erweckt wurde. Doch in Wahrheit warst du dieser neue Gott selbst. Weil du Gott nicht mehr hattest, wolltest du nun Gott selber sein. Du fülltest die Leere aus und sagtest dir: Es gibt nur noch natürliche Ursachen und Wirkungen, und die kann ich bis zu einem möglichen Fortschritt ins Unendliche berechnen.

EINSTEIN: Die Fähigkeit, alles berechnen zu können, hätte nicht unbedingt bis zu den unstatthaften Eingriffen in die Naturzusammenhänge führen müssen, wie ich sie jetzt beklage. Du weißt, lieber Descartes, daß ich dir auf dem Wege, die Naturgesetze mit der intellectio zu begreifen, gehorsam gefolgt bin. Aber enthalten habe ich mich der Hybris, die mathematische Wahrheit von der religiösen Verehrung für das Wunderbare der Naturordnung abzukoppeln. Die große Mehrheit deiner Gefolgschaft hat sich allerdings blindlings an der Chance berauscht, die Naturgesetze zur menschlichen Machterhöhung unbegrenzt technisch auszunutzen. Dieser Mehrheit ist das Gefühl der Ehrfurcht, das du mir als kindlich ankreiden magst, verlorengegangen.

PLATON: Euren Völkern hat eben die Göttin *Nemesis* gefehlt, die uns Griechen vor unziemlicher Selbsterhöhung gewarnt hat. Sie hatte uns das Maßhalten gelehrt und uns vor dem Hochmut bewahrt, unser Erkenntnisvermögen als Mittel zur Beherrschung des Kosmos zu mißbrauchen. Die Göttin zeigte uns unsere Grenzen auf. Allerdings sah unser legendärer geistiger Ahnvater Hesiod ein ehernes Zeitalter voraus, in dem Nemesis die Menschen auf der Erde verlassen werde, die in Schmerzen und ohne Hilfe gegen das Übel zurückbleiben müßten. An dieses von Hesiod in aller Schrecklichkeit ausgemalte Zeitalter, in dem die Frevler die Strafe der Götter mißachten würden, erinnern mich übrigens die aktuellen irdischen Zustände.

BUDDHA: Auch ich sehe einen verhängnisvollen Frevel darin, daß du, lieber Descartes, neben den mathematischen nicht auf andere wichtige Wahrheiten geachtet hast, die uns zuteil werden, sobald wir nur unser Inneres meditierend befragen. Da erfahren wir, was unangemessener Stolz ist und wo Mitgefühl und Achtung uns Experimente verbieten, die sich nicht mit der Würde beseelter Wesen vertragen. Zur Wahrheit gehört stets das Wissen, daß die Welt sich nicht nur nach mechanischen Gesetzen verändert, sondern in einem ewigen Prozeß der Vergeltung guter und schlechter Handlungen der Menschen.

FREUD: Jedenfalls hat es Descartes geschafft, den von ihrem mittelalterlichen Gott abgefallenen Menschen einen neuen geistigen Halt zu bieten. Der Weg dazu lag in der Abwehr ihrer Ohnmachtsgefühle durch einen überkompensatorischen Anspruch, überhaupt nichts mehr mit sich geschehen zu lassen, sondern alles selber mit Berechnung steuern und machen zu wollen. In einer technokratisch beherrschten Welt sollte es keine Angst mehr geben, keine Schwäche, keine Hilflosigkeit. Die zu einem großen Maschinensystem reduzierte Natur sollte angeblich nur noch darauf warten, von ihren Fehlfunktionen und Defekten durch eine Zukunftsgesellschaft mit stetig fortschreitendem Ingenieurswissen kuriert zu werden.

EINSTEIN: Und dabei kam es dann zu der historischen Abspaltung der naturwissenschaftlichen Methode von den richtungweisenden Gefühlen, die sich die phantasiereichen Griechen mit ihrer Göttin Nemesis anschaulich gemacht hatten. Der Machtrausch, der sich an diese Methode knüpfte, hat schließlich zu dem Kulturbruch geführt, von dem mein verehrter seliger Freund, der Atomphysiker Max Born, meint, daß er nie mehr zu heilen sei. Er sieht im gegenwärtigen Moralverfall keine vorübergehende kulturelle Schwächeerscheinung, sondern eine notwendige Folge des naturwissenschaftlichen Aufstiegs. Eine der größten intellektuellen Leistungen der Menschheit führe unweigerlich zum Untergang durch irreparable Verantwortungslosigkeit.

Entsprechend lautet seine Prognose: »Sollte die Menschheit nicht durch einen Krieg mit Kernwaffen ausgelöscht werden, dann wird sie zu einer Herde von stumpfen, törichten Kreaturen degenerieren unter der Tyrannei von Diktatoren, die sie mit Hilfe von Maschinen und elektronischen Computern beherrschen.«

DESCARTES: Und an alldem sollte ich schuld sein? Ich bin fast gerührt, was ihr mir an übermächtigen Wirkungen zutraut. Ihr hättet mich erleben sollen, wie froh ich war, hinter meinem Kachelofen, abgeschirmt von den Gewaltorgien des Dreißigjährigen Krieges, für das Denken ein Tor zu größerer Freiheit zu eröffnen. Dann würdet ihr sicher barmherziger mit mir verfahren. Aber ihr werdet später noch von mir hören, daß ich die Ängste eines Max Born nicht im mindesten teile und meine damalige Wegweisung standfest verteidige, was immer ihr daran noch zu bemäkeln haben werdet.

FREUD: Als Psychologe hätte ich noch gern genauer erforscht, wie deine Methode schließlich zu einem geistigen Rettungsanker wurde, um die Angst und das Mißtrauen in der damaligen Phase schwindender Glaubenssicherheit zu bannen.

DESCARTES: Es scheint dir einen höllischen Spaß zu machen, dir den neueren Kultur- und Zivilisationsprozeß als eine massenpsychologische Vervielfältigung einzelner Krankengeschichten vorzustellen. Das hast du ja eben auch schon bei Augustinus versucht. Ich verstehe zwar nicht recht, warum ein so kritischer Geist wie Albert Einstein dich hierher einladen konnte. Denn mit deinen mystischen Spekulationen stehst du den fragwürdigsten astrologischen und nekromantischen Phantasten überaus nahe, die zu meiner Zeit die Köpfe vernebelt haben. Aber abgesehen von meinen fundamentalen Zweifeln an der Gültigkeit deiner windigen Interpretationen mißfällt mir grundsätzlich die Anwendung von individualpsychologischen Befunden, wenn man sie überhaupt so nennen will, auf allgemeine gesellschaftliche Vorgänge.

EINSTEIN: Besänftige bitte deinen Unmut, Descartes. Unser Spiel sieht so aus, daß jeder aus diesem Kreis für eine spezifische Anschauung vom Leben und der Welt steht, die mit seinem Namen verbunden ist. Ihr seid jeweils herausragende Repräsentanten dieser verschiedenen Sichtweisen und Grundhaltungen. Um euch herum sowie vor und nach euch hat es viele andere gegeben, die mit ähnlichen oder gleichen Ideen hervorgetreten sind. Aber ihr habt unter diesen doch unstrittig einen herausragenden Platz eingenommen. Eure Wirkung hing jeweils natürlich davon ab, daß ihr in besonderer Weise den Geist eurer Zeit oder die Richtung getroffen habt, in die hinein sich dieser Geist zu entwickeln im Begriff war.

Nun kann man zwar wie Marx denken, daß solcher Zeitgeist nicht von den Interpretationsweisen der Menschen abhängt, sondern nur ein Produkt von materiellen und speziell wirtschaftlichen Prozessen ist. Aber wir gehen in unserem Spiel nun einmal von der Annahme aus, daß die Geschichte maßgeblich vom Wollen der Menschen abhängt und daß dieses Wollen wiederum teils von bewußten Ideen, teils von Impulsen gelenkt wird, die Freud dem Unbewußten zurechnet. Wie diese seelischen Kräfte jeweils zusammen oder auch gegeneinander wirken, welche Hoffnungen, Ängste oder Verzweiflungen daran beteiligt sind, das kann man eben immer nur an einzelnen Figuren studieren, deren Berühmtheit daher kommt, daß sie besonders prägnant auszudrücken vermochten, was einen Großteil der Geister ihrer Zeit bewegt hat. So habe ich dich, Cartesius, ebendeshalb mit Freude eingeladen, weil du einer bist, auf den sich unendlich viele berufen haben und noch heute berufen, die das wissenschaftliche Zeitalter an einem Namen festmachen wollen.

FREUD: Ich gestehe dir ja gern zu, lieber Descartes, daß du dir seinerzeit nicht ausmalen konntest, zu welchen Konsequenzen die empfohlene Abspaltung der Gefühle vom technokratischen Denken einst führen würde. Nur befremdet es mich, daß du nicht einmal jetzt darüber erschrickst, wie ungeniert irdische Forscher das Erbgut von Pflanzen, Tieren und neuerdings auch Menschen manipulieren, als wäre es das Selbstverständlichste von der Welt, das Leben nach Belieben um- oder neu zu züchten. Als Triumphe hast du diese arroganten Eroberungen bezeichnet. Mir erscheinen sie indessen immer noch als die Kehrseite einer verdrängten ungeheuren Angst – nämlich davor, daß die scheinbar errungene menschliche Unabhängigkeit, ja Allmacht, wie ein Kartenhaus in sich zusammenfallen könnte. Ohne diese Angst könnte ich mir auch die hektische Unersättlichkeit nicht erklären, die allen noch so spektakulären wissenschaftlichen Fortschritten jeden Ruhepunkt verwehrt. Es darf, so scheint es, keinen Stillstand geben. Jede wissenschaftliche Eroberung erzwingt schon die nächste. Panik entstände, würde es plötzlich nicht weitergehen. Das ist doch nichts anderes als ein Fluchtverhalten in der Angst, von einer furchtbaren Gefahr eingeholt zu werden. Und welche andere Gefahr könnte das denn sein als die Rache der Nemesis?

AUGUSTINUS: Es sind ja wahrhaft schwerwiegende Bedenken, die du dir hier anhören mußt, Cartesius. Um so mehr verwundert es mich, wie gelassen du reagierst. Nirgendwo habe ich in deinem Werk gefunden, daß du dich geschämt oder irgendwann schuldig gefühlt hättest. Nichts scheinst du bereuen zu müssen, während für mich, wie ich euch gestanden habe, die eigenen Sünden und diejenigen der Menschheit überhaupt das zentrale Lebensthema waren. Kanntest du denn überhaupt keine moralische Verzweiflung, keine Reue, kein Verlangen nach Erlösung?

DESCARTES: Glücklicherweise sind mir Erschütterungen von solcher Art zeitlebens erspart geblieben. Warum das so ist, dafür wird Freud wahrscheinlich prompt eine seiner Patentdeutungen bereit haben.

FREUD: Ich brauche nur die Antwort zu wiederholen, die du selbst gegeben hast. So klar wie nur irgend möglich hast du sie im »Discours de la Methode« formuliert, wo ich erstaunt gelesen habe: »Denn da unser Wille sich nur in dem Maße bemüht, einer Sache zu folgen oder sie zu fliehen, in welchem unser *Verstand* sie ihm als gut oder schlecht vorstellt, so genügt es, recht zu urteilen, um recht zu tun.« Also wenn ich korrekt denke, bin ich bereits perfekt tugendhaft.

EINSTEIN: Und da du dich so sehr um korrektes Denken bemüht hast, Descartes, kam dir die Idee eines moralischen Verschuldens gar nicht erst in den Sinn. Was richtig berechnet wird – so deine Überzeugung –, führt immer nur zum Guten. Aber ein solcher Automatismus existiert nicht. So habe ich euch doch von den hundert Nobelpreisträgern erzählt, von denen die Irdischen nachgewiesen bekommen haben, was sie zur Zeit alles tun, um den eigenen Untergang herbeizuführen. Zur konsequenten Umsetzung dieser Erkenntnis in heilvolle Praxis kommt es eben nicht. Die moralische Kraft bloßer logischer Einsicht ist unzureichend. Die Moral wird nur gebieterisch, wenn sie durch das Gewissen spricht, nicht allein durch den Intellekt. Deshalb täuschte sich unser seliger Kollege Kant, als er meinte, die intellektuelle Bindung an das abstrakte Sittengesetz schaffe bereits das rechte Handeln.

Jedenfalls warst du ein schlechter Therapeut, lieber Cartesius, als du eine emotionale Anästhesie als Mittel zum Innehalten des rechten Weges empfohlen hast. Wenn das Herz nicht mehr vor dem Schlechten warnt, wird man diesem irgendwann zum eigenen Schaden verfallen. Mir kommt jener

Ahnungslose in den Sinn, der sich schließlich die Haut verbrennt, nachdem er zuvor erfolgreich mit einem chemischen Mittel seinen Schmerzsinn betäubt hat.

DESCARTES: Ich werde einige Zeit brauchen, um über eure Kritik gründlich nachzudenken. Immerhin kann ich euch versichern, daß ich um meine Integrität stets insofern besorgt war, als ich nur korrekte, saubere Schlüsse zu ziehen versuchte.

FREUD: Das ist die Sondermoral, durch die du ein Vorbild für viele Generationen von Wissenschaftlern geworden bist. Wenn sie ihre Experimente oder ihre technischen Manipulationen nur methodisch genau und ordentlich machen, dann erkennen sie sich als gut und anständig. So wurden schon die schlimmsten Versuche angestellt, ohne daß die Wissenschaftler, wenn sie ihre Arbeit nur formal präzise und gründlich verrichtet hatten, das Ungehörige ihres Tuns gewahr wurden. Und ist nicht inzwischen sogar ein Großteil der Menschheit zum ahnungslosen Opfer des formal ordentlichen Massenexperiments einer risikobesessenen Industrieforschung geworden?

MARX: Allerdings müßte alle Welt inzwischen wissen, daß in den Labors keine sich selbst finanzierenden Tüftler mehr sitzen, wie Descartes einer war, allein von der theoretischen Erkundungslust ihrer Ratio angetrieben, sondern nur noch Erfüllungsgehilfen mächtiger konkurrierender Konzerne, die überwiegend über die Forschungsförderung entscheiden. Deshalb werde ich allmählich ungehalten über eure rührende Vertiefung in die musealen philosophischen Pionierleistungen des ehrenwerten Cartesius.

EINSTEIN: Ob es dir nun paßt oder nicht, Freund Marx, aber Descartes war nun einmal derjenige, der mit der physikalischen Naturerklärung die geistige Vorarbeit für die spätere Industrialisierung geleistet hat, die zu deinem großen Thema wurde.

MARX: Nur hat Descartes bloß vorausgedacht, was der linear fortschreitende dialektische Geschichtsprozeß ohnehin zuwege gebracht hätte.

EINSTEIN: Jedenfalls verstehe ich deinen Einspruch zugleich als Angebot, Descartes nunmehr auf dem Sünderbänkchen abzulösen. Zwar sind wir nach meiner Meinung mit ihm noch längst nicht fertig. Denn nach wie vor poche ich darauf, daß sein Anteil an der moralischen Abstumpfung der Wissenschaft, wie wir sie jetzt vor uns haben, nicht gering ist. Aber du verdienst es, Freund Marx, daß wir zunächst einmal deine Ungeduld respektieren und dich ins Kreuzverhör nehmen.

Nun also, du hast die geistige Welt mit der provokativen These geschockt, daß überhaupt nicht Ideen, sondern ausschließlich *die wirtschaftlichen Verhältnisse* den Gang der Geschichte bestimmten.

MARX: Und ich sehe nicht, was daran falsch sein sollte. Die Industrialisierung hatte als neue Klasse die Unternehmer hervorgebracht, die als Besitzer der Produktionsmittel die Arbeitermassen gnadenlos ausbeuteten. Es kam nicht daher, daß sich die einzelnen Kapitalisten dieses Verhalten erdacht hätten. Sondern sie folgten schlicht dem Interesse ihrer Klasse.

EINSTEIN: Und aus diesem Interesse heraus sorgten sie, wie du gelehrt hast, für eine sich stetig verschärfende Aufspaltung der Gesellschaft in zwei feindliche Lager. Die verproletarisierte Arbeiterschaft werde sich ihre zunehmende Unterdrückung nicht gefallen lassen und irgendwann selbst die Herrschaft übernehmen, was in den meisten Ländern mit den Mitteln des revolutionären Kampfes geschehen werde. So deine Prognose.

MARX: Genau das hatte ich erwartet. Von einer Diktatur des Proletariats erhoffte ich die Bildung einer sozialistischen Gesellschaft, in der die Produktionsmittel allen gemeinsam gehören, bis im Endstadium des Kommunismus auch der Konsum kollektiviert werden sollte.

PLATON: Was ja schon mal meine Idee gewesen war, ihr erinnert euch.

EINSTEIN: Ich selber war von deiner sozialistischen Utopie sehr beeindruckt, lieber Marx. Du weißt es. Das hat mir sogar eine jahrelange geheimdienstliche Überwachung in meiner zweiten Heimat Amerika eingebracht. Aber die Geschichte ist nicht dem Plan gefolgt, den du voreilig als wissenschaftlich gesicherte Tatsache verkündet hast. Wie erklärst du deinen Irrtum?

MARX: Mein Urteil war in der Tat voreilig. Ich gestehe es. Zwei Irrtümer könnt ihr mir ankreiden. Erstens, daß ich die Flexibilität des Kapitalismus unterschätzt habe, sein totales Scheitern hinauszuzögern...

EINSTEIN: Bleiben wir gleich bei diesem Punkt. Was an der Strategie des Kapitalismus hast du nicht vorausgesehen?

MARX: Daß er so elastisch reagieren könnte, wie er es fertiggebracht hat, nämlich in den vorübergehend noch reichen Ländern den Schwächeren so viel an sozialer Sicherheit anzubieten, daß die erst mal stillhielten.

EINSTEIN: Erst mal, das heißt wohl, daß du an der Beständigkeit dieser Stabilisierung zweifelst?

MARX: Es ist kein Zweifel mehr, sondern Gewißheit. Die finanziellen Spielräume für sozialpolitische Großzügigkeit sind eng geworden und werden sich noch mehr einengen. Denn im Zeitalter der Globalisierung sind die Länder vornean, deren Wirtschaft den geringsten Ballast an Lohnkosten und Sozialleistungen mit sich schleppt. Die Gewinne der Unternehmen machen überall die Wohlstandsschicht reicher, aber ändern nichts daran, daß die hoch verschuldeten Staaten ihre Haushaltslöcher auf Kosten der sozial Schwächeren stopfen. Die Verliererschicht der Globalisierung und der technischen Umwälzungen wächst rapide Jahr für Jahr. Das soziale Beschwichtigungspotential des Kapitalismus ist fast aufgebraucht. Er verfügt nicht mehr über den Kitt, den sozialen Zusammenhang längerfristig zu garantieren.

EINSTEIN: Aber wo rühren sich Gegenkräfte, dem Ultrakapitalismus in den Arm zu fallen? Warum hält das Heer der sozial Abgehängten unvermindert still? Der Teil deiner Aussage, daß die Kluft zwischen Reich und Arm sich verhängnisvoll erweitern werde, bestätigt sich neuerdings in drastischer Weise. Aber was ist mit dem anderen Teil, daß sich die Benachteiligten in gleichem Maße zur Gegenwehr rüsten würden? Das sehe ich noch nirgends. Im Gegenteil. Vor meinen Augen breitet sich schleichend Resignation aus. Und dazu muß ich dir eine unangenehme Frage stellen: Trägst du selbst nicht eine Mitschuld an dieser Resignation? Schließlich fehlt eine überzeugende Alternative, seit sich das Konzept als untauglich herausgestellt hat, nach dem deine Anhänger in einigen Ländern sozialistisch zu regieren versucht haben. Oder willst du etwa sagen, es waren nur die falschen Menschen, die mit dem richtigen Konzept nicht umzugehen wußten?

MARX: Ich sehe viele Fehler, die gemacht worden sind. Das ist der zweite Irrtum, den ich ansprechen wollte: Ich habe die Bereitschaft meiner Anhänger überschätzt, dort, wo sie die Macht übernehmen würden, eine solidarische Gesellschaft anstatt einer Funktionärsherrschaft zu etablieren.

EINSTEIN: Aber da fast alle Regierenden in den sogenannten sozialistischen Ländern die gleichen Fehler gemacht haben, kann es wohl kaum nur an individuellen Unzulänglichkeiten gelegen haben. Vielmehr sieht es doch so aus, daß sie alle gleichermaßen mit dem Anspruch überfordert waren, den dein Konzept ihnen vorgab.

MARX: Und worin soll die Überforderung gelegen haben?

FREUD: Hier darf ich mich nun einschalten, wenn ihr erlaubt. Du hast verkannt, werter Marx, daß eine sozial gerechte Gesellschaft nicht den Ansporn für unterschiedliche individuelle Entfaltung unterdrücken darf und daß jeder Versuch einer unnatürlichen Gleichschaltung der Menschen immer zu diktatorischen Strukturen führt. Deshalb haben die sogenannten sozialistischen Regime, die diese Nivellierung betrieben, automatisch zu Zwang und Kontrolle gegriffen, durch die eine neue unterdrückende Klasse entstand. Sie haben in ihren Ländern die Wirtschaft der Kreativität und des Elans der unselbständig gemachten Menschen beraubt und deshalb verkommen lassen. Daß die Spitzenfunktionäre sich insgeheim obendrein – zumeist jedenfalls – den vorher dem Klassenfeind angekreideten luxuriösen Begehrlichkeiten ergeben haben, fügt sich nur in das Gesamtbild.

MARX: Ihr meint also, ich hätte zu sehr über die Köpfe der Menschen hinweggedacht?

EINSTEIN: Wie der Schneider, der dem Kunden einen Anzug bringt und feststellt: Der Anzug ist schon richtig, aber Ihre Figur ist falsch.

FREUD: Bereits in deinem Denken hast du die Menschen nivelliert, indem du gesagt hast: Sie interessieren mich nicht mehr als Individuen, sondern nur noch als Massen und im Verband von Klassen, und deren Handeln regeln die Produktionsverhältnisse. Dein Grundirrtum ist also die Unterschätzung der Psychologie gewesen. Du hast nicht gefragt, was für Antriebe die Menschen mit auf die Welt bringen und was Erziehung ausrichten kann oder sollte, sondern hast einfach unterstellt, daß es allein an den materiellen Bedingungen liege, wie die einzelnen miteinander umgehen.
Für deinen Kardinalfehler, humanistisches Verhalten erst als Folge und nicht bereits als Voraussetzung eines funktionierenden Sozialismus anzunehmen, haben deine Anhänger bitter bezahlt. Ahnungslos haben sie sich einem Stalin und einem Mao ausgeliefert, deren Charaktere den personifizierten Widerspruch zu den beschworenen Leitbildern der Solidarität bildeten, was sich dann auch in der diktatorischen Machtausübung dieser »Führer« konsequent auswirkte.
Angenehm wird es dir nicht sein, was ich jetzt noch hinzufüge. Ich unterstelle dir nämlich nicht nur einen Denkfehler, sondern unsoziale Überheblichkeit. Du hast zwar leidenschaftlich Partei für die Klasse der Unterdrückten ergriffen, als wärst du mit diesen engstens verbunden. Hätte dich aber tatsächlich echtes Mitgefühl mit den Arbeitern angetrieben, so wärst du doch wenigstens einmal in deren Fabriken gegangen und hättest dich dort mit den Menschen und ihren Problemen persönlich vertraut gemacht. Aber in deinem Leben hast du keinen einzigen Arbeiter von Angesicht zu Angesicht kennengelernt. Keine Fabrik hast du je betreten. Die Menschen, für die du eingetreten bist, haben dich gar nicht persönlich interessiert. So behaupte ich, daß dir in

Wahrheit sogar immer noch diejenigen näher waren, die du bekämpft hast, als diejenigen, die du auf die Barrikaden schicken wolltest.
Erinnere dich an das Porträt, das der Leutnant Techow von dir entworfen hat, nachdem du ihm einmal nach einigen Gläsern dein Innerstes ausgeschüttet hattest: Er meinte, die einzigen, die du wirklich respektiertest, das seien die Aristokraten. Du dächtest persönlich nur ans Herrschen und blicktest von hoch oben auf die Proletarier hinab, für die angeblich dein Herz schlüge.

MARX: Dieser Herr Leutnant hatte eine blühende Phantasie. Aber was immer ich mir an Kritik gefallen lasse, meine echte rasende Wut auf die kapitalistischen Ausbeuter könnt ihr mir nicht ausreden.

FREUD: Was gar kein Widerspruch sein muß. Ich zweifle überhaupt nicht an deiner Empörung über die Kapitalisten. Aber man kann in der Wut näher an denen haften, die man bekämpft, als an denen, für die man Partei ergreift. Nicht wenige, die sich heute leidenschaftlich in der Sache der Menschenrechte, des Friedens oder der Natur engagieren, schöpfen ihre Energie eher aus dem Haß auf Gewalttäter, auf Kriegstreiber oder Naturzerstörer. Sie brauchen Feindbilder, um kämpfen zu können. Was sie in Wahrheit antreibt, ist also eher ein *Anti* als ein *Pro*. So war dein Haß auf die Kapitalisten ohne Frage echt, also dein Anti. Aber war es auch dein Pro, deine bekundete Nähe zu den Proletariern? Warum solltest du auch nicht – ganz deiner Lehre entsprechend – von deiner eigenen Klasse geprägt gewesen sein? Zu meiner Vermutung paßt übrigens deine Antwort auf eine Frage in dem amüsanten Fragebogen, den deine Töchter entworfen hatten. Da solltest du sagen, was deine Auffassung von Glück sei. Deine Antwort: »zu kämpfen«. Aber zum Glück des Kämpfers gehört, daß er ewig Feinde haben muß, die ihm das Kämpfen erlauben.

EINSTEIN: Könnte es also so sein, daß unser werter Marx die Gesellschaft vor allem deshalb in den Bildern von Klassenkampf, Revolution und Diktatur des Proletariats gesehen hat, weil dies seiner persönlichen Kämpfernatur entsprach?

MARX: Da wären wir also wieder bei der grotesken Anmaßung Freuds, unser aller Weltbilder als psychologische Projektionen zu erklären. Augustinus soll die gesamte katholische Völkergemeinschaft mit seinem unaufgelösten Mutterkomplex befrachtet haben. Descartes hat mit seiner rationalistischen Gefühlsverdrängung angeblich die Unverantwortlichkeiten der modernen Aggressionswissenschaft und der daraus folgenden Risikotechnologien auf dem Gewissen. Und ich selber soll als feindbildversessener Antityp in die Idee des Sozialismus einen Selbstzerstörungsmechanismus eingebaut haben.

Ich meine, lieber Freud, von dem Allmachtskomplex, dessen du den armen Descartes bezichtigt hast, bist du selbst nicht nur angekränkelt, sondern geradezu besessen. Wenn es nach dir ginge, wäre am Ende das einzig Gewisse in dieser Welt, was dir an psychologischen Deutungen einfällt. Aber zeige mir doch zwei Psychoanalytiker, deren Deutungen irgendeines menschlichen Verhaltens übereinstimmen würden; abgesehen davon, daß alle Freudianer darauf schwören, daß einzig du als ihr Guru alles richtig gedeutet hättest. Aber du wirst mir zugeben, daß mir dies als Beweis der Seriosität deiner Wissenschaft nicht ausreicht.

Helft mir doch, ihr anderen, ich bitte euch, ehe Freud alle unsere Heilslehren als neurotische Hirngespinste abtut!

EINSTEIN: Gleich wird Freud sagen, daß du ihm schon dadurch unabsichtlich recht gibst, weil du dich über seine Deutung so aufregst. Aber keine Sorge, wir lassen ihm nicht alles durchgehen. Zum Beispiel kann im Augenblick niemand vernünftigerweise daran zweifeln, daß der globalisierte Kapitalismus eine rigorose Herrschaft ausübt und sich allem Anschein nach wenig um die Psychologie derer schert, die er manipuliert, was allerdings auch mit deren Apathie zusammenhängen könnte.

BUDDHA: Wollt ihr damit die kritische Befragung von Marx etwa schon beenden? Das täte mir leid, weil wir meines Erachtens die Gründe noch nicht hinreichend geklärt haben, die zum Untergang der sozialistischen Regime geführt haben. Festgestellt haben wir nur, daß die Verantwortlichen, die mit den Marxschen Ideen zur Macht gelangt sind, nirgends verwirklichen konnten, was ihnen vorschwebte, daß sie vielmehr bald zu Unterdrückern derer geworden sind, die sie befreien wollten. Bei aller kritischen Zurückhaltung gegenüber Freud schien mir seine Feststellung ziemlich einleuchtend, daß Marx seine Schüler zu sehr auf Kampf und Revolution eingeschworen habe, so daß diese es in der Praxis an Toleranz und Friedlichkeit fehlen ließen und nicht den Gemeinschaftssinn gefördert haben, aus dem allein eine sozial gerechte Gesellschaft in Freiheit erstehen kann. Ich meine, ein so wichtiges gesellschaftliches Ziel fordert die ausdrückliche Pflege solcher menschlichen Eigenschaften, die erst eine solidarische Zusammenarbeit ermöglichen. Der Dalai-Lama hat dazu etwas sehr Bemerkenswertes gesagt:
»Man könnte sagen, daß von den verschiedenen Wirtschaftssystemen das marxistische dem Buddhismus, vor allem dem Mahayana-Buddhismus, am nächsten steht. Bei der Umsetzung dieser an sich sehr noblen Prinzipien wurden jedoch zu viele Fehler gemacht und die Energie im gewaltsamen Kampf gegen die herrschende Klasse verbraucht. Und warum das alles? Wegen der völligen Abwesenheit des *Mitgefühls* von Anbeginn.«
Insofern stimme ich auch Freud zu. Wenn es nämlich gelingen soll, eine wirksame Gegenmacht gegen den globalen Ultrakapitalismus aufzubauen, dann darf das Anti-Motiv nicht derart vorherrschen, daß es das Pro-Motiv unterdrückt. Vielmehr müssen die gemeinschaftsfördernden

Gemütskräfte die Bewegung tragen, also Einfühlung, Sympathie, Hilfsbereitschaft, Toleranz. Eine sozial gerechte Gesellschaft kann immer nur eine helfende Gesellschaft sein, in der die Stärkeren die Schwächeren unterstützen und vor Entwertung und Ausgrenzung bewahren.

MARX: Die Botschaft hör' ich wohl, allein mir fehlt der Glaube. Dic Macht liegt nun einmal in den Händen der Reichen. Und das sind die Raffgierigsten, die vom System für ihre Habsucht belohnt werden. Die übrigen drei Viertel haben sich von den fadenscheinigen sozialen Wohltaten der Herrschenden einlullen lassen. Durch ihr Stillhalten haben sie den Kapitalismus wiederum so enorm gestärkt, daß die Staaten, die sich sozialistisch zu organisieren versuchten, gegen dessen überlegene Wirtschaftskraft gar keine Chance hatten. Den Armen im Kapitalismus ging es lange Zeit immer noch materiell besser als den meisten in den Ländern mit linken Regierungen. Das übrigens war nach meiner Überzeugung auch der wahre Grund für das Scheitern der sozialistischen Experimente, nicht etwa die defiziente Psychologie meiner Anhänger.

Nun aber sehen die Abhängigen in den kapitalistischen Staaten, was sie mit ihrer braven Anpassung erreicht haben. Das System, dessen Opfer sie waren und bleiben, haben sie stabilisiert, und ahnungslos haben sie mitgeholfen, die Hoffnungen ihrer Schwestern und Brüder in den von mir inspirierten Gesellschaften zu zerstören. Aber durch ihre Unterwerfung haben sie sich selber so weit in das System verstrickt, daß sie inzwischen unfähig scheinen, ihr versäumtes Aufbegehren nachzuholen. Es ist wie verrückt: Drei Viertel, die hoffnungslos abgehängt werden, lassen sich von dem Viertel, das sie abhängt, widerstandslos einreden, sie müßten zugunsten des Gesamtwohls noch ewig weitere Verzichte leisten. Die Massen der Arbeitslosen, der Sozialhilfeempfänger, der Rentner, der Kranken drückt das schlechte Gewissen, daß sie angeblich besonders verantwortlich für das

Sinken der jeweiligen nationalen Wettbewerbschancen seien. Und so wählen sie unentwegt gerade die Parteien, die speziell in ihre eigenen halbleeren Taschen greifen, um die Löcher in den öffentlichen Haushalten notdürftig zu stopfen. Wie für jede Verrücktheit hat Freud sicher auch für diese eine abenteuerliche Deutung bereit.

FREUD: Du siehst jedenfalls, werter Marx, daß du ohne Psychologie doch nicht auskommst. Was du verrückt nennst und was in der Tat auch so aussieht, beruht auf einer typischen Wirkung einer Anpassungshaltung, die einem inneren Widerstreben abgerungen wurde. Wer seine Unterdrücker haßt, aber sich nicht rechtzeitig wehrt, muß sich anstrengen, seinen Haß zu verdrängen. Dabei wendet sich der Haß in der Tiefe schließlich gegen sein eigenes Ich. Er haßt sich für seine Feigheit. Aber um seine Selbstachtung zu reparieren, redet er sich ein, die Unterdrücker verdienten gar keine Auflehnung, sondern es sei ganz in Ordnung, sich ihnen zu fügen. Damit wird die Anpassung aus der Not zur Tugend. Die Unterdrücker sind rehabilitiert. Und am Ende finden Arbeitslose und Arme, daß sie selber versagt haben, finden Kranke, daß sie eigentlich weniger krank sein müßten, schämen sich Behinderte, daß sie der Allgemeinheit soviel Mühe und Kosten verursachen. Das kapitalistische Prinzip ist perfekt verinnerlicht. Die Opfer interpretieren sich als schuldige Versager und nehmen es wie gerechte Bestrafung hin, daß sie zunehmend ausbluten, während die Sieger anscheinend verdientermaßen immer reicher werden.

MARX: Das hast du schön erklärt. Nur sind diese Anpassungsprozesse eben nicht freiwillig zustande gekommen. Anders als zu meiner Zeit war der neuere Kapitalismus fähig und eine Weile auch materiell imstande, die Abhängigen mit sozialen Geschenken so weit zu erpressen, daß denen kaum durchschaubar war, in welche Falle sie liefen. Jetzt aber sitzen sie drin. Nun haben die Verlierer weidlich Gelegenheit, ihre von Buddha hochgepriesenen schönen Tugenden des Mitfühlens, der Fürsorglichkeit und des Helfens untereinander walten zu lassen, denn die Zahl der Betreuungsbedürftigen wird massiv ansteigen – so lange, bis eines Tages alles zusammenkracht.

BUDDHA: Zum Glück wissen wir aber nun, daß die Geschichte keineswegs den Weg gehen muß, den du vorausdenkst. Die Geschichte kennt Lösungen, die dir nicht einmal im Traum einfallen würden. Da sitzt in Südafrika ein Mann 27 Jahre im Gefängnis, während die materielle und psychische Unterdrückung seines Volkes unaufhaltsam auf ein immenses Blutbad hinzusteuern scheint. Aber dieser Mann erreichte es mit seiner spirituellen moralischen Kraft, das Unheil abzuwenden.
Und erinnert euch an den anderen, inzwischen an unserem himmlischen Ort beheimateten Mann, der ein waffenloses Volk von 300 Millionen zum Sieg über eine hochgerüstete Kolonialmacht geführt hat. Auch dieser, ich meine natürlich Gandhi, bewegte seine Landsleute allein aus seiner inneren Glaubenskraft heraus. Er war stolz darauf, sich halb als Mann, halb als Frau zu fühlen, saß gern am Spinnrad und rühmte sich seiner mütterlichen Eigenschaften. Ihn leitete das Prinzip der ahimsa, also die Bereitschaft, Leiden hinzunehmen, aber keine Gewalt auszuüben und keinen Schmerz zuzufügen. Mit dem einzigen Mittel des zivilen Widerstandes befreite er sein Volk vom Joch der Fremdherrschaft.
Auch das ist reale Geschichte, Freund Marx, und kein esoterisches Märchen. In deinem Weltbild bleibt für unterdrückte Klassen oder Völker immer nur das Mittel kämpferischer Gewalt gegen die Unterdrücker übrig. Darin steckt auch eine Psychologie, die du aber nicht benennst. Sie lautet nämlich: Materielle Unterdrückung sät automatisch steigenden Haß, der schließlich der revolutionären Explosion den Antrieb liefert. Aber das ist eben keine Automatik. Nimm das Beispiel Südafrika. Nelson Mandela berief sich

auf eine Reihe bedeutender Häuptlinge, die der erfahrenen blutigen Knechtung durch die Apartheid zum Trotz eine besondere Großmut und Weisheit entwickelt hätten, worauf er schließlich seine Versöhnungspolitik habe stützen können. Vielleicht, so vermutet er, bedürfe es sogar erst der Unterdrückung, um solche charakterlichen Kräfte ans Licht zu bringen. Die Oliver Tambo, Walter Sisulus, Luthuli, Yusuf Dadoo, Bram Fischer, Robert Sambukwe hätten sein Friedenswerk aber allein kaum sichern können, ohne mit ihrer Botschaft die Seelen ihrer Stammesbrüder zu erreichen.
Ich denke, lieber Marx, du solltest es rückblickend als ein Defizit deiner Lehre anerkennen, daß du solchen psychischen Energien keinen politischen Platz eingeräumt hast.

DESCARTES: Ich meine, Einstein hat uns hier nicht zusammengerufen, um nach solchen ans Wunderbare grenzenden Ausnahmegestalten wie Gandhi oder Mandela mit seinen Häuptlingen Ausschau zu halten, die übrigens in den abendländischen Kernländern schwerlich so erfolgreich hätten wirken können, wie sie es in Indien oder Afrika vermocht haben. Hier im Westen sehe ich kaum Chancen für solche messianischen Retter. Hier ist nur noch verläßliche Berechnung der Tatsachen gefragt. Wer will, mag privat von humanistischen Erlösern träumen. Aber in dieser Runde sollten wir nicht in solche noch so tröstlichen Spekulationen entschweben.

EINSTEIN: Wenn ich Buddha richtig verstehe, so will er an den beiden genannten Persönlichkeiten vor allem eine Kraft deutlich machen, die politisch Außerordentliches bewirken kann. Wer den Gesellschaftsprozeß nur von außen betrachtet und seine Daten berechnet, kann leicht resignieren. Aber wer sich innerlich in den Weltzusammenhang eingebunden fühlt, wird zum verantwortlich Mithandelnden. Als solcher sieht er, daß er zusammen mit anderen etwas bewegen kann, was in ihm Hoffnung und neue soziale Energien weckt.

Aber die inneren Ressourcen, aus denen Menschen dabei schöpfen, sind dir, Freund Descartes, wohl eher unheimlich. Und deshalb reagierst du gleich mit so heftigem Widerwillen, als müßtest du dich finsterstem Mystizismus verschreiben.

AUGUSTINUS: Noch eines möchte ich dir sagen, Descartes. Wenn du Marx für deinen unkritischen Positivismus vereinnahmen willst, so wirst du ihm nicht voll gerecht. Freud versteht ihn bei allem Scharfsinn gleichfalls nur unzureichend, wenn er in ihm lediglich das Anti entdeckt und ihm einen Mangel an Pro vorwirft. Auch Marx hatte seinen Traum. Und der trug ihn sogar noch über die Ziele der Französischen Revolution hinaus. Er meinte, diese hätte nur das *Ego* der Individuen politisch befreien wollen. Das Endziel der Emanzipation müsse aber Menschen zu einer neuen Form des Zusammenlebens *in der Gattung* befähigen. Die Heutigen würden das wohl als Eignung zu solidarischem Verhalten bezeichnen. Nun mögt ihr mir unterstellen, daß es vielleicht meine Willkür sei, in Marx einen verdeckten Homo religiosus entdecken zu wollen. Aber was anderes ist es denn als eine geheime Erlösungshoffnung, daß die kommunistische Gesellschaft nach der politischen Emanzipation das zutage fördern sollte, was Marx als menschliche Emanzipation vorschwebte?

EINSTEIN: Auch ich gestehe dir gern zu, lieber Marx, daß du in einem Winkel deiner Seele wie Rousseau vom natürlichen Gutsein des Menschen geträumt hast. Aber wenn du sagst, daß die Geschichte nicht von Menschen, sondern von Klassen gemacht werde und daß die Kapitalistenklasse ein für allemal böse sei, dann erinnert mich das irgendwie an Augustins Lehre von der Ursünde, die durch Adam an der Gattung hafte und den einzelnen, so gut diese auch sein wollten, keine echte Erlösungsgewißheit eröffne. Ich verstand Buddha so, daß er an ein Gutsein glaubt, das weder durch eine Erbsünde noch durch ökonomische Zwänge prinzipiell daran gehindert ist, die gesellschaftlichen Verhältnisse zu verbessern. So hat er meines Erachtens Mandela und Gandhi eher als Repräsentanten dieser moralischen Macht gemeint, die in unterschiedlichem Maße in allen menschlichen Wesen schlummert, gegebenenfalls geweckt werden und sich sogar in einer heilvollen Massenbewegung entfalten kann.

PLATON: Ich habe mich gefreut, daß unser Himmelskollege Immanuel Kant noch zu seinen Lebzeiten zu einem ähnlichen Optimismus gefunden hat. Obwohl alles andere als ein Liebhaber heftiger Gefühle, fand er, daß die leidenschaftliche Anteilnahme an den Ideen der Französischen Revolution in den Nachbarländern Frankreichs allein schon bewiesen habe, daß es, langfristig gesehen, zu einer Verbesserung der Verhältnisse kommen müsse. Die Begeisterung bezeuge eine im menschlichen Geschlecht ursprünglich verwurzelte moralische Anlage, die trotz aller möglichen Rückschläge letztlich eine positive Kulturentwicklung voraussagen lasse.

MARX: Dafür würde man ihn heute als blauäugigen Gutmenschen verspotten.

FREUD

EINSTEIN: Ich sehe, es drängt uns immer wieder, aus der Bilanz unserer Erkenntnisse rasch herauslesen zu wollen, ob wir den unabwendbaren Untergang oder noch einen Rettungsweg vor uns beziehungsweise vor den Lebenden sehen. Trotzdem sollten wir unsere Ungeduld noch eine Weile bezähmen und nunmehr im Anschluß an Marx dem werten Sigmund Freud kritisch auf den Zahn fühlen. Er sollte nach allen Fehlern und Selbsttäuschungen, die er ringsum in unserem Kreise diagnostiziert hat, nicht länger von der Aufdeckung der eigenen verschont werden.

AUGUSTINUS: Höchste Zeit ist es, Freud, daß auch du uns endlich Rede und Antwort stehen mußt. Ich wüßte nicht, wie wir den heutigen Sittenverfall der Irdischen begreifen könnten, ohne uns über deinen fatalen Beitrag dazu klarzuwerden. Mir hast du vorgeworfen, ich hätte mit meiner Sündenlehre den Menschen den inneren Frieden geraubt, mit der ich sie doch nur auf den Weg eines sittlichen und gottgefälligen Lebens führen wollte und gewiß auch in unendlich vielen Fällen geführt habe. Du aber hast das Gegenteil getan und unsere Kultur angeklagt, sie erzwinge ein Übermaß an Sexualverdrängung ohne kulturellen Gewinn. So steht es exakt in einer deiner gedruckten Vorlesungen. Einschränkung der sexuellen Betätigung lasse lebensängstliche, brave Schwächlinge entstehen. Die kulturellen Versagungen des Sexuallebens produzierten nach deiner Meinung neurotische Symptome oder Verhaltensstörungen, unter denen andere zu leiden hätten. Kurz: Habt mehr Spaß an eurem Trieb, dann geht es euch und der Kultur besser! Besser geht es seitdem nur eurem Berufsstand, von dem ganze Heerscharen ihre sexuellen Hemmungen wegbehandelt haben wollen. Aber mit der Kultur ist es rapide bergab gegangen.

FREUD: Nun sag bloß, meine wissenschaftliche Aufklärung sei schuld, daß sich katholische Pfarrer heimlich Freundinnen halten und sich mancher Bischof schamlos über seine Meßdiener hermacht.

AUGUSTINUS: Ob deine Lehre auch deren Geist verwirrt hat, vermag ich nicht zu belegen. Aber ich denke an die verheerenden Folgen der von dir zu verantwortenden sogenannten sexuellen Revolution, die gar nicht mehr zu reparieren sind.

Die Institution Ehe ist endgültig zerbrochen. Beziehungen sind keine Bindungen mehr. Neuerdings heißt es: Wer sich auf jemand anderen verläßt, ist schon verlassen. Promiskuität gilt schon als moralisch, wenn sie mit Kondom betrieben wird. Manche armen Völker leben bereits hauptsächlich vom Geld der Sextouristen und vom Verkauf ihrer Mädchen in die reicheren Länder. Pornofilmer machen das große Geschäft. Kinderhändler bedienen diskret eine perverse internationale Kundschaft. Sexuelle Gewalt erfaßt alle sozialen Schichten. Therapeuten mißbrauchen ihre Patientinnen, Lehrer ihre Schülerinnen. Zigtausende beuten die Hilflosigkeit drogenabhängiger Jugendlicher sexuell aus. Bei alldem geht die Achtung der Menschen voreinander verloren, von der Verantwortung vor Gott ganz zu schweigen. Ich sehe die Hure Babylon überdeutlich vor mir, wie sie in der Offenbarung des Johannes beschrieben ist. Und ich verstehe Aids als so etwas wie die letzte Warnung vor der Höllenstrafe.

FREUD: Wenn du es so siehst, verdiente deine Kirche doch die strengste Strafe, weil sie ausgerechnet den ärmsten Völkern ihres Herrschaftsbereiches, die kein Geld für immunstärkende Medikamente haben, die vorhandenen Schutzmittel vor einer Aidsansteckung vorenthält.

AUGUSTINUS: Es nützt dir nichts, immer wieder vom Kern des Problems abzulenken. Das ist und bleibt die Verwilderung der Sitten, die bei der Erosion der Sexualmoral anfängt und bei Korruption und Gewalt auf allen Ebenen und in allen Institutionen endet. Daß du es warst, der diesen Prozeß mit der vermeintlich wissenschaftlich fundierten Durchlöcherung der Sexualmoral angestoßen hast, das solltest du reuig eingestehen.

Was ich selbst falsch gemacht habe, das habe ich nach deiner eigenen Interpretation, zu der Descartes beigetragen hat, nur aus meinem Unbewußten heraus getan. Du aber hast die Gesellschaft voll bewußt und mit klarer Absicht – angeblich von deinen Forschungsergebnissen legitimiert – in die sexuelle Verwahrlosung getrieben.

EINSTEIN: Verzeih, Augustin, aber bist du so sicher, in Freud den schuldigen Schreibtischtäter auszumachen, der mit seiner Sexualtheorie alle von dir aufgeführten moralischen Verwüstungen in Gang gesetzt hat? Freilich scheint es auch mir so, daß Freud aus seinen ersten klinischen Erfahrungen zu weitreichende Schlüsse gezogen hat. Weil seine frühesten hysterischen Patientinnen allesamt durch Verdrängung sexueller Wünsche krank geworden waren, wurde sein Blick für die Mängel der damaligen überstrengen und zugleich heuchlerischen Sexualmoral geschärft. Und da meinten er und vor allem seine Schüler eine Weile, man müsse nur eine freizügige Sexualerziehung durchsetzen, um alle Menschen vor Neurosen oder anderen seelischen Defekten zu bewahren, um das gesellschaftliche Leben wunderbar zu harmonisieren. Einige seiner begabtesten Lehrlinge wollten diese Reform ja sogar unbedingt mit den Organisationsplänen von Marx verbinden. Aber täusche ich mich in dem Eindruck, lieber Freud, daß du dich bald von der Öffentlichkeit und einigen Schülern mißverstanden fühltest, als man in dir einen Fürsprecher hemmungslosen Sichauslebens feiern wollte?

FREUD: Du täuschst dich keineswegs. So habe ich sogar meine erheblichen Zweifel an der angeblichen Unschädlichkeit der Onanie formuliert – in heutiger Sicht wohl eine übertriebene Sorge. Weiterhin habe ich ganz klar gesagt, daß kultureller Fortschritt eine Sublimierung sexueller Triebimpulse unentbehrlich mache. Völlig entgangen ist euch wohl meine wiederholt geäußerte Sorge, das Überleben der Menschheit sei nicht etwa durch die angeblich kulturfeindliche Sexualität bedroht, sondern genau umgekehrt durch deren Schwächung im Verlaufe des Kulturprozesses. Ich habe unsere Kulturentwicklung als einen organischen Vorgang betrachtet, der dem Sexualtrieb immer weniger Befriedigung erlauben und zu seiner Rückbildung führen werde, ähnlich wie dies bei manchen domestizierten Tierarten zu beobachten sei.

EINSTEIN: Tatsächlich hast du das mehrfach so gesagt. Wie bist du auf diesen absonderlichen Einfall gekommen?

FREUD: Ich habe gefunden, daß das Liebes- und Sexualverhalten des Mannes in der derzeitigen Kulturwelt mehr und mehr dem Typus der psychischen Impotenz entspricht. Die Männer können ihre triebhaften Strebungen einerseits und ihre zärtlichen Neigungen andererseits immer schlechter miteinander verschmelzen. Sie leben gespalten mit dem Bilde einer erniedrigten sexuellen Wunschpartnerin und dem einer idealisierten Frau, die nur Zärtlichkeit und ästhetische Verehrung verdiene. So habe ich vorgeschlagen, man sollte sich mit dem Gedanken anfreunden, »daß eine Ausgleichung der Ansprüche des Sexualtriebes mit den Anforderungen der Kultur überhaupt nicht möglich ist, daß Verzicht und Leiden sowie in weitester Ferne die Gefahr des Erlöschens des Menschengeschlechts infolge seiner Kulturentwicklung nicht abgewendet werden können«.

EINSTEIN: Das hieße, die Männer könnten mit dem verehrten und idealisierten Frauentyp nicht mehr schlafen, würden den erniedrigten Typ jedoch, mit dem sie sich lustvoll vergnügen, aber mit dem sie keine Kinder zeugen wollten, nur noch in Bordellen finden. Die Masse der bisher erniedrigten Frauen würde sich die Versklavung zu bloßen Lustobjekten nicht länger gefallen lassen. Tatsächlich laufen ja schon immer mehr emanzipierte Frauen ihren Machomännern davon, und in den Kulturländern werden nur noch wenige Kinder geboren.

FREUD: Genau diese Entwicklung haben wir vor unseren Augen. Allerdings muß ich gestehen, daß ich den aktiven Anteil der Frauen daran seinerzeit noch gar nicht in voller Klarheit vorausgesehen habe.

AUGUSTINUS: Ich glaube, ich höre nicht richtig. Buddha, Platon, ich selbst und ganze Generationen von Philosophen und Heilsdenkern haben eine Zähmung der Sexualbegierde zur Erhaltung der sonst bedrohten Kultur verlangt. Nun kommst du, Freud, und sagst: Die Kultur stellt mit ihrem unaufhaltsamen Fortschritt selbst die Gefahr dar, die zur Erschlaffung des Sexualtriebes führt, woran die Menschheit zugrunde gehen könnte. Das wäre dann kein apokalyptisches Ende mit Schrecken, sondern ein endloses impotentes Dahinsiechen.

FREUD: Du selbst hast so etwas wie ein Muster für diese Entwicklung vorgelebt: In ganz typischer Weise konntest du in dir die schwärmerische Liebe zu der veredelten Mutter-Frau nicht mit der Leidenschaft für deine Mätresse zusammenbringen, die dir bedingungslos ergeben war. Am Ende wurde deine Potenz Opfer dieses Konfliktes.

AUGUSTINUS: Anders als in dieser primitiven biologischen Sicht kannst du mein Leben wohl gar nicht begreifen. Übrigens weißt du wohl, daß es Biographen gibt, die deinen Sexualpessimismus ähnlich biologisch deuten, nämlich daß dir selbst ziemlich früh die Lust zum Beischlaf vergangen sei. Aber wichtiger sind mir zwei andere Tatsachen:
Erstens: Die Sexualität bietet zur Zeit überhaupt nicht das Bild kläglicher Ermattung, sondern im Gegenteil dasjenige zügelloser Ausschweifungen. Vergewaltigungen, Sexualmorde, sexueller Kindesmißbrauch dominieren die Schlagzeilen. Als wäre es mit dieser grausigen Realität noch nicht genug, sind es erfundene Verbrechen der gleichen Kategorie, mit denen die Medien die Sehnsucht ihres Publikums täglich

bedienen, das seine Lust auf sexuelle Grausamkeit wenigstens halluzinatorisch befriedigen will. Massenorgien von sexueller Gewalt beherrschten den jüngsten Krieg im europäischen Südosten.

Zweitens: Nach wie vor behaupte ich, daß die Enthemmung der Sexualität mit ihren vielfältigen Perversionen dem allgemeinen Werteverfall, der Abstumpfung für Unrecht und Gewalt die Schleusentore geöffnet hat. Und vor meinen Augen steht Freud eben nicht als der wohltätige Beschützer eines armen verkümmernden Triebes da, sondern als einer, der die Kulturmenschheit bedenkenlos jenen primitiven Instinkten ausliefert, deren weitgehende Bezähmung eine ihrer wertvollsten historischen Leistungen darstellte.

EINSTEIN: Es ist schon eigenartig, ihr seid beide Pessimisten mit einander entgegengesetzten Untergangstheorien. Augustinus rechnet mit der Apokalypse und der rettungslosen Verdammnis der Menschheitsmehrheit aufgrund deren Verstrickung in die sexuelle Erbsünde. Freud sieht die Kulturmenschheit genau umgekehrt an der Schwächung der Sexualität zugrunde gehen, die für Augustin das Feindbild schlechthin darstellt. Nun könnte man sich ja getrost an die Regel halten, daß Gegensätze einander aufheben. Die Anhänger Augustins könnten aufatmen, wenn der schrumpfende Sexualinstinkt immer weniger Aufwand zu seiner Beherrschung erforderte. Und die Freud-Gemeinde könnte hoffen, daß die Kirche endlich ihre Lustfeindlichkeit in dem Maße ermäßigen würde, in dem von der Sexualität keine revolutionäre Energie mehr ausginge. Wir alle könnten sagen: Wenn beide Unheilspropheten sich gegenseitig ihre Untergangstheorien aus den Händen schlagen, dann brauchten wir uns nicht länger zu grämen. Aber ich verspüre in mir ein Widerstreben, mich mit dieser Schlußfolgerung zufriedenzugeben. Ich glaube zu erkennen, Freud, daß dein Pessimismus noch aus einer anderen Quelle gespeist wird, die wir uns erst noch genauer ansehen sollten.

FREUD: Erkläre bitte näher, was du meinst.

EINSTEIN: Mir scheint, daß man sich viel zuviel über deine überwiegend zutreffende Sexualtheorie und über deine Kritik an der kulturellen Sexualmoral aufgeregt hat. Der sexuellen Zügellosigkeit, wie sie nicht nur Augustin beunruhigt, hast du ohnehin nie das Wort geredet. Was mich indessen irritiert, ist deine Lehre von der Herkunft der Instanz, mit der wir Menschen über Gut und Böse urteilen. Danach schöpft diese Instanz ihre Energie allein aus der Aggression. Wäre das richtig, könnte es sein, daß wir in einer Falle säßen, nämlich aus einem Zirkel der Destruktivität nie mehr herausfinden zu können. Möchtest du uns noch einmal deine psychohistorische Erklärung der Gewissensbildung erläutern?

FREUD: Ich meine, die Menschheit ist mit einem vorgeschichtlichen Drama belastet, das sich nach wie vor in der Entwicklung eines jeden Menschen abbildet. Dieses stelle ich mir so vor, daß es einen fürchterlichen Urvater gegeben hat, der von seinen Kindern, der Horde von Brüdern, umgebracht worden ist. Diese wurden dann von Reue überwältigt, welche sie dazu führte, durch Identifizierung mit dem ermordeten Vater sein Bild als eine innere Instanz in sich aufzurichten, die ich Über-Ich genannt habe. Das Schuldgefühl schützte sie fortan vor der aggressiven Zerstörung ihres Zusammenlebens. Es war die Bedingung für die Entwicklung der Kultur.

Erfährt ein heutiges Kind, daß es seine Triebe unterdrücken soll, so ist der in ihm aufschießende Haß gegen die verbietende Autorität noch immer mitgefärbt durch dieses phylogenetische Erbe. Aus Angst vor Strafe muß das Kind auf die unerlaubte Triebbefriedigung verzichten. Der antiautoritäre Haß schlägt gegen das eigene Ich zurück und verwandelt sich schließlich in innere Gewissensangst. Diese konserviert außer Teilen der eigenen Aggressivität diejenige der mit Strafe drohenden Elternfigur.

PLATON: Also wäre das Gewissen deiner Meinung nach in eine uralte Mordgeschichte verwickelt, die im Unbewußten der Menschen noch heute herumspukt? Daher kommt es dann wohl, daß du, wenn du von Über-Ich und Gewissen redest, immer nur auf Aggressionen, Haß, Mordphantasien, Verbote, Angst und Schuldgefühle zu sprechen kommst. Ich wiederhole damit nur, wie ich dich verstanden habe: Das beleidigte Gewissen bestraft das aggressive Ich mit dessen eigener Feindseligkeit. Diese wiederum soll ihre letzte Wurzel in dem nach innen umgeschlagenen Haß auf den bösen Urvater haben. In der Kindheit soll nun aus der verdrängten Aufsässigkeit gegen die verbietenden Eltern neue verinnerlichte Aggression dazukommen. So reproduziert sich ewig eigendynamisch ein Teufelskreis des Hasses, aus dem es letztlich kein hoffnungsfrohes Entrinnen mehr gibt.

BUDDHA: Und dagegen erhebe ich nun ganz entschieden Einspruch. In deiner ebenso oft wie ausführlich erläuterten Gewissenstheorie erweckst du, lieber Freud, unentwegt den Eindruck, als habe diese Instanz nichts anderes zu bieten, als zu bedrohen und zu bestrafen. Aber das ist doch eine ganz einseitige Auslegung. Diese innere Stimme belehrt uns zugleich, welche Werte wir erfüllen können, um glücklich zu werden. Das Gewissen hat auch eine anspornende Funktion. Es entzündet in uns beispielsweise Mitgefühl mit Leidenden. Und mit diesem Gefühl erzeugt es in uns den Drang, den Geplagten beizustehen. Das, was wir unsere Menschlichkeit nennen, wurzelt eben in der von jedem menschlichen Wesen innerlich vernehmbaren Stimme, die uns zum Helfen ruft, wo immer rettendes Handeln geboten ist.

Der Philosoph Schopenhauer, der beste Kenner meiner Lehre in euren Ländern, hat euch diese Einsicht so gut wiedergegeben, wie ich es kaum besser hätte tun können. Demnach ist das Gewissen letztlich ein Wegweiser für tiefe Befriedigung. Es ist eine Anlage in der Tiefe unserer Gefühlswelt, die, wenn man sie genau wahrnimmt, uns zuallererst zur Vollbringung des Guten ermutigt und nicht etwa nur zur Vermeidung oder Bekämpfung des Bösen. Oder macht es nicht etwa Freude, Notleidenden zu helfen? Geht es den großen Scharen, die nach sozialen Berufen streben, etwa nicht auch um die persönliche Genugtuung, Schwache und Benachteiligte zu unterstützen und zu stärken und damit die soziale Gerechtigkeit in der Gemeinschaft zu mehren?

Der Mahayana-Buddhismus hat sich diese Erfahrung besonders zu eigen gemacht. Sein bedeutender lebender Vertreter, der Dalai-Lama, hat dafür ganz einfache Worte gefunden:

»Übrigens fühlen wir uns um so ausgeglichener und zufriedener in unserem Privatleben, je mehr wir Anteil nehmen an der Welt und ihren Problemen. In dem Maße, in dem wir uns um andere kümmern und uns an ihrem Wohl gelegen ist, sind wir immer weniger versucht, Gefühle wie Eifersucht, Hochmut und Feindseligkeit zu entwickeln.«

AUGUSTINUS: Das hätte ich so ähnlich auch als Christ sagen können, obwohl ich nicht so optimistisch wie du daran glauben kann, daß es in den eigenen Händen des Menschen liege, sich durch gute Taten den Aufstieg in eine höhere Daseinsweise zu verdienen.

BUDDHA: Ich verstehe, daß ihr alle, die ihr in der abendländischen Kultur beheimatet seid, es schwer habt, in eurem Gewissen eine stärkende und zum Positiven anspornende Instanz wahrzunehmen. In eurer Heiligen Schrift wimmelt es ja nur so von Gewalt und Grausamkeiten. Nur ein strafender Gott schien imstande, das Volk Israel, das sich in seinem Übermut für auserwählt hielt, zu bändigen. Das Unheil, das es erlitt, erkannten seine Propheten als die verdiente Buße. Das Christentum wiederum erstand aus der Ermordung seines Stifters. Ich meine, Freud, deine Theorie vom Mord der Brüder am Urvater, dessen Spuren bis in die Schuldängste der Heutigen reichen sollen, fügt sich in dieses Bild. Du selbst bist in deiner Lehre ein Kind dieser Kultur geblieben, in der die Menschen nie eine Balance gefunden haben zwischen Überwertigkeit und totaler Nichtswürdigkeit, zwischen Gott und Teufel, zwischen Allgewalt und absoluter Ohnmacht, zwischen dem Unendlichen und dem Nichts. Sie haben sich nie arrangieren können mit ihrer mittleren Stellung im Strom des Werdens und Vergehens, weswegen sie auch zum Tod bis heute ein feindliches Verhältnis haben und neuerdings sogar alles daransetzen, den Mechanismus des Alterns zu kontrollieren und durch Ausschalten störender Gene sich zu einem Geschlecht von maßgeschneiderter Perfektion hochzuzüchten.

AUGUSTINUS: Als Christ verstehe ich das so, daß die Menschen, seitdem sie Gott nicht mehr zu lieben vermögen und von ihm keine Liebe mehr zu empfangen glauben, nur noch ihr eigenes Ego hochschätzen können. Das hat, wie wir gesehen haben, bei Descartes angefangen. Sie haben sich das Bild Gottes einverleibt. Seine Allmacht soll ihre Allmacht werden, ja muß ihre Allmacht werden, damit nicht wieder Abhängigkeitsgefühle und -ängste in ihnen aufsteigen. Die Gottesliebe findet nun ihre pervertierte Fortsetzung in einer unersättlichen Selbstliebe. Aber das ist nur die Liebe zu einem vergötterten Zukunfts-Selbst. Daher der Zwang zu einer illusionären vollständigen Beherrschung der Natur und zur Höherzüchtung des eigenen Geschlechtes bis zu gottähnlicher Makellosigkeit. Das alles ist eben kein fröhlicher Übermut, sondern innerer Zwang, da jedes Innehalten auf dem Weg zur unendlichen Vervollkommnung furchtbare Angst vor dem Absturz ins leere Nichts weckt. Denn das Wesen, das den Fall noch auffangen, das eine Stütze in Gnade bieten könnte, hat man der Selbstvergötterung geopfert. Also klammert man sich an die narzißtische Liebe zu dem fiktiven Größen-Selbst der Zukunft. Aber die darin steckende Unsicherheit erzeugt Wut auf alle, die jenes Ziel zum bloßen Phantasma erklären; die daran zweifeln, daß eine Computergesellschaft von übermorgen keine Fehler mehr machen wird, und die gentechnische Selbstzüchtung des Übermenschen für eine Wahnidee halten – es sei denn, eine Machtschicht würde gleichzeitig Sklavenheere heranzüchten, wie sie die Pharaonen zur eigenen gottähnlichen Verewigung in ihren Pyramiden mißbraucht haben, womit wir wieder bei Huxley wären.

BUDDHA: Eines verwundert mich bei dir, Freud. Du hast den tollkühnen Aufbruch der Westvölker zur gefährlichen Selbstvergötterung kritisch beschrieben. Du hast ihnen prophezeit, daß sie ihre Gottähnlichkeit noch weiter steigern würden, hast ihnen gedeutet, daß ihre Angststimmung und ihr Unglück genau aus diesem Größenwahnsinn herrührten, nämlich weil sie merkten, mit den neuerdings beherrschten Naturkräften ihr Geschlecht mit Stumpf und Stiel ausrotten zu können. Und das hast du diagnostiziert, als es längst noch keine Atombomben, kein Tschernobyl, keine Meldungen von globaler Umweltzerstörung gab. Vielleicht war es der drohende Faschismus, dessen Allmachtswahn dich besonders hellsichtig für Zerstörungsenergien machte, die sich am Horizont zusammenballten.
Aber nun sag mir eines, Freud. Du hast dich ein Leben lang mit Theorien über normale und krankhafte Angst beschäftigt, hast die Mechanismen der Angstentstehung minuziös analysiert. Zuletzt hast du als alter, aber wissenschaftlich immer noch hochaktiver Mann die neue Angst vor der kollektiven Selbstvernichtung entdeckt und benannt, aber es bei einer skizzenhaften Beschreibung belassen. Nun könntest du sagen: Es war ja nur eine äußere Realangst, nämlich vor den Arsenalen der angesammelten Zerstörungswerkzeuge, also überhaupt eher konkrete Furcht als Angst im eigentlichen Sinne. Mit diesem Einwand könnte ich mich indessen keinesfalls zufriedengeben. Denn die Vernichtungsmittel kamen ja nicht irgendwoher, sondern wurden weiterhin von denen erzeugt, die vor ihnen erschraken. Also war

es doch echte Angst, nämlich vor eigenen gefährlichen Motiven. Wie kam es aber dazu, daß gescheite Völker Instrumente schmiedeten, die sie mit dem eigenen Untergang bedrohten? Waren das nicht alarmierende Selbstmordimpulse? Warum hast du, Freud, den Wurzeln dieser Impulse nicht nachgespürt? Hättest du es getan, wären wir mit unserer heutigen Untersuchung sicherlich schon ein Stück weiter. Denn das ist doch unser eigentliches Thema: Die westlichen Völker wissen, daß sie sich mit immer riskanteren Technologien stetig näher auf den Abgrund der gemeinsamen Selbstzerstörung zubewegen. Ihre Angst, die du schon in der voratomaren Zeit bei ihnen diagnostiziert hast, beweist, daß sie dies wissen. Aber das Wissen hat sie nicht abgehalten, die Gefahr und damit ihre Angst zu erhöhen. Warum hast du ausgerechnet diese Angst und ihre geradezu planmäßige aktive Reproduktion nicht deiner analytischen Untersuchung unterzogen?

FREUD: Im Nachhinein muß ich der Kritik, die sich in deiner Frage verbirgt, natürlich recht geben. Aber du wirst dich aus dem Aufsatz, den du ansprichst, an mein Zögern erinnern, voreilig Analogien zwischen individuellen Neurosen und der Pathologie kultureller Gemeinschaften herzustellen. Ich habe auf die Schwierigkeit hingewiesen, daß individuelle Kranke sich meist deutlich vom Hintergrund ihrer eher unauffälligen menschlichen Mitwelt abheben – während dieses Kriterium bei einer kulturweit ausgebreiteten Störung natürlich entfällt. Dennoch hätte ich eine Deutung wagen können, so wie ich mich nicht gescheut habe, die Unruhe meiner Zeitgenossen als Angst vor Selbstzerstörung zu interpretieren. Allerdings möchte ich zur Entschuldigung meine damalige sichere Erwartung anführen, daß die Verantwortlichen ihren Kurs der Destruktivität – da erkannt – baldigst korrigieren würden. Daß sie ihn bis zum Ende des Jahrtausends fast unverändert beibehalten könnten, erschien mir unvorstellbar.

EINSTEIN: Du sprichst von möglichen Analogien zwischen individuellen Störungen und krankhaften kulturellen Strömungen. Was für eine Krankheit käme denn als Analogon zu dem Kulturphänomen in Frage, über das wir uns gerade den Kopf zerbrechen?

FREUD: Vielleicht ließe sich da der Zustand der *Manie* zu Rate ziehen. In dieser Geistesstörung beherrscht viele Kranke ein schrankenloser Übermut. Sie trauen sich alles zu, kennen keine Hindernisse, verschwenden ihr Geld und ihre Energien. In ihrer Hochstimmung gehen ihnen die moralischen Maßstäbe verloren: Respekt, Scham, Anstand. Sie wähnen, daß ihnen zusteht, was immer sie wollen. Dabei sind sie voller Unrast und Hektik. Es ist keine fröhliche Ausgeglichenheit, sondern eine rasende Umtriebigkeit. Manie heißt ja auch soviel wie Raserei.
Nun erscheint es auf den ersten Blick weit hergeholt, die noch so fatalen Größenideen unserer Kultur mit einer derartigen psychotischen Krankheit in Verbindung zu bringen. Der größenwahnsinnige Übermut der Westvölker paart sich mit keinem sichtbaren Stimmungsüberschwang. Immerhin sind auch sie auffallend nervös und umtriebig. Und daß sie selbst ihre Maßlosigkeit für normal halten, beweist noch nicht ihre Gesundheit. Würde uns selbst, die wir aus dem Westen stammen, die panische Hetzjagd des hiesigen Wirtschaftslebens als abnorm auffallen, wenn sich nicht kritische Beobachter aus fremden Kulturen wie Buddha oder Konfuzius über die Geistlosigkeit dieses atemlosen Gerennes entsetzen würden?
Natürlich ist jede Kultur ein sehr komplexes Gebilde mit vielen inneren Gegensätzen. Aber es gibt eine gemeinsame Unterströmung. Und diese trägt im Westen durchaus Züge einer manischen Selbstüberschätzung mit phantastischen Größenideen, unverantwortlichem Leichtsinn und übertriebenen Ansprüchen. Aber nun kommt noch ein Moment hinzu, das einen weiteren Vergleich mit der genannten Krankheit er-

laubt. Die Manie ist stets mit einer gegensätzlich gearteten Störung verknüpft, nämlich mit einer Depression. Oft treten beide Zustände gemischt auf. In vielen anderen Fällen löst der eine den anderen ab. Es sieht so aus, als seien die Kranken ursprünglich in Niedergeschlagenheit gefangen, aus der sie gelegentlich für kurze Zeit in die überzogene Hochstimmung der Manie entfliehen, bis die Depression sie wieder in ihre Düsternis hinabzieht. Dieser Zusammenhang ist unheimlich und rätselhaft. Die Gene spielen offenbar eine Rolle. Aber uns interessiert die individuelle Krankheitsdynamik ja ohnehin nur insoweit, als sie uns als Vergleichsmodell für unsere gewagte Kulturanalyse dienen mag.

EINSTEIN: Meinst du vielleicht, daß auch in der westlichen Risikokultur so etwas wie eine untergründige Depression steckt, aus der die Gesellschaft in die uns so beunruhigende manische Waghalsigkeit ausgebrochen ist?

FREUD: Genau diesen Gedanken möchte ich einen Moment weiterverfolgen, nachdem ihr mich auf das Glatteis der kulturpsychologischen Spekulation gelockt habt.
Die Anzeichen sind unübersehbar, daß die westliche Grundstimmung von jenen Untergangsängsten getrübt ist, die ich in jener Arbeit vor bald sieben Jahrzehnten beschrieben habe. Inzwischen haben die verstärkten Fortschrittszweifel dafür gesorgt, die Niedergedrücktheit noch erheblich zu verstärken. Dieser Zustand ist für die Betroffenen so beängstigend, daß sie ihn kaum mehr zu besprechen wagen und jeden als Defätisten, Schwarzmaler oder Apokalyptiker angreifen, der ihre Befindlichkeit beim Namen nennt. Es ist eine Kopf-in-den-Sand-Strategie, wie sie typisch ist für eine mühsam unterdrückte Verzagtheit, die vor hoffnungsloser Resignation bewahrt werden möchte.

DESCARTES: Du hast selbst gesagt, daß du dich mit deiner Diagnose auf gefährlichem Glatteis bewegst. Mir scheint, du bist auf diesem Eis bereits ausgeglitten. Denn ich erkenne gerade in den Forschungszentren, wo die angeblich unverantwortlichen Risikotechnologien ausgebrütet werden, keine größenwahnsinnigen Phantasten, noch weniger gramzerfurchte oder angstgequälte Depressive. Du, Freud, gehörst für mich zu der Kategorie von Psychiatern, die weit und breit nur Kranke entdecken und sich untereinander allein über die klinischen Diagnosen streiten. Kurz gesagt: Du solltest dich bald wieder zu den unsterblichen Seelen deiner Zunftgenossen begeben, um mit denen nach Herzenslust zu debattieren, ob die Irdischen nun teilweise oder insgesamt neurotisch, psychopathisch oder völlig verrückt sein könnten oder ob es nicht vielleicht nur euer eigener Fimmel ist, der sie euch so sehen läßt.

FREUD: Ich nannte ja gerade einen Grund, lieber Descartes, der solche Angriffslust auf meinesgleichen hervorzurufen pflegt. Aber es steht dir natürlich frei, meine Interpretation völlig zu verwerfen. Du hattest mich gerade unterbrochen. Und ich darf dich bitten, mich meinen Gedanken erst noch zu Ende führen zu lassen.

DESCARTES: Ich will nicht schuld daran sein, daß du deinen Gedanken etwa zum Schaden deines himmlischen Gemütsfriedens verdrängen mußt.

FREUD: Ihr seht, meine Freunde, daß uns die Analogie der westlichen Kulturpathologie mit der manisch-depressiven Psychose nicht sehr weit gebracht hat. Die Beschreibung mag ja richtig sein, daß die Westmenschen darüber insgeheim sehr beunruhigt sind, welche Risiken sie mit ihren lebensgefährlichen Technologien und auch mit ihrem antisozialen Ultrakapitalismus heraufbeschwören, der Abermillionen Menschen aus der Arbeit wirft und die Armen immer ärmer macht. Es mag ja auch stimmen, daß sie aus der daraus folgenden Bedrücktheit in manischen Übermut flüchten.

Aber das erklärt ja noch nicht die eigentliche Quelle dieser Dynamik. Die Leute bräuchten doch nur mehr Bescheidenheit zu üben, ihre Technologien maßvoller und verträglicher zu gestalten, sich liebevoller umeinander zu kümmern, um nicht mehr vor der eigenen mörderischen und selbstmörderischen Brutalität erschrecken zu müssen. Dann säße ihnen nicht mehr die selbsterzeugte Todesangst im Nacken, und sie müßten nicht mehr vor ihrer Depressivität in das Reich der manischen Größenillusionen entweichen. Warum können sie den Zirkel nicht durchbrechen?
Ich bin ja nicht unbedingt ein Anhänger Augustins. Aber ich finde, er hat bereits mit einem für ihn erstaunlichen psychologischen Scharfblick einen Gedanken entwickelt, den ich fortspinnen möchte.

EINSTEIN: Vielleicht kommt ihr euch beide doch noch näher. Es sollte mich freuen.

FREUD: Ich will meine Hypothese in eine kleine Geschichte kleiden. Als die Westmenschen aus dem Mittelalter ausbrachen, waren sie – wie Descartes – stolz auf ihre gewonnene Selbständigkeit, aber zugleich geängstigt durch die Einbuße an Geborgenheit und Schutz. Denn ihre bisherige Gottergebenheit hatte zwar ihre Mündigkeit beschränkt, ihnen jedoch das Gefühl gegeben, vom großen Vater an der Hand geleitet zu werden, sosehr sie Augustin auch über den Ausgang der Wanderung im unklaren gelassen hatte. Nun lautete also das Motto: Wo Gott war, will ich selber sein. Daraus wurde der uns bekannte Trapezakt ohne Netz oder der Flug des Ikarus mit den hitzeempfindlichen Flügeln, ewig geleitet von der Phantasie: Wir müssen als Menschheit alle Bedrohungen beherrschen, da kein Gott mehr da ist, den wir mit Gebeten bitten könnten, sie abzuwenden. Oder ist er vielleicht sogar noch da, nur verdrängt und vielleicht sogar zu fürchterlicher Strafe bereit?
So wurde das Rezept geboren, die gefürchtete Ohnmacht

dadurch zu ersticken, daß man sich der eingebildeten eigenen Allmacht versicherte. Daher der Kampf gegen die Sterblichkeit; gegen alle Schwächen und Anfälligkeiten; der rastlose Aktivismus; der Zwang zum »Immer höher, weiter, schneller«; zur Eroberung anderer Planeten, bevor der eigene kaputtgeht; zum ewigen Siegen über die höchsten Berge, über die steilsten Kletterwände, über arktische Eiswüsten – gemeint nur vordergründig als Triumph über Wettbewerber, vor allem indessen als Beweis der vermeintlich erreichten gottähnlichen Unversehrbarkeit. Der Traum, irgendwann werde man sich ausruhen und passiv sein können, nicht mehr siegen müssen, keine Rekorde mehr brauchen, sich endlich geduldig und mitfühlend umeinander kümmern, der Natur lauschen, sich an das Leben hingeben, anstatt es immerfort in den Griff zu nehmen und zu malträtieren – das wird ein Traum bleiben, solange die Träumer die selbstgemachte Angst mit der Waffe ihres gewaltträchtigen Aktionismus bekämpfen.

EINSTEIN: Wenn ich Augustin und dich richtig verstanden habe, so sagt ihr, der manieartige Zustand der Westkultur komme daher, daß der Mensch sich mit seinem Ego an die Stelle Gottes setzen will und sich dabei übernommen hat. Je höher er mit seinem vermeintlichen Fortschritt aufsteigt, um so gottähnlicher wird er, aber gleichzeitig um so einsamer und schutzloser. Also muß er, um sich sicherer zu fühlen, schleunigst das noch verbliebene Allmachtsdefizit ausgleichen und versuchen, seine perfekte Unversehrbarkeit endgültig herbeizuzwingen. Mit jeder neubeherrschten Naturmacht wird der Tod vollends unerträglich, da das aufgeblähte Ego nichts weiter außerhalb seiner oder über sich anerkennt, keine Transzendenz, keine Chance auf Überdauern oder gar Erlösung. Daher die letzte Hoffnung auf den technologischen Sieg über das Altern und auf die Züchtung der Unsterblichkeit.

Bei dir, lieber Freud, habe ich allerdings den Eindruck,

daß du lange unschlüssig warst, ob du dem an die Wissenschaft geknüpften Allmachtsglauben abschwören oder ihn vielleicht doch weiter hegen solltest. Denn du fragtest dich immerhin, ob die Gesetzlichkeit des Sterbens doch vielleicht nur eine selbstgeschaffene Illusion sei. Und ausdrücklich hast du erklärt, die Biologie habe bisher noch gar nicht entscheiden können, ob der Tod notwendiges Schicksal oder nur ein regelmäßiger, vielleicht vermeidbarer Zufall sei. Also verbarg sich auch in dir selbst ein Stück der Größenphantasie, die du als Gotteskomplex der Fortschrittsgesellschaft so treffsicher herausgearbeitet hast.

Sollte ich mit meiner Vermutung recht haben, daß Spuren ebender Manie, mit der wir uns gerade beschäftigen, in dein eigenes Ich eingedrungen wären, dann könnte ich auch leichter verstehen, warum du so sonderbar gezögert hast, die Selbstzerstörungsangst der Westvölker genauer zu analysieren. Das Unbehagen in dieser Kultur, das du beschrieben hast, war offensichtlich auch in dir selbst begründet. Wenn du von der Biologie sagtest, sie zweifle noch an der Unvermeidlichkeit des Sterbens, so wolltest du offenbar auch selbst daran zweifeln – bis dir später die Idee vom Todestrieb einfiel.

AUGUSTINUS: Auch mich irritiert dein Schwanken, werter Freud, zwischen positivistischer Hoffnung auf weiteren großartigen wissenschaftlichen Fortschritt und kulturpessimistischen Tönen. Zu gleicher Zeit, als du einen möglichen gemeinsamen Selbstmord der Menschheit durch neue technische Vernichtungsmittel vorausdachtest, empfahlst du ohne erkennbare Bedenken, daß »man als Mitglied der menschlichen Gemeinschaft mit Hilfe der von der Wissenschaft geleiteten Technik zum *Angriff* auf die Natur übergeht und sie menschlichem Willen *unterwirft*«. Also warst du mit dir selbst uneins, empfahlst etwas, was du zugleich fürchtetest. Dich bestachen die Vorzüge der technischen Revolution, aber du ahntest auch schon, daß im Angriff auf die Natur und in dem Unterwerfenwollen das Element des Zerstörens steckte, das inzwischen mit furchtbarer Macht gegen die Kultur der Angreifer zurückschlägt. Ich meine, es ist die himmlische Strafe für die extreme Steigerung eines Übermuts, vor dem ich schon vor eineinhalbtausend Jahren gewarnt habe.

EINSTEIN: Was dir nach meinem Eindruck eine besondere Schwierigkeit bereitete, lieber Freud, war deine Absicht, die Psychoanalyse möglichst von Weltanschauung, Ethik und Religion freizuhalten. Du hast sie doch wohl als reine Naturwissenschaft begründen wollen?

FREUD: In der Tat. Keinesfalls wollte ich zulassen, daß man sie mit einer Weltanschauung verwechselte. Zwar fand ich es übertrieben, als ein Lieblingsschüler meine Entdeckungen mit denjenigen Galileis verglich. Aber daß er meine Lehre als Naturwissenschaft von der Seele darstellte, fand meine volle Zustimmung.

EINSTEIN: Auf diesem Wege gelangtest du ganz ähnlich wie Descartes zu der Feststellung, daß für den Menschen normalerweise nichts gesicherter erscheine als das Gefühl des eigenen Selbst, des eigenen Ichs. Das Ich hast du als Stätte der Besonnenheit und Vernunft bezeichnet und zugleich seine Funktion beschrieben, die im »Es« beheimateten Leidenschaften zu zügeln. Nun konntest du dieses Ich aber nicht aus naturwissenschaftlicher Distanz untersuchen, ohne dein eigenes zu beobachten. Und da entwickeltest du nun eine subjektive Sicht, die dir eine bemerkenswerte Kontroverse mit einem hochgeschätzten Freund einbrachte.

FREUD: Du denkst an meine Auseinandersetzung mit Romain Rolland?

EINSTEIN: Genau. Der beschrieb ein religiöses Gefühl, indem er sein Ich unlösbar verbunden mit dem Ganzen der Außenwelt erlebte. Du aber sagtest: Ein solches Gefühl kenne ich nicht. Und du meintest, ein derartiges Erleben kosmischer Verbundenheit könne nur ein Überbleibsel aus der frühen Kindheit sein, in der das Ich sich noch nicht von der Außenwelt abzugrenzen vermochte. In diesem Zusammenhang hast du Religiosität überhaupt als Restzustand aus der Phase kindlicher Hilflosigkeit erklärt. Es sei die Sehnsucht nach dem beschützenden und tröstenden Vater, die sich angesichts der Übermacht des Schicksals bis ins späte Erwachsenenalter erhalten könne. Habe ich dich so richtig verstanden?

FREUD: Durchaus. Ich habe nie so etwas wie ein ozeanisches Gefühl der inneren Verbundenheit mit dem Universum wahrgenommen, wie es offenbar für andere Menschen als Grundtatsache erfahrbar ist und ihre Religiosität stützt.

BUDDHA: Deshalb ist dir ja auch unsere Ethik fremdgeblieben, die sich von einem auf Ehrfurcht gegründeten Naturverhältnis herleitet. Solche Ehrfurcht, die uns auch mit der gesamten Tierwelt verbindet, dürfte für dich ebenfalls nur zu den Relikten magischen Kinderglaubens zählen. Du siehst den individuellen und den kulturellen Reifefortschritt vor allem darin, daß das Ich sich aus Abhängigkeiten löst und mit der Zunahme an Wissen zugleich den Bedarf an religiösem Halt verliert.

FREUD: Auch da hast du mich sehr genau verstanden. Ich stellte fest, daß der Abfall vom religiösen Glauben sich überall dort rasch vollzog, wo die Wissenschaft mit ihren Erkenntnissen durchdrang. Daher meine damalige Feststellung, der Geist der Wissenschaft sei im Begriff, an die Stelle der Religiosität zu treten. Aber nie habe ich daran gezweifelt, daß es vielen Menschen guttut, an eine Macht zu glauben, die sie vor Ängsten schützt, sie in der Not tröstet und vor sittlichem Verfall bewahrt. Diese hygienischen Vorteile haben mich indessen nicht davon abgehalten, die Religion zu einer Illusion zu erklären und sie mit einer kollektiven Zwangsneurose zu vergleichen. Sogar den Ausdruck Massenwahn habe ich nicht gescheut.

EINSTEIN: Daran irritiert mich, lieber Freud, daß du Religiosität wie irgendein klinisches Phänomen analysierst. Das tust du, wenn du sie als Rückfall auf die Stufe kindlicher Magie erklärst oder sie sogar mit Etiketten aus der psychopathologischen Diagnostik versiehst. Jeder wird respektieren, daß dir religiöse Gefühle von der Art, wie sie Romain Rolland beschrieben hat, zeitlebens fremd geblieben sind. Gewiß trifft auch deine Beobachtung zu, daß manche Neurosen oder auch wahnhafte Störungen sich als Religiosität maskieren können. Aber unstatthaft finde ich es, daß du ein Erleben mit deiner Wissenschaft pauschal erklären willst, das über deren Grenzen entschieden hinausreicht.
Einig bin ich mit dir nur in der skeptischen Einschätzung eines Glaubens, den ich Angstreligion genannt habe. In dieser erscheint ein persönlicher Gott wie eine Elternperson in Großformat, offensichtlich als Projektion kindlicher Wünsche, Ängste und Strafbedürfnisse. Aber davon habe ich eine ganz andere Religiosität unterschieden, die sich mit Wissenschaft nicht nur verträgt, sondern diese, nach meiner Auffassung jedenfalls, notwendigerweise ergänzt. Das sage ich allerdings mit dem gleichen subjektiven Engagement, mit dem du, Freud, Religion als Illusion oder Massenwahn verworfen hast. Immerhin sehe ich meine Position von einer Reihe der ehrwürdigsten historischen Denker wie Demokrit, Spinoza, Kepler und Newton gestützt.
Was ich meine, konnte ich nur sehr unvollkommen in Worte fassen: »Das Individuum fühlt die Nichtigkeit menschlicher Wünsche und Ziele und die Erhabenheit und wunderbare Ordnung, welche sich in der Natur sowie in der Welt des

Gedankens offenbart. Es empfindet das individuelle Dasein als eine Art Gefängnis und will die Gesamtheit des Seienden als ein Einheitliches und Sinnvolles erleben.« Ich wage sogar die These, daß eine solche kosmische Religiosität die stärkste und edelste Triebfeder wissenschaftlicher Forschung ist. Wenn sie das aber ist, also am Anfang des Forschens steht, muß empirisches naturwissenschaftliches Suchen nach ihr selbstverständlich vergeblich bleiben.

EINSTEIN

MARX: Ich höre eurem Disput aufmerksam zu. Aber ich überlege mir, wie die Leute auf der Erde reagieren würden, wenn ihr diesen dort unten austragen würdet. Ich bezweifle, daß es den Menschen augenblicklich besonders wichtig wäre, ob Freud oder Einstein das Verhältnis von Wissenschaft zu Religiosität treffender erfaßt. Eher würden sie fragen, warum die Psychoanalytiker sowenig über Krieg und Gewalt, zum Siegesmarsch des Ultrakapitalismus und zur Naturzerstörung gesagt haben und warum sich die edle Forschergemeinde um Einstein von der Industrie hat vereinnahmen lassen, um Massenvernichtungswaffen und profitable, aber unverantwortbare Risikotechnologien zu entwickeln. Bleiben wir erst noch bei dir, Freud. Warum hat euch Psychoanalytiker der Mut verlassen, mit dem ihr die Konflikte der Individuen angegangen seid, als es darum ging, der Gesellschaft ihre Verirrungen vorzuhalten?

FREUD: Es ist schon richtig, daß wir Psychoanalytiker es beispielsweise versäumt haben, unseren Zeitgenossen über die Destruktivität der Nazi-Weltanschauung rechtzeitig die Augen zu öffnen. Da wäre es nötig gewesen, die Gewaltträchtigkeit jenes Herrenrassewahns zu entlarven, anstatt sich auf die apolitische Wissenschaftlichkeit der Psychoanalyse zu berufen. Das sehe ich ein. Vergiß aber bitte nicht, lieber Marx, daß die meisten von uns froh waren, der Verfolgung mit heiler Haut entrinnen zu können. Daß nur wenige meiner Schüler später als kritische Aufklärer hervorgetreten sind, bedaure ich, auch wenn ihr mir aufgrund meiner ehemaligen Distanzierung von den politischen Problemen daran eine Mitschuld ankreiden könnt. Die psychische Emanzipation, zu der wir unseren Klienten in der Psychoanalyse verhelfen wollen, ist tatsächlich nur in einer freiheitlichen demokratischen Gesellschaft möglich, die aber ihrerseits allein von emanzipierten Menschen gestaltet werden kann. Das ist mir inzwischen, nicht zuletzt dank der Arbeit meines Kollegen Ernst Simmel, sehr klar geworden.

MARX: Aber warum ist es nach deiner eigenen Auskunft nur einer kleinen Minderheit eurer Zunft eingefallen, sich gesellschaftskritisch mit der allgegenwärtigen Ellbogenmentalität und mit der systematischen Umweltzerstörung sowie deren psychischen Rückwirkungen zu beschäftigen? Ich will es dir sagen. Die große Mehrheit deiner Nachfolger gehorcht genau wie alle anderen den materiellen Anpassungszwängen. Deine Schüler sind froh, wenn sie unauffällig und unbehelligt eine Bedarfslücke im medizinischen Versorgungssystem ausfüllen und damit ihr Auskommen finden. Ihr kämpferisches Potential investieren sie in den Streit mit konkurrierenden Therapiegruppen und restriktiven Kostenträgern, nicht selten auch zwischen Lehrern und Schülern oder unterschiedlichen Schulfraktionen. Sie entsorgen brav, soweit sie es können, das von der Gesellschaft produzierte psychische und psychosomatische Elend, was unter anderem heißt, daß sie die realistischen Untergangsängste, die wir hier feststellen, in medizinalisierter Form wegzuanalysieren versuchen.

Und deine Zunft, hochgeschätzter Einstein, steht wahrlich nicht besser da. Du selbst hast uns deine Mitschuld am Bau der Atombomben gebeichtet. Scharenweise haben sich deine

Kollegen von den Russen und Amerikanern nach dem Krieg locken lassen, an den Vernichtungswaffen weiterzubasteln, die sie schon unter Hitler entwickelt hatten.

Was will ich damit sagen? Ich achte unbedingt deine Absicht, Freud, die psychische Emanzipation der Menschen zu fördern, zumal da du eingesehen hast, daß es dazu einer Gesellschaftsform bedarf, die solche Emanzipation aus ihrer eigenen Struktur heraus nötig hat. Und fast überflüssig scheint es mir, dich, Einstein, meiner Bewunderung für deinen humanistischen Forschergeist und meiner Freude über deine sozialistischen Neigungen zu versichern. Aber woran liegt es, daß ihr beide mitsamt euren Kollegen und Schülern so wenig Gutes in der Gesellschaft bewirkt beziehungsweise das Schlechte, das wir beklagen, nicht verhindert und sogar da und dort gefördert habt?

Vielleicht sollten wir Freud zunächst nicht weiterquälen, nachdem wir ihn schon überreichlich mit kritischen Bedenken beschwert haben. Aber du, Einstein, bist uns noch einige Erklärungen schuldig. Zwar gehört es sich eigentlich nicht, dich als unseren Gastgeber und Moderator in besondere Verlegenheit zu bringen. Aber du repräsentierst nun mal als herausragender Kopf die Wissenschaft, an die sich momentan fast mehr Ängste als Hoffnungen knüpfen. War es nicht typisch, daß du trotz deiner kosmischen Religiosität dazu benutzt wurdest, eines der unheilvollsten Projekte des zwanzigsten Jahrhunderts zu unterstützen? Passiert es nicht jeden Tag, daß deine Kollegen ihre Arbeit in den Dienst von Zwecken stellen, deren Verantwortbarkeit höchst zweifelhaft ist?

EINSTEIN: Es war wohl eine einmalige Situation, als ich seinerzeit meinte, wir müßten Hitler mit dem Bau der Atombombe zuvorkommen. Ich habe mich getäuscht und fortan den Kampf gegen die nukleare Rüstung, wie ihr wißt, zu meinem zentralen Lebensthema gemacht. Du willst aber, wie ich dich kenne, wohl darauf hinaus, daß die Wissenschaftler gegenwärtig überwiegend zu Erfüllungsgehilfen fremder Interessen gemacht werden.

MARX: Woher sollten sie sonst ihre Forschungsmittel bekommen? Die Zeiten sind vorbei, da ein Descartes sich mit dem Geld aus dem Verkauf seines Hauses als Privatgelehrter die nötigen paar Geräte für seine Experimente beschaffen konnte.

EINSTEIN: Trotz materieller Abhängigkeit sollte jeder Wissenschaftler nein sagen, wenn er etwas machen soll, was er für schädlich hält. Aber das tun eben viele nicht. Ich muß meinem Freund und Kollegen Max Born beipflichten, der gesagt hat, es »besteht eine Gefahr für die Menschheit in der Denkweise der Naturwissenschaftler, weil diese nicht zwischen ihrer Begeisterung für ihre Tätigkeit und deren Nützlichkeit für die Menschheit genügend unterscheiden«. Born selber war nie beteiligt an der Anwendung naturwissenschaftlicher Erkenntnisse für zerstörerische Zwecke, etwa zur Waffenproduktion. Dennoch hat er sich für diese Entwicklung mitverantwortlich gefühlt und seine Kritik engagiert vertreten.

MARX: Mir ist aufgefallen, daß es die Forscher meist erst im nachhinein, im Ruhestand, drängte, die Sünden der eigenen Wissenschaft oder gar ihrer eigenen Arbeit zu geißeln. Wie munter war etwa der preisgekrönte Biochemiker Erwin Chargaff bei der Sache, als er mit seinen Experimenten bis in den Zellkern eindrang. Später nannte er solches Tun Aggressionswissenschaft und beteuerte, weisere Zeiten hätten solche Experimente gewiß als Tabu betrachtet. Der Pionier der Computerwissenschaft Joseph Weizenbaum warnt landauf, landab vor seinen Kollegen, die von der Rettung der Menschheit durch die nächste Generation unfehlbarer künstlicher Intelligenz träumen.
Es ist das alte Lied: Mit den Jahren werden die Knie weich

und das Gewissen übelnehmerischer. Die gelehrten Greise gehen wieder in die Kirche, und die emeritierten Natur- und Technikwissenschaftler drängt es zu öffentlicher Beichte. Aber da ist das Kind längst schon in den Brunnen gefallen. Die Geister, die sie gerufen haben, werden die Herren Pensionäre nicht mehr los. Ihre in der Jugend entwickelten Massenvernichtungswaffen und Produkte der Giftchemie leben fort. Eben hast du, Einstein, dich auf unseren mit dem Nobelpreis dekorierten Himmelskollegen Max Born berufen. Ich wüßte gern noch genauer, was du zu seiner Prognose sagst, die da lautet, die Menschenrasse werde, wenn sie sich nicht mit einem Atomkrieg auslösche, unter einer auf Computer und Maschinen gestützten Diktatur verblöden.

EINSTEIN: Würde ich ihm bedenkenlos zustimmen, hätte ich mir und euch gewiß die Mühe erspart, uns über das irdische Elend so quälend den Kopf zu zerbrechen, wie wir es gerade tun. Auch Freund Born hoffte übrigens, daß er sich mit seiner pessimistischen Einschätzung getäuscht haben könnte. Meinen Glauben an die Lernfähigkeit unseres Geschlechtes habe ich noch immer nicht endgültig aufgegeben. Meint ihr nicht auch, daß die Atomgefahr inzwischen auf Erden einiges heilsame Erschrecken bewirkt hat? Ich habe mal gesagt, im Schatten der Nuklearwaffen habe sich gezeigt, daß alle Menschen Brüder seien. Ist die weltweite Antiatombewegung, die geholfen hat, den kalten Krieg zu beenden, nicht doch vielleicht schon ein Zeichen von beginnender Selbstbesinnung?

MARX: Kaum, daß sie begonnen wurde, hat man die atomare Abrüstung schon wieder gestoppt. Aber bleiben wir noch bei der Rolle der Natur- und Technikwissenschaftler. Wenn ich von den paar reuigen Alten absehe, die als blauäugige Moralpriester auf Kirchentagen und Ethikkongressen das Gute predigen, so habe ich Tausende von schneidigen Jungforschern vor Augen, die sich die allergeringsten Gedanken über die Risiken machen, die mit der praktischen Ausnützung ihrer Forschungsresultate verbunden sein könnten. Solche Bedenklichkeit wird von ihnen auch gar nicht erwartet.

BUDDHA: Beobachtet man aber nicht an euren Universitäten, daß die Studentenzahlen in Fächern zurückgehen, die besonders mit Umweltzerstörung in Verbindung gebracht werden? Wäre das nicht vielleicht ein verheißungsvolles Signal?

EINSTEIN: Man stelle sich vor, es könnten keine Kernkraftwerke mehr gebaut werden, weil der Nachwuchs fehlte, der mit ihnen umzugehen gelernt hat. Tatsächlich läßt vielerorts das Interesse der Studenten an Chemie, Physik und speziell an Kernphysik nach, wollen immer weniger junge Leute lernen, wie man Atommeiler baut und wie man Plutonium fabriziert. Mehr interessiert den akademischen Nachwuchs, wie man schädliche durch verträgliche Technologien ersetzen kann. Scharenweise wenden sich Jungärzte sanften und alternativen Therapiemethoden zu.
Sie sind keine prinzipienhaften Technikfeinde, aber widerstehen dem modischen Ehrgeiz, die Natur auch dort beherrschen zu wollen, wo deren eigene Heilkräfte, behutsam unterstützt, viel segensreicher wirken.

MARX: Alles gut und ehrenhaft. Aber nenne mir nur eine einzige profitable Machbarkeit, deren man sich nicht zu aller Schaden bedient. Besser als nichts, diese soziale Feinfühligkeit und der ökologische Enthusiasmus jugendlicher Gruppen und Grüppchen. Aber ändern diese Idealisten das mindeste daran, daß die großen Stromkonzerne Entwicklung und Anwendung alternativer Energietechnologien drosseln, daß Pharma- und Geräteindustrie den Medizinbetrieb dominieren, daß Riesenmengen von Vernichtungswaffen in instabile Länder fließen, um dort die Vorbereitung neuer Kriege zu sichern, die wiederum der Rüstungsindustrie Anschlußaufträge zur Ersatzbeschaffung verheißen?

EINSTEIN: Dennoch sind und bleiben es Menschen, die entscheiden, was gemacht wird. Ich verstehe dich ja. Ich soll endlich zugestehen, daß die von der Ökonomie abhängigen gesellschaftlichen Prozesse die Menschen zwangsläufig mitreißen und außer unverbindlicher moralischer Selbstbefriedigung keine nennenswerte Gegenwehr zulassen. Ich sehe es indessen anders. Der einzelne kann sich unterwerfen und sich einreden: Diese Prozesse machen mit mir ohnehin, was sie wollen; also muß ich mich ihnen beugen. Ich, Einstein, sage hingegen: Du beugst dich, weil du dich beugen willst, und borgst dir dazu von deinem Ohnmachtsgefühl eine verlogene Rechtfertigung. Deine Mitverantwortung bleibt jedoch, auch wenn du sie nicht gelten lassen willst.

MARX: Du magst das unbedingt so sehen wollen, dennoch ist diese Mitverantwortung, von der du sprichst, rein abstrakter Art. An sie zu appellieren heißt, die Menschen noch depressiver zu machen, als sie es ohnehin schon sind. Viele mögen ja insgeheim träumen, daß es in der Gesellschaft liebevoller zugehen sollte, und vielleicht gelingt es ihnen auch, davon ein bißchen in ihrer privaten Feierabendnische auszuleben. Aber an jedem nächsten Morgen wachen sie auf und fragen nicht mehr, wie die Welt aussehen soll, die sie brauchen, sondern ob man sie selbst noch braucht. Ob es noch irgendwo Maschinen gibt – ganz gleich, was diese produzieren –, für deren Bedienung jemand wie sie nicht zu schlecht wäre. Dabei schrumpft ihr Selbstwertgefühl täglich ein Stück mehr. Dein Verantwortungsgerede würde ihnen wie weltfremde Spinnerei vorkommen.

BUDDHA: Wir kennen deinen Standpunkt inzwischen zur Genüge, Marx, daß die Geschichte angeblich nie von Menschen und ihren Ideen gemacht werde, sondern nur von Klassen oder Massen, die wiederum nur den ökonomischen Verhältnissen gehorchen. Also winkst du, was Einstein auch immer an hoffnungsvollen menschlichen Motiven entdecken mag, in jedem Fall skeptisch ab. Wie erklärst du aber, daß die Ideen der hier versammelten Alten ganze Kulturen dauerhaft geprägt und dabei den vielfachen Wandel der ökonomischen Verhältnisse überdauert haben? Wenn Einstein Platon, Konfuzius und auch mich hierher eingeladen hat, so gewiß nicht aus geistesgeschichtlichem Interesse, sondern weil sich große Gemeinschaften seit Jahrtausenden auf uns berufen. Auch du, Marx, verschwindest im Bewußtsein der Menschen nicht als Kommentator hinter dem von dir beschriebenen Geschichtsprozeß, sondern wirst als Heilslehrer begriffen, an dessen Theorie sich noch Generationen abarbeiten werden.

Nun hat es sich in unserem Gespräch so gefügt, daß zuletzt ihr Abendländler euch der Reihe nach einer peinlichen Befragung gestellt habt, die uns manche nützliche Klärung gebracht hat, wie ich meine. So war ja auch mal das Stichwort von einer Selbsthilfegruppe gefallen. Wenn ihr Konfuzius und mich eher schonend behandelt habt, dann wohl deshalb, weil ihr mit Recht in eurem Westen den Hauptherd der Zerstörungskräfte erkennt, von dem aus die Katastrophe losbrechen könnte. Allerdings scheint mir, daß Konfuzius und ich den Status mehr oder weniger unschuldiger Zuschauer nicht verdienen. Da ist vor allem noch ein heikles gemeinsames Problem, das wir bisher nur gestreift haben, obwohl es für die Erklärung der apokalyptischen Unordnung auf der Erde von hoher Bedeutung ist.

Rettung durch die Frauen?

BUDDHA: Ich meine, daß wir speziell die Rolle und die Situation der Frauen ungenügend oder sogar völlig falsch eingeschätzt haben. Ich vermute nämlich, daß die Unterdrückung der geistig-seelischen Kräfte, die besonders in den Frauen angelegt sind, in hohem Maße daran schuld ist, daß männlicher Allmachtswahn die Fürsorge für das Leben auf dem Planeten verdrängt hat.

PLATON: Eine aufregende Idee. Wie ihr wißt, habe ich die Menschheitsgeschichte von dem Mythos abgeleitet, daß es einst ein Geschlecht von mannweiblichen Wesen gegeben habe, das erst später von Zeus in zwei Hälften getrennt worden sei. So sei es gekommen, daß Eros in jedem einzelnen die Sehnsucht wachruft, sich wieder mit seinem verlorengegangenen anderen Teil zu vereinigen. Das ist aber auch so zu verstehen, daß das Individuum im anderen Geschlecht jeweils die Seite erkennen solle, die ursprünglich auch zu ihm gehört hat und die er zu seiner Vervollständigung zurückgewinnen muß.

KONFUZIUS: Das meinen wir in China damit, daß Yang und Yin nicht dazu da sind, einander zu bekämpfen, sondern einander zu ergänzen.

PLATON: Aber eine Gefahr haben wir vielleicht alle zuwenig bedacht, nämlich daß die Männer mit ihrem Machtstreben eine verhängnisvolle Vorherrschaft über das weibliche Prinzip in dem Augenblick erlangen könnten, in dem ihre Kultur sich von den Tugenden der Demut, der Ehrfurcht und des Mitleids abkehren würde.

KONFUZIUS: Ich denke, wir haben die kulturelle Kraft der Frauen schon frühzeitig dadurch geschwächt, daß wir ihnen allein dienende Funktionen zugeteilt haben.

PLATON: Bei dir sollten die Frauen lernen, daß sie zu Hause dem Vater, in der Ehe dem Ehemann und nach dessen Tod dem ältesten Sohn zu gehorchen haben. Ist es nicht so?

KONFUZIUS: Tatsächlich habe ich gewünscht, daß die Frauen außerhalb der inneren Gemächer des Hauses nicht eigenmächtig handeln sollten.

BUDDHA: In unserem indischen Buddhismus hat man Regeln aufgestellt, wonach eine ordinierte Bikshuni hinter ihrem männlichen Pendant, dem Bikshu, sitzen muß. Aber es gibt Bestrebungen, diese Herabwertung der Frauen zu ändern.

PLATON: Ich dagegen habe meine Griechen damit schockiert, daß ich ihnen eine Gleichstellung der Geschlechter vorschlug. An der gesamten gymnastischen und musischen Ausbildung sollten beide Geschlechter gemeinsam teilnehmen. Die höchsten Ehrenstellen sollten Frauen genauso wie Männern offenstehen. Aus dem kulturellen Leben Athens jener Tage waren die geistreichen Hetären ohnehin nicht wegzudenken. Wenn ich schon, wie ihr wißt, eine Art kommunistischen Gemeinschaftslebens mit gemeinsamer Kindererziehung und Auflösung der Besitzstrukturen vertrat, so war die Forderung nach voller Emanzipation der Frauen nur die logische Konsequenz.

EINSTEIN: Aber gar so konsequent warst du dann doch nicht. Du wolltest zwar der Athener Frauenbewegung einige Zugeständnisse machen. Aber im »Timaios« hast du verraten, daß es dir mit der Aufwertung der Frauen nicht ganz so ernst war. Denn da sagtest du den Männern voraus, daß sie für Feigheit in ihrem ersten Leben mit der Wiedergeburt als Frauen bestraft werden würden. Und im »Menon« wurdest du noch deutlicher und hast ganz konservativ als weibliche Tugenden häusliche Bravheit und Ordnung gelobt.

PLATON: Du kannst mir vorwerfen, daß ich nicht so eindeutig war, wie ich es hätte vielleicht sein sollen. Aber du solltest mir die übermächtige frauenfeindliche Tradition zugute halten, gegen die ich anzukämpfen hatte. Noch immer stand in meiner Heimat der legendäre Hesiod in höchstem Ansehen, der die Frauen – abgesehen von den pflegerischen Diensten, die sie an den Männern im Alter leisten sollten – ein von Zeus gesandtes Übel genannt hatte. Mein Akademieschüler Aristoteles hat ja dann auch mein Eintreten für die Frauenrechte schnell wieder verworfen. Die Frauen sollten gefälligst sich und ihre Kinder den Männern unterordnen und sich nach dem Dichterwort richten: »Dem Weibe bringt das Schweigen Zier.« Rückblickend finde ich, daß ich völlig im Recht war, die Frauen den Männern gleichzustellen. Zwar sollten die Gesänge, in denen die Jugendlichen geschult wurden, die unterschiedliche Natur beider Geschlechter berücksichtigen, also in einem Falle mehr den Ehrgeiz und das Kämpferische, im anderen mehr die Besonnenheit und die Gesittung. Aber warum sollten die Frauen nicht auch Reiten und Bogenschießen lernen? Warum sollte der Gesetzgeber den Frauen nur Schwäche und Weichlichkeit zuteilen und sie nicht mehr an das alte Vorbild der Amazonen erinnern? Ich meinte, man würde die Frauen glücklicher machen, enthielte man ihnen nicht die den Männern gegönnte Erziehung vor. Dem Staat bestritt ich die Berechtigung, nur der Hälfte des Volkes ein glückliches Leben zu gestatten.

Konsequenter wäre es natürlich gewesen, wenn ich mich seinerzeit auch mehr für die Rechte der Sklaven eingesetzt hätte. Statt dessen habe ich nur gelegentlich für die Hetären Partei ergriffen, die ja ursprünglich zumeist aus der Sklavenschaft stammten. Manche von ihnen hatten sich eine erstaunliche Bildung verschafft, so daß es mir hohes Vergnügen bereitete, mit ihnen zu philosophieren. Wie sehr ich Aspasia, die ja eine ehemalige Hetäre war, geachtet habe, dürfte euch bekannt sein. Diese spätere Frau des Perikles war mit ihrer Intelligenz und ihrer erotischen Ausstrahlung eine überragende Erscheinung in unserem Athener Kulturleben.

AUGUSTINUS: Aber sie war auch eine gefährliche Sittenverderberin. Um ein Haar hätte man sie wegen Gottlosigkeit und Kuppelei verurteilt. Ich muß dich rügen, werter Platon, daß du ausgerechnet diese umstrittene Weibsperson als geeignetes Beispiel anführst, um eine gesellschaftliche Aufwertung der Frauen zu begründen. Das Hetärenunwesen stand am Beginn des Verfalls Athens, so wie die Römer schließlich mit ihrer sexuellen Verwahrlosung die eigene Kultur zugrunde gerichtet haben.

PLATON: Deine Sexualfeindschaft kennen wir ja nun schon zur Genüge – und auf welchem Wege du zu ihr konvertiert bist. Aber sollten wir nicht noch einmal zu der Grundfrage zurückkehren, nämlich ob es vernünftig war, dem männlichen Geschlecht die gesellschaftliche Dominanz zu übertragen, oder ob es nicht gerade dadurch zu einer Abspaltung von lebenschützenden Kräften gekommen ist, die jetzt einen großen Teil der Menschheit in Gefahr bringt?

EINSTEIN: Mir scheint, das sind gleich zwei Fragen, die wir zunächst noch getrennt untersuchen sollten. Die erste: Was berechtigt die Männer, in den öffentlichen Angelegenheiten die dominierende Rolle zu beanspruchen? Die zweite: Erweist sich diese Aufteilung der Geschlechterfunktionen als schädlich, gar als eine Mitursache für die lebensbedrohliche Krankheit der heutigen westlichen Kultur?

AUGUSTINUS: Ich sehe nicht recht ein, daß wir an beide Fragen sehr viel Zeit verschwenden sollten. In unserer Heiligen Schrift haben Frauen durch Moses klar gesagt bekommen, daß sie die Herrschaft der Männer anzuerkennen hätten. Warum diese gottgewollte Ordnung sich unheilvoll ausgewirkt haben sollte, ist für mich keiner kritischen Überprüfung wert. Aber wenn ihr unbedingt darüber nachdenken wollt, so tut es meinetwegen.

PLATON: Du berufst dich ja auch immer gern auf den Apostel Paulus. Der hat in seinem Brief an Timotheus versichert, daß Adam nicht verführt worden sei, daß aber Eva sich zur Sünde habe verführen lassen. Also war Adam der aktive Teil. Deshalb sollen wir an seiner Sünde ja auch noch bis heute teilhaben. Nun sagtest du aber in deinem »Gottesstaat«, der Mann müsse über die Frau ähnlich herrschen wie der Geist über das Fleisch. Das verstehe ich so: Der Geist ist Männersache, das Fleisch Frauensache. Aber das ist doch unlogisch. Wenn Adam über Eva hergefallen ist, dann war es doch *sein* Fleisch, das ihn dazu getrieben hat. Warum bekommt nun plötzlich die Frau die Verantwortung zugeteilt und soll vom Geist des Mannes diszipliniert werden?

FREUD: Vielleicht steckt darin die Erkenntnis, daß die weibliche erotische Energie tatsächlich derjenigen der Männer überlegen ist.

PLATON: Also wäre es die Angst der Männer, daß sie, wenn sie die Frauen nicht kleinhalten, von ihnen ausgelaugt und abhängig gemacht werden. Um die Oberhand zu bewahren, erklären sie sich kurzerhand für den Geist zuständig und dazu berufen, die Frauen mit ihren fleischlichen Gelüsten im Zaum zu halten. Das ist fein ausgedacht.

AUGUSTINUS: Das ist nicht ausgedacht, sondern offenbart.

PLATON: Ich bleibe dabei, daß ihr in eurer Kirche eine tiefsitzende Angst vor den Frauen habt. Sonst könnte ich mir nicht erklären, warum ihr jeden Theologen gleich brandmarken müßt, der die Frauen aus ihrer untergeordneten Rolle in eurer Lehre und eurer Organisation befreien will. Jüngst hat der Chef der römischen Glaubenskongregation mit persönlicher Billigung des Papstes wieder einen bedeutenden Befreiungstheologen aus der Kirche hinausgeworfen, weil der gesagt hat, Maria sei so etwas wie die erste Priesterin gewesen, und weil der einen Satz nicht unterschreiben wollte, der lautete: »Ich erkenne, daß Christus, als er einzig Männer zu seinen Aposteln berief, nicht von soziologischen oder kulturellen Motiven seiner Zeit geleitet wurde, sondern frei und souverän handelte. Deshalb akzeptiere ich fest, daß die Kirche in keiner Weise die Möglichkeit hat, Frauen die Priesterweihe zu übertragen.«
Wahrscheinlich hättet ihr diesen Streiter für die Anerkennung der Frauen vor ein paar Jahrhunderten nicht nur exkommuniziert, sondern als Ketzer verbrannt. Eure Strafe trifft ausgerechnet den alten Ordensmann Tissa Balasurya, der in Ostasien geholfen hat, wichtige Brücken zwischen den Religionen zu schlagen.

AUGUSTINUS: Es hat sich jedoch auch, von unseren Dogmen abgesehen, in der Geschichte klar erwiesen, daß die Männer das eigentliche kulturschöpferische Geschlecht sind und deshalb ein Vorrecht beanspruchen können. In diesem Punkt bin ich mir sogar mit Freud einig. So wie dieser unsere himmlische Muße genutzt hat, mich als fiktiven Patienten psychologisch zu sezieren, so habe auch ich mich darangemacht, meine eigenen Vorstellungen an seinen Thesen zu messen. Da bin ich erfreut auf seinen Satz gestoßen: »Die Frauen vertreten die Interessen der Familie und des Sexuallebens, die Kulturarbeit ist immer mehr Sache der Männer gewesen, stellt ihnen immer schwierigere Aufgaben, nötigt sie zu Triebsublimierungen, denen die Frauen wenig gewachsen sind.« Demnach ist es die Kultur selbst, die für ihren Fortschritt den Männern eine führende Rolle zuweist.

FREUD: Ebendarum habe ich bei den Frauen sogar kulturfeindliche Gefühle vorzufinden geglaubt. Den Männern bescheinigte ich, daß sie ihre für kulturelle Zwecke verbrauchten Energien großenteils den Frauen und dem Sexualleben entzögen.

PLATON: Ich verstehe dein Triumphgefühl, Augustinus, Freud diesmal auf deiner Seite zu wissen.

AUGUSTINUS: Ich sehe ihn auch in schönem Einklang mit Paulus, der den Frauen nicht zutraute, in der Gemeindeversammlung vernünftig mitreden zu können. Sie sollten, um etwas zu lernen, gefälligst zu Hause ihre Männer fragen.

FREUD: Ähnliches soll ich vertreten haben?

AUGUSTINUS: Du warst gar nicht mißzuverstehen. Ausdrücklich hast du von der intellektuellen Inferiorität vieler Frauen gesprochen. Als einer deiner psychiatrischen Kollegen den Schwachsinn des Weibes eine Tatsache nannte, hast du lediglich seine biologische Begründung zurückgewiesen und boshafterweise eine religiöse Denkhemmung als Ursache vermutet. Oder willst du behaupten, ich hätte dich falsch zitiert?

FREUD: Das nicht. Nur macht es schon einen Unterschied aus, daß ich nicht an ein angeborenes, sondern an ein anerzogenes Defizit glaubte.

AUGUSTINUS: Aber eben an ein Defizit.

PLATON: Ich male mir genüßlich aus, was ihr beide wohl von unseren griechischen Göttinnen zu hören bekämt, würdet ihr ihnen an unserem himmlischen Ort in die Hände fallen.

FREUD: Mir haben meine tüchtigen Schülerinnen noch bei Lebzeiten den Kopf gewaschen. Meiner Lehre wäre es nicht gut bekommen, hätte meine geniale Tochter Anna sie nicht nach meinem Tode weiterentwickelt und verbreitet. Also hatte ich inzwischen hinreichenden Anlaß, mit mir zu Gericht zu gehen.

PLATON: Und was ist dabei herausgekommen?

FREUD: Daß mir die Notwendigkeit klargeworden ist, meine Position selbstkritisch zu revidieren. Aufgefallen ist mir die Heftigkeit, mit der ich darauf bestanden habe, daß die männliche Kulturarbeit sich gegen die ungezügelten libidinösen Wünsche der Frauen zu behaupten habe. Das läßt mich vermuten, daß ich vielleicht dem guten Descartes doch ähnlicher bin, als ich bisher glaubte. So wie dieser alle Emotionalität, wie man sie vor allem den Frauen zuschreibt, aus seinem wissenschaftlichen Denken fernhalten wollte, so kommt es mir vor, daß auch ich mich gegen die Überwältigung durch solche Regungen stemmte, die ich am anderen Geschlecht statt in mir selbst wahrnahm.

PLATON: Kurz gesagt: Hinter der Disziplinierung und Unterdrückung der Frauen steckt eigentlich der Kampf der Männer um die Autonomie und Machterweiterung ihres Ichs. Unter Kulturarbeit verstandest du hauptsächlich die Betätigung eines wissenschaftlichen Bemächtigungsdranges, und da sind die Gefühle, Leidenschaften und Triebe im Wege, die das Ich in Ohnmacht zurückversetzen. Die Frauen werden als Repräsentantinnen dieser belastenden Emotionalität entwertet und unterdrückt. Es ist ein doppelter Abspaltungsprozeß. Das technokratische männliche Ich kämpft im eigenen Innern gegen seine Gefühlswelt an und zugleich gegen die Frauen, die diese Verdrängung gefährden. In Wahrheit sind die Frauen dabei aber auch »nützlich«, weil sie sichtbar machen, was der Mann bei sich selbst nicht sehen will. Richtig so?

EINSTEIN: Freud dürfte dir neuerdings zustimmen. Solltest du, Platon, nun zu Recht die Schlechterstellung der Frauen anprangern, so müßte mir jemand begründen, warum es nach Moses, Paulus und Augustinus noch so lange gedauert hat, daß die schädlichen Folgen gerade erst jetzt zum Jahre 2000 das Ausmaß eines gigantischen Unheils annehmen sollen.

BUDDHA: Laßt mich zunächst darauf hinweisen, daß zwar auch unsere Religion den Männern gewisse Vorteile einräumt, aber daß dies nie mit einer geistigen Herabqualifizierung der Frauen einherging. Nie haben wir Geist und Sinnlichkeit als geschlechtsgebunden erklärt. Und das ist doch der entscheidende Punkt, nicht die Aufteilung von Funktionen unter den Geschlechtern. Wenn die Frauen nicht mitreden sollen, weil man das rein sachliche Denken freihalten will von den Gemütsregungen des Herzens, deren Verdrängung den Männern leichter fällt als den Frauen, dann beraubt man die wichtigen gesellschaftlichen Entscheidungen eines unerläßlichen moralischen Maßstabs. Denn was gut ist, wird zuallererst im Gefühl offenbart und ist nicht logisch errechenbar.
Genau diese Feststellung findest du, Einstein, ja auch bei deinem Lieblingsphilosophen Schopenhauer, der unserer Lehre nahesteht. Der sagt mit Recht: Gerechtigkeit und Menschenliebe wurzeln im natürlichen Mitleid. Das ist die Anlage, die man mit Menschlichkeit gleichsetzen kann. Sie ist die Kraft, die zu allen Leistungen antreibt, die wir sozial nennen. Kein abstrakter Pflichtbegriff kann sie ersetzen.

Mitleid ist die entscheidende Triebfeder für Moralität, sie ist die Gegenkraft zu Grausamkeit und Gewalt. Wenn man nun aber die Frauen in ihren Rechten zurückstellt, denen Schopenhauer diese Triebfeder als ein besonders ausgeprägtes Vermögen zuspricht, dann wird dadurch in der Gesellschaft ein Instinkt geschwächt, der für eine friedliche, sozial gerechte und gegenüber der Natur achtungsvolle Politik unerläßlich ist.

EINSTEIN: Wenn es so sein sollte, warum macht sich der Schaden erst jetzt so kraß, wie es scheint, bemerkbar?

FREUD: Darüber sollten wir noch genauer kritisch nachdenken, was mir persönlich nicht leichtfällt, weil ich ja selber, woran mich Augustin erinnert hat, zunächst an der Einschätzung von Moses und Paulus kaum zweifeln mochte. Ich sehe, daß sich die Lage im Abendland grundsätzlich mit dem Schwinden der mittelalterlichen Gläubigkeit verändert hat. Zuvor hatte zwar Augustin schon erfolgreich dafür gesorgt, die Frauen als Sexualwesen zu stigmatisieren. Aber die mittelalterlichen Männer teilten mit den Frauen noch eine Einstellung, die später diesen einseitig zugeteilt und dann herabgewertet wurde, nämlich das Bewußtsein von Demut, Ergebenheit und Ehrfurcht. Wie die Frauen fühlten sich die Männer auf die Gnade und Liebe Gottes angewiesen, ließen sich von ihm führen, anstatt ihm seine Geheimnisse zur Steigerung eigener Unabhängigkeit und Macht abzuringen. Sie akzeptierten bei sich, was sie später nur noch als weibliche Schwäche gelten lassen wollten. Wenn sie litten und ihren Tod voraussahen, so waren das für sie noch sinnvolle Fügungen, keine feindlichen Hindernisse, die es auf dem Weg zu ewiger Leidfreiheit zu überwinden gälte.
Mit dem inneren Aufstand gegen die Gotteskindschaft wandelte sich die männliche Grundhaltung in der Weise, wie wir es bereits bei Descartes beschrieben haben. Nun erhob sich

das männliche Ich, mühte sich um Verdrängung seiner passiven Gefühle, sprengte die Fesseln seiner Abhängigkeit, indem es seine Wünsche nach Schutz, Geborgenheit und Versöhnung unterdrückte – beziehungsweise indem es diesen inneren Seelenanteil abspaltete und unter dem Etikett »Schwäche« bei den Frauen deponierte. Jetzt begann das dramatische Sichaufschaukeln von Allmachtswahn und Ohnmachtsangst, der Aufstieg des männlichen Prothesengottes, der sich im manisch-depressiven Zirkel der Manie verschrieb und seine verdrängte Depressivität projektiv den Frauen zuteilte.

Das verlief nicht gleichförmig, sondern zuerst zögernd und unter Schwankungen. Man wollte einerseits mehr und mehr Gott *sein*, andererseits ihn weiter zur Verfügung *haben* wie eine von der Kirche garantierte Versicherungspolice.

In letzter Zeit hat sich der Prozeß dann rasant beschleunigt. In der Wissenschaft und ihrer technischen Ausnutzung regiert ein grenzenloser, tatsächlich nur noch manisch zu nennender Bemächtigungwille, den kein sozialer Instinkt, kein Mitleid mit der Natur mehr in die Schranken weist. Und dieser Wille erfährt sich gar nicht mehr als solcher, sondern man redet sich ein, nur die natürliche Evolution im Tempo zu steigern und in der Qualität zu verbessern.

EINSTEIN: Deine Antwort auf meine zweite Frage lautet demnach: Die Diskriminierung des Weiblichen konnte das Ausmaß ihrer Schädlichkeit erst enthüllen, als die Religiosität ihre kulturelle Kraft verloren hatte. Seitdem ignorieren die Männer überwiegend die früher noch gemeinsam im Glauben gepflegten Tugenden der Demut, der Ehrfurcht, des Mitleids. Was sie erlösen soll, das sind nunmehr nur noch ihre selbstgefertigten Maschinen, Symbole ihrer scheinbar ins Unendliche wachsenden Potenz. Wie trügerisch diese Hoffnung aber ist, zeigt die nie mehr weichende atomare Selbstbedrohung. Wäre es demnach eine Chance, den unheilvollen Lauf der Dinge aufzuhalten, indem man schleunigst den diskriminierten Frauen zu neuer gesellschaftlicher Macht verhülfe?

FREUD: Das Ziel müßte erst einmal lauten, an der Überwindung der psychologischen Spaltung zu arbeiten, die einerseits Männer massenhaft zu seelenlosen Technokraten oder gewissenlosen Manikern und andererseits Frauen zu selbstunsicheren, depressionsgefährdeten Wesen gemacht hat. Die Spaltung hat aber auch eigenartige Gegentypen entstehen lassen, also effeminierte, unselbständige Männer und vermännlichte, gefühlsverarmte Frauen. Deshalb haben wir nun in der Gesellschaft einen überwiegenden Anteil von *seelisch verengten Halbmenschen*, die nicht einfach dadurch gesunden können, daß man die Geschlechterverteilung bei den Stellenbesetzungen mathematisch reguliert. Wichtig ist, wieder *vollständige* Menschen zu erziehen, das heißt Frauen, die ihre Stärke, ihren Ehrgeiz, ihre Willenskraft nicht länger unterdrücken, und Männer, die sich weder selbst dafür verachten noch dafür verachten lassen, wenn sie ihre Gefühlswelt weniger verdrängen.
Ich sage das nicht ohne Scham, weil ich ja selbst zeitlebens einige Mühe hatte, mein psychologisches Bild der Geschlechter von Vorurteilen freizuhalten. Ihr erinnert euch, daß ich den Frauen den Penisneid angedichtet, ihnen eine gleichwertige Intelligenz abgesprochen habe und daß mir die Kulturentwicklung als reine Männeraufgabe erschien. Insofern sehe ich in dir, verehrter Einstein, sehr viel eher eine geglückte Vereinigung der üblicherweise aufgespaltenen psychischen Anteile, und zwar in ziemlich einzigartiger Form. Du hast dich mit viel Ehrgeiz und Kühnheit an die physikalische Lösung eines der schwierigsten Welträtsel gemacht, das heißt eine als typisch männlich eingestufte Leistung vollbracht, andererseits die gleiche berechnete Natur als Inbild von Vollkommenheit und Harmonie in religiöser Ehrfurcht und Demut bewundert, eine Haltung, die eher dem Weiblichen zugerechnet wird.

EINSTEIN: Es ist schon richtig, daß ich bereits als Kind anders gefühlt habe als viele Jungen. Einmal habe ich geweint, als die Soldaten durch unsere Stadt marschierten. Zu meinen Eltern habe ich gesagt: »Wenn ich einmal groß bin, dann will ich nicht zu diesen armen Leuten gehören.« Die anderen Jungen waren vom Militärischen begeistert, das mich immer nur anwiderte. Als gemeinen Mord habe ich das Töten im Krieg empfunden. Hitler mußte natürlich militärisch niedergeworfen werden. Aber ich konnte überhaupt nicht verstehen, daß die Sieger nun die Chance ausließen, mit Hilfe einer unabhängigen Weltorganisation neues kriegerisches Wettrüsten zu verhindern. Weil ich bei jeder sich bietenden Gelegenheit gegen diese Unvernunft protestierte, habe ich mich in meiner neuen amerikanischen Heimat sehr unbeliebt gemacht. Nie habe ich mich allerdings darum gekümmert, ob das in mir nun psychologisch ein Defizit an Männlichkeit oder ein Einschlag von Weiblichkeit war. Allerdings war es offensichtlich etwas auf anstößige Weise Besonderes, und so habe ich mich selbst einmal als Enfant terrible bezeichnet.

PLATON: Auch ich finde wie Freud, daß du, Einstein, in dir Elemente versöhnt hast, die bei euch sonst den Geschlechtern gesondert zugerechnet werden. Aber wenn ich mich in eurer Kultur heute umsehe, so ist der von Freud vortrefflich beschriebene Typus des vollständigen Menschen nach wie vor eine Rarität. Und ich erkenne noch keine bedeutende Strömung, die daran etwas ändern will. Nur wenigen scheint der von mir erzählte Mythos einzuleuchten, wonach sich die Menschen an ihre mannweibliche Ganzheit erinnern sollten, die eigentlich ihre Bestimmung sei.

Der Kult äußerlicher Stärke vereint den Großteil eurer Männerwelt. Diese huldigt der Macht und der Potenz, erfindet immer neue Arrangements, wo gekämpft und gesiegt werden kann. Ewiger Zwang ist das Erobernmüssen. Reichen die irdischen Feinde zum Niederringen nicht mehr aus, müssen Außerirdische in virtuellen Welten dazuerfunden werden. Keine Grenze darf die aggressive Expansion beschränken. Wie hat mich hier oben die Glückseligkeit des mächtigsten irdischen Präsidenten angewidert, als er mit dem Programm vom »Krieg der Sterne« die Herrschaft über das Schlachtfeld Weltraum antreten zu können glaubte!

Wenn ich mich nicht arg täusche, findet aber in den westlichen Ländern neuerdings eine Annäherung der Geschlechter statt. Frauen eifern den Männern im Bodybuilding nach, entdecken für sich laufend neue Kampfsportarten, erklimmen im Himalaja Achttausender ohne Sauerstoffmasken und drängen scharenweise in den Soldatenberuf hinein. Außerdem scheinen viele den Männern in der Tendenz zu folgen, die klassischerweise als weiblich etikettierten weicheren Wesenszüge als charakterliches Minus herabzustufen. So sehe ich die Frauen also eher dabei, den megalomanen männlichen Stärkekult anzufeuern, statt diesen zu bremsen.

FREUD: Ist das etwa verwunderlich? Über Generationen haben sich die Frauen anhören müssen, zuletzt ja auch aus meinem Mund, daß sie mit ihren emotionalen und sozialen Bedürfnissen dem Aufstreben der Männer zu höheren Fortschrittszielen im Wege stünden. Konnte es da ausbleiben, daß viele diese Entwertung verinnerlichten? Die Folge war, daß sich ein Teil von ihnen entmutigen ließ, während ein anderer nun trotzig aufbegehrt, um mit den Männern auf deren Spur endlich den Wettkampf aufzunehmen.

BUDDHA: Nun ist das aber wohl nicht die ganze Wirklichkeit. Gerade haben wir doch auch von den jungen Leuten gesprochen, die in ihrem Studium nichts mehr von den größenwahnsinnigen Risikotechnologien hören wollen, und davon, daß sich immer mehr Initiativen für den Schutz der Natur und der Erhaltung gesunder Lebensformen auftun. Vielleicht liegt es an eurer westlichen Mentalität, daß ihr zu sehr darauf achtet, was sich laut und dramatisch hervortut. Deshalb vernehmt ihr zuwenig, was sich leise und unaufdringlich entwickelt. Ihr überseht leicht die vielen Tausende, die neuerdings in Meditation und in Gesprächen daran arbeiten, sich von den herkömmlichen Zielen des expansionistischen Stärkekults zu verabschieden. Und da erkenne ich viele Frauen in vorderster Linie.

EINSTEIN: Bei wissenschaftlich geleiteten Umfragen sind es tatsächlich regelmäßig relativ mehr Frauen, die gegen naturzerstörende Projekte, gegen diverse Risikotechnologien und vor allem gegen Militäreinsätze stimmen.

MARX: Aber was macht das schon! Überall wird lesendes, zuhörendes und zuschauendes Publikum nach Meinungen befragt, um die sich diejenigen am wenigsten scheren, die entscheiden. Und wenn nicht zählt, was man will, dann resigniert man oder schämt sich vielleicht irgendwann sogar, daß man nicht will, was dennoch gemacht wird. Hat man gegen einen Krieg gestimmt, der dann doch geführt und sogar gewonnen wird, dann hat man verloren und will vielleicht beim nächsten Mal nicht wieder verlieren. Was ich meine? Daß die vielen lieben, guten, pazifistischen, mitleidigen Frauen, die deinem scharfen Auge, lieber Buddha, nicht entgangen sind, fühlen, denken und ankreuzen mögen, was sie wollen – es ist belanglos.

BUDDHA: Das ist nun wieder typisch für dich, lieber Marx. Alles soll belanglos sein, was nicht gleich mit einem Schlag die Welt materiell verändert. Eine geistige Wandlung, um die es geht, würde sich eher in der Stille vollziehen. Nicht als Sieg im Kampf der einen gegen die anderen, sondern als eine allmähliche gemeinsame Verabschiedung von falschen Werten. Es würden erst da und dort, schließlich an tausend Orten einzelne und Gruppen aufeinander zugehen und feststellen, daß sie anders leben, anders miteinander umgehen,

anderes als das Bisherige wichtig finden wollen. Das würde lange Zeit brauchen. Es würde auch viele Ungeduldige geben, die bei euch im Westen zu denken gewöhnt sind: Es taugt nur, was schnell Erfolg hat. Wenn Pazifismus den nächsten Krieg nicht verhindert, dann ist er nichts wert. Wenn die Waren Friedlichkeit, Güte, Toleranz nicht bald auf den Märkten gefragt sind, dann sind sie ein Flop.
Käme dennoch eine heilvolle Umstellung zustande, würdet ihr an ihrer Spitze jedenfalls keine drachentötenden Helden finden, sondern geistig ausstrahlende Frauen und Männer, die den Glauben daran entzünden würden, daß es zum Schutz des Lebens auf der Erde anderer Kräfte als derjenigen der destruktiven manischen Machtkonkurrenz bedarf.

FREUD: Die Vision ist schön. Alle Untersuchungen meiner Schüler zeigen indessen, daß die meisten immer noch in der Gegenrichtung unterwegs sind. Ebender erwähnte Stärkekult bestimmt ihr Streben. Sie bräuchten, so glauben sie, eine immer noch härtere Gangart, um den Wettbewerb in der globalen Wirtschaft zu bestehen. Die sich oben halten, geben von ihren Reichtümern nur gerade das wenige ab, das die Massen der Schwächeren von Krawallen abhält. Aber auch unter diesen kommt kein rechter Gemeinschaftsgeist auf. Soziale Gefühle haben sich allgemein abgeschwächt, wie Umfragen zeigen. Die Unterschiede zwischen Frauen und Männern sind geringer geworden, aber eben dadurch, daß sich viele Frauen ein Stück an die zunehmende egozentrische Härte der Männer angenähert haben. Umgekehrt lassen die Männer Neigungen vermissen, sich mehr für die verdrängte eigene Gefühlsseite zu öffnen. Also die vollständigen Menschen, an die uns Platons schöner Mythos denken läßt, sind noch dünn gesät.

BUDDHA: Das wird wohl zutreffen. Die Mehrheit bildet in sich die Prinzipien ab, nach denen das Wirtschaftssystem eingerichtet ist. Zu viele fühlen sich nur gut, wenn sie die anderen überholen. Und die meisten, die überholt werden, fühlen sich schlecht und um so minderwertiger, als sie immer häufiger auch noch von den Maschinen überholt werden, die schneller und perfekter als Menschen produzieren.

Aber ich bleibe hartnäckig. Ich denke an die Minderheit, die sich diesem mörderischen Trend widersetzt, etwa an die von Einstein benannten jungen Leute, die versuchen, sich selbst und die Welt anders zu begreifen, die sanfter miteinander und mit der Natur umgehen wollen. Darunter werden nicht wenige sein, die, wenn sie älter werden, dem Anpassungsdruck der Verhältnisse nachgeben. Aber einige Standfeste werden ausharren. Darunter werden die Frauen eine Mehrheit bilden, weil sie einer gefühlsmäßig verankerten Überzeugung häufiger die Treue halten.

Vergeßt nicht, daß alle kulturschöpferischen Bewegungen einmal ganz klein angefangen haben. Wenige Schüler haben, was Konfuzius und ich gelehrt haben, unter unseren östlichen Völkern wirksam werden lassen. Jesus von Nazareth stützte sich gerade mal auf zwölf Apostel. Noch nicht einmal fünfzehn Prozent der Bürgerinnen und Bürger des Römerreiches waren dreihundert Jahre später Christen, als ihr Kaiser Konstantin die Christenreligion offiziell anerkannte und sich taufen ließ. Es muß nicht gut sein, wenn man anders denkt als die vielen. Aber wenn wenige spüren, daß sie auf ihrem Weg mehr Hoffnung und Sinn finden als die vielen, die an etwas festhalten, was sie einsam und unglücklich macht, dann sollten sie ihre Chance nicht vertun.

DESCARTES: Aber die Menschen im Westen sitzen in einem fahrenden Zug, für den die Weichen längst gestellt sind. Und nun erzählt ihnen einer wie Buddha eine schön erfundene Geschichte von einem Traumwaggon, der in eine ganz andere Richtung fährt. Was ich meine? Daß diese Kultur ihren Kurs endgültig festgelegt hat und daß die Menschen sich gefälligst auf die Ziele einstellen sollten, die sie selber

gewählt haben. Wenn ihr findet, daß ich als einer der ersten diese Richtung bestimmt habe, so stehe ich dazu und vermisse noch immer ein schlüssiges Argument, das meine Wegweisung zu verdammen erlaubt.
Ihr sagt, die von der Wissenschaft und Technik beherrschte Welt spiegle zu ihrem Schaden zuviel von männlichem Machtdenken wider und lasse zuwenig von vollständiger Menschlichkeit aufkommen. Aber gibt die auf diesem Weg errungene Macht den Menschen nicht Freiheit und Sicherheit, über die sie nie zuvor in solchem Maße verfügt hatten? Jetzt können sie perfekt technisch miteinander kommunizieren, leben länger als je zuvor, genießen einen Komfort, den sich auszumalen die Phantasie meiner Generation nicht ausgereicht hätte. Also was soll das ganze apokalyptische Gejammere? Alles, was Einstein und Marx uns über westliche und globale Mißstände berichtet haben, enthält, soweit ich sehe, keinen einzigen schlüssigen Beweis für die Berechtigung der herumgeisternden Untergangsprognosen.
Daß die Frauen in der modernen Welt mehr mit den für den Fortschritt verantwortlichen Männern Schritt halten müssen und daß sie diese weniger in das Gewoge ihrer kindlichen Gefühls- und Triebwelt herabziehen dürfen, das ist nun mal der Lauf der Welt beziehungsweise der Preis der Aufklärung. Die Menschen sind eben nicht mehr die Gotteskinder des Mittelalters, sondern die Schöpfer der Raumfahrt, der Cyberwelt, bald tausend neuer gentechnisch programmierter Gattungen. Was männlich und weiblich ist, das muß erst neu definiert werden. Nach den bevorstehenden gentechnischen Umzüchtungen wird es nur noch eine nostalgische Frage sein, was man unter natürlicher Männlichkeit oder Weiblichkeit einst verstanden hat. Um so mehr plädiere ich dafür, daß wir uns endlich von der akademischen Diskussion darüber verabschieden, ob nun Adam oder Eva jeweils mehr mit dem Geist oder mit dem Fleisch zu tun hatten und ob man die modernen Exemplare unserer irdischen Spezies eher unvollständige oder vollständige

Menschen nennen sollte. Ich meine, es ist höchste Zeit, daß wir zu unserer Hauptfrage zurückkehren, nämlich ob die von der westlichen Kultur – angeblich zum Teil mit unserer Schuld – produzierten neuen Risiken die Menschheit demnächst umbringen oder sie nicht eher, was ich glaube, zur Erfindung großartiger rettender Lösungen herausfordern werden.

Welche Prophezeiungen werden sich erfüllen?

DESCARTES: Der Zug fährt in eine wunderbare neue Welt

EINSTEIN: Wie ihr wißt, hat man da unten die Regel von der sich selbst erfüllenden Prophezeiung begriffen – die bekanntlich besagt, daß man sich oft mit unheimlicher Zielstrebigkeit genau die Zukunft beschert, die man phantasiert, mitunter auch ein schreckliches Unheil, das man befürchtet. Was erwarten nun insbesondere die Abendländler in ihrer derzeitigen globalen Schlüsselstellung? Ich denke, das sollten wir uns noch einmal genau ansehen, ehe wir ein Resümee ziehen.

Offensichtlich ist man sich in diesen Ländern ziemlich uneins. Die einen sehen sich unbeirrt im Aufstieg als immer perfektere Prothesengötter, die anderen starren in den Abgrund höllischer Vernichtung. Wieder andere erwarten das Dahinschwinden ihrer Kultur in allmählichem Siechtum oder einer lautlosen Entropie. Auch der Glaube an eine Erholung aus einer geläuterten Innerlichkeit heraus hat seine Anhänger. In jeder dieser Stimmungen stecken Ideen, die einzelne unter uns einmal ausgebrütet haben. Also könnten wir mit verteilten Rollen nunmehr gut durchspielen, wie sich die verschiedenen Prophezeiungen konkretisieren können.

FREUD: Wir werden uns also je nach Neigung in den Geist der verschiedenen Strömungen hineinversetzen und uns ausmalen, was bei ihrem Zusammen- oder Gegeneinanderwirken herauskommen mag. Ich schlage vor, daß wir mit den Hoffnungen derjenigen beginnen, die immer noch den Haupteinfluß auf die wirtschaftlichen und politischen Entscheidungen ausüben. Natürlich meine ich die Prediger des an Wissenschaft und Technik geknüpften Fortschritts. Descartes sollte ihre Vertretung übernehmen. Schließlich hat er ihnen mal den Weg mit seinem Bekenntnis gewiesen, daß er nicht sehe, was dem entgegenstünde, daß seine Erkenntnisse bis ins Unendliche wüchsen und daß er damit auch alle übrigen Vollkommenheiten Gottes erreichen könnte. Dieser Geist weht wie eh und je in den führenden Forschungszentren auf der Erde, und wohin der die Menschheit treiben kann, sollte Descartes uns sagen.

DESCARTES: Zunächst wiederhole ich, was ich schon gesagt habe: Zumindest die westlichen Völker können nicht mehr beliebig herumsuchen, auf welche Zukunft sie zumarschieren wollen. Sie sitzen in ihrem Zug, dessen Strecke sie längst festgelegt haben. Darin hocken sie auch nicht wie verblendete Maniker, sondern als kreative Entdecker und Erfinder, die Jahr für Jahr das Leben um neue Möglichkeiten bereichern. Weil ihnen immer wieder Lösungen für scheinbar unüberwindliche Hindernisse eingefallen sind, vertrauen sie – wie ich meine, zu Recht – darauf, daß es ewig so weitergehen kann.

EINSTEIN: Aber erschrecken sie nicht darüber, daß sie zum Beispiel schon einmal ganz dicht daran waren, sich mit einer dieser großartigen Entdeckungen allesamt umzubringen, nämlich als ihr Überleben während der Kubakrise einen Moment lang nur noch an einem seidenen Faden hing? Zweifeln sie nicht, wenn ihnen die zitierten hundert Nobelpreisträger vorrechnen, daß ihr Zug, wenn sie seinen Kurs nicht völlig neu bestimmen, geradewegs in die Katastrophe fährt?

DESCARTES: An einen Atomkrieg denkt längst niemand mehr von ihnen, und in der pathetischen Warnung jener hundert Preisgekrönten sehen sie eher eine Pflichtübung seniler Pensionäre, von deren alterstypischer Reue- und Bußbereitschaft schon die Rede war.

EINSTEIN: Aber wie stellen sich die von dir vertretenen Optimisten die schöne neue Welt vor?

DESCARTES: Sie sehen zwei Welten vor sich, die altvertraute und die neue virtuelle – mit der Chance, in beiden nebeneinander, aber auch in vielfältigen Zusammenhängen zwischen ihnen zu leben. Die Verbindung aller mit allen, wie sie, lieber Buddha, deine Mahayana-Anhänger seit langem erträumen, wird in der elektronischen Vernetzung der Gesellschaften bald Wirklichkeit sein.

BUDDHA: Meinst du im Ernst, das Internet würde dafür sorgen, daß es mehr Mitgefühl und Fürsorglichkeit in der Welt geben wird und daß es bisher nur am technischen Mangel lag, wenn diese seelischen Kräfte zuwenig wirksam wurden?

DESCARTES: Jedenfalls erwarten die Optimisten, daß sich mit der elektronischen auch die psychosoziale Kommunikation enorm verbessern werde. Die Menschen werden tatsächlich viel mehr voneinander erfahren, aber auch bedeutend leichter auf soziale Prozesse und politische Entscheidungen Einfluß nehmen können. Sie müssen sich nicht mehr als Sklaven aufgeblasener und überflüssiger Bürokratien fühlen. Überall werden Basisinitiativen profitieren, die sich für humanitäre oder politische Ziele engagieren wollen, weil sie sich besser koordinieren können.

FREUD: Doch nur, wenn sich herausstellen sollte, daß die Elektronik das Erleben der Nähe, das Gefühl von Gemeinsamkeit vermitteln kann wie eine persönliche Begegnung. Und da bin ich skeptisch. Bisher spricht nichts dafür, daß es elektronischen Gruppen leichter fiele, eine differenzierte Diskussionskultur zu entwickeln. Sehen die Online-Aktivisten nicht voraus, daß unseren ohnehin zerrissenen Gesellschaften eine neue Aufspaltung droht? Nämlich in eine online herrschende Machtschicht und in eine offline abgekoppelte Unterschicht? Was wäre, wenn es dabei bliebe, daß die Netzkunden ganz vorwiegend aus der Mittelklasse mit Universitätsabschluß kommen und die Frauen so unterrepräsentiert sind wie bisher?

DESCARTES: Natürlich müßte der Zugang zu den neuen Technologien rasch verbreitert werden, sagen ihre Werber, und sie versprechen, daß dies bevorstehe. Eine wesentliche Hoffnung der Elektroniker stützt sich zusätzlich auf die bevorstehende Höherentwicklung der künstlichen Intelligenz. Künftigen Computergenerationen trauen sie einen Grad von Perfektion zu, der unzählige wichtige Entscheidungen unfehlbar machen werde, die heute noch von unsicheren Mutmaßungen abhängen. In den bedeutendsten Forschungszentralen vergleicht man die genialen Zukunftscomputer schon mit einer überlegenen Rasse, die den beschränkten Sterblichen einen erheblichen Teil der Verantwortung abnehmen könne.

EINSTEIN: Aber Verantwortung ist beileibe nicht nur eine Frage der Berechnung. Mir scheint, daß diese neuen Rassentheoretiker genau deiner alten Illusion verfallen, lieber Descartes, die wir hier schon ausgiebig kritisiert haben. Nämlich dem Irrglauben, daß es nur an falschen Kalkulationen liege, wenn Menschen unvernünftig handeln. Das ist die Ideologie aller Technokraten wie etwa jener Staatsmänner, die im kalten Krieg an dem Wettlauf der Atomrüstungen nichts Böses fanden, solange dieser im Gleichschritt erfolgte. Das mathematische Gleichgewicht ersparte ihnen jegliche moralische Beunruhigung.

AUGUSTINUS: Mir fällt dazu ein instruktiver Film ein, den sich auf der Erde kürzlich viele Millionen angesehen haben. Der zeigte einen Wissenschaftler, dem das Kunststück gelungen war, eine Herde von Dinosauriern aus aufgefundenen Eiern ihrer Spezies neu zu züchten. In seinem Büro hing bezeichnenderweise das Foto Robert Oppenheimers, der bekanntlich ein hauptverantwortlicher Koordinator für den Bau jener Atombomben war, durch die mehrere hunderttausend Japaner in Hiroshima und Nagasaki umkamen. Also war mit dem Dinosaurierzüchter einer jener Zauberlehrlinge gemeint, die uns heute mit technischen Ungeheuern bedrohen. Der Züchter im Film verfügte über ein zuverlässig berechnetes elektronisches Sicherheitssystem, das die mörderischen Bestien hindern sollte, aus ihrer Umzäunung auszubrechen und über die Menschen herzufallen. Die Bedienung der Einrichtung hatte er einem hervorragenden Experten übertragen. Aber ausgerechnet der fiel, weil er gerade ein korruptes Geschäft abwickelte, in einem entscheidenden Moment aus, so daß die Riesenviecher ausbrachen und furchtbare Verwüstungen anrichten konnten.
Dem Publikum wurde also vorgeführt: Genauso wird es euch ergehen, wenn ihr glaubt, an die neuesten elektronischen Technologien eine Verantwortung delegieren zu können, die zuerst in eurer eigenen moralischen Zuverlässigkeit liegt. Die Kinobesucher hätten lernen können, daß sie sich nicht länger als Rassisten beschimpfen lassen müssen, wenn sie in der »Rasse« der künftigen Supercomputer nicht das versprochene Heil erblicken. Denn deren Unfehlbarkeit wird niemals die moralische Fehlbarkeit der Menschen kompensieren. Im Film hat der Dinosaurierzüchter eingesehen, daß er die Finger von der Produktion seiner Monster hätte lassen sollen.

BUDDHA: Mich interessiert, wie das Publikum reagiert hat.

AUGUSTINUS: Dem äußeren Anschein nach haben sie nur eine aufregende Gruselstory genossen. Aber vielleicht hat einigen immerhin gedämmert, daß sie selbst mit dem Größenwahn ihrer Kultur gemeint waren.

DESCARTES: Die optimistischen Fortschrittsgläubigen würden euch sicher einwenden: Das ist die typische Deutung der notorischen Schwarzseher und Technikfeinde. Hätte der Dinosaurierzüchter seinen Computeringenieur bei der Einstellung genauer unter die Lupe genommen, wäre er nicht an den Falschen geraten, und nichts Böses wäre passiert.

FREUD: Aber alle noch so perfekten Persönlichkeitstests lassen sich überlisten. Außerdem: Warum produziert man erst Bedrohungen von solchem Ausmaß, daß man sich einer zusätzlichen Gefährdung durch anfällige Schutzsysteme aussetzen muß? Das ist doch die verrückte Paradoxie!

DESCARTES: Paradoxie hin oder her. Die Würfel sind gefallen. Der Zug fährt. Die Raketen fliegen mit Menschen in den Weltraum, bald werden sie die ersten bis zum Mars tragen. Und auf der Erde werden neue, gentechnisch perfektionierte Menschen entstehen, frei von Erbkrankheiten und Behinderungen, die man durch gezielte Abtreibungen eliminiert hat. Natürlich wird es auch Rückschläge geben. Ein paar Raketen werden nach wie vor abstürzen. Unbekannte Krankheitserreger wie die von Aids oder Rinderwahn mögen auftauchen und bis zu ihrer siegreichen Bekämpfung ein paar Millionen umbringen. Aber all diese Pannen werden die rasende Fahrt höchstens momentan aufhalten, zumal diese ja kein Ende vor sich sieht, sondern auf das endlose »Immer weiter« programmiert ist. Ich sehe allerdings auch, daß es noch Schwierigkeiten geben wird. Etwa, wenn man demnächst das Altern chemisch anhalten kann, so daß für die Jungen kein Platz mehr da wäre, würden diese nicht die Älteren oder diese sich nicht selbst um des Gemeinwohls willen umbringen. Man kann ja schon Fliegen züchten, die doppelt so lange leben wie normal, also warum nicht bald hundertfünfzigjährige Menschen? Man wird auch große Gruppen gentechnisch so manipulieren müssen, daß sie nichts von dem mehr produzieren wollen, was immer perfektere Maschinen allein viel besser machen werden.

Daß mir bei solchen Aussichten gelegentlich ein wenig unbehaglich wird, gestehe ich zu, aber ich erinnere mich, daß ich einst zusammen mit großen Scharen der Lebenden fürchtete, die Eisenbahn werde alle Fahrgäste krank machen und das elektrische Licht werde die Augen verderben. Inzwischen verstehe ich die Zuversicht derer, die ich hier vertrete, daß der technische Fortschritt, wenn er überhaupt echte Probleme schafft, stets den Antrieb zu ihrer Bewältigung mitliefert. Die Angst vor dem Neuen kommt offenbar immer noch aus dem Mittelalter, als die Menschen glaubten, sie könnten nicht, was sie angeblich nicht durften.

AUGUSTINUS: Immerhin gibst du zu, daß von dieser Angst noch etwas lebendig ist.

DESCARTES: Aber die, die sie fühlen, erscheinen mir wie unsichere Teenager, die sich oft der Kraft noch gar nicht bewußt sind, über die sie tatsächlich bereits verfügen.

FREUD: Weil ihr Ödipuskomplex sie noch die Rache des Vaters fürchten läßt, wenn sie ihn mit ihrer Potenz herausfordern oder gar umzubringen phantasieren.

DESCARTES: Ob Gott oder Vater, keiner hatte die Macht, sie für ihre bisherigen immerhin beachtlichen Herausforderungen so zu strafen, daß sie ihr Projekt hätten stoppen müssen. Die Mondflieger sind heil zurückgekommen. Die Atombombenbauer hat kein Schlag getroffen. Und niemand glaubt, daß den Manipulatoren des Erbguts etwas zustoßen wird. Deshalb, lieber Augustin, nehmen die Leute das Schauermärchen jenes Dinosaurierfilms nicht so ernst, wie du es gern hättest. Es macht ihnen Spaß, sich gelegentlich für einen Moment in die magische Gespensterwelt ihrer Kindheit zurückzuversetzen, so wie viele gern hin und wieder auf dem Jahrmarkt mit der Geisterbahn fahren.

PLATON: Aber Ikarus hat, als er immer höher gen Himmel flog, erst zu spät gemerkt, daß die Sonne das Wachs an seinen Flügeln schmelzen ließ.

DESCARTES: Dazu würden meine irdischen Freunde sagen: Auch dies ist nur ein Mythos, mit dem man Kinder erschrecken kann, nicht mehr aber die Protagonisten des Fortschritts. Wie sonst hätten zum Beispiel die Amerikaner den Mut aufbringen können, ihre Raketen mit Götternamen wie Titan und Jupiter in den Weltraum zu schießen!

EINSTEIN: Also, diese erklärten Optimisten, die du vertrittst, sind wohlgemut und siegessicher. Sie sehen die Welt nicht zusammenstürzen oder von selbst gezüchteten Dinosauriern verwüstet werden, vielmehr in den Händen neuer prometheischer Geschlechter sich stetig zum Besseren wandeln. Einige Rückschläge und Unfälle mag es geben, aber kein Hindernis wird den Zug, von dem du sprichst, vom Erreichen immer herrlicherer Gefilde abhalten.

DESCARTES: So genau lautet die Erwartung. Dabei werden diese Gefilde allerdings nur noch entfernt der heutigen Naturwelt ähneln. Neu gemachte Pflanzen und Tiere werden die Rohstoffe für die chemisch präparierte Nahrung liefern. In fast menschenleeren Fabriken werden intelligente Roboter die Produktion besorgen. Virtuelle Welten werden Phantasien und Wünsche befriedigen, die in der gefühllosen technisierten Kommunikation leer ausgehen. Und es werden eben gentechnisch stabilisierte, optimal funktional zugerichtete Menschen sein, die sich teils auf diesem Planeten, teils im All in neugeschaffenen Lebensräumen tummeln.

FREUD: Ich frage mich, warum sich deine Gewährsleute eigentlich Optimisten nennen. Was sie voraussehen, ist doch das Ende dieser Kultur. Sie phantasieren, von einer neuen Spezies abgelöst zu werden, die sich mit Chemie, Gentechnik und Laborzeugung in einer total umgemodelten Synthetikwelt bewegen wird. Ich erkenne darin eher eine tiefe Selbstunzufriedenheit und die verzweifelte Illusion, die fortentwickelte Technik werde ihnen die Verantwortung dafür abnehmen, was sie selber tun müßten, nämlich ihre Verhältnisse miteinander und mit der Natur achtsamer und friedlicher zu regeln. Das neue Geschlecht, von dem sie träumen, hätte sich als Subjekt der Geschichte verabschiedet und wäre nur noch Sklave der intelligenteren, aber moralisch blinden Technologien. Es wäre eine Selbstentmündigung mit voraussehbaren katastrophalen Folgen.

DESCARTES: Darüber magst du, Freud, nach Herzenslust spekulieren. Ich fürchte, du verkennst völlig das Tempo, in dem die geschichtliche Wirklichkeit auf den radikalen Bühnenwechsel bereits zuläuft. Wenn es aber so ist, was die von mir zitierten Freunde genau wie ich erwarten, dann ist optimistische Zuversicht doch die beste Kraftquelle, um die künftigen Herausforderungen zu meistern.

EINSTEIN: Ich sehe deine Unruhe, Augustinus. Offensichtlich drängt es dich, Einspruch einzulegen.

AUGUSTINUS: Ich danke dir. Keinen Augenblick länger hätte ich dazu schweigen können, wie die von Descartes zitierten vermeintlichen Halbgötter die Schöpfung zerstören wollen.

Ich schwanke zwischen Empörung und Bedauern hin und her. Empörung über die Hybris des Projekts. Und Bedauern, weil ich mich nicht ganz dem Vorschlag Freuds entziehen kann, den verblendeten Abenteurern eine krankhafte Manie zu bescheinigen. Sie selber sind doch von der Magie besessen, die sie denen zuschreiben wollen, denen noch ein gesundes Gewissen schlägt. Ihre synthetisierte Zukunftswelt ist nichts anderes als ein dürftiges Abbild vom Stein der Weisen aus der Zeit der Alchimisten. Nur haben jene *gesucht*, was die Heutigen größenwahnsinnig *machen* wollen. Die Ängste, von denen die Reisenden in dem von Descartes geschilderten Zug gepackt werden, sind noch das Gesündeste an ihnen. Ein Rest von Vernunft sagt ihnen, daß der babylonische Turm über ihnen zusammenstürzen wird, wenn sie so weitermachen. Mag Freud das ihren Ödipuskomplex nennen, so ist es mir egal. Jedenfalls ist es nicht Einbildung, sondern ihr immer noch nicht ganz verdrängtes Wissen, daß es ihnen schlicht nicht zusteht, die Schöpfung mit einer Spielzeugkiste zu verwechseln.

DESCARTES: Immerhin ist es nicht der Mensch, der sich anmaßend zum Ebenbild Gottes erklärt hat, sondern dieser selbst hat ihm diese Größe laut Moses verliehen und ihm obendrein die Herrschaft über die Erde und alles Getier übertragen. So steht es doch wortwörtlich in der Heiligen Schrift.

AUGUSTINUS: Nur hat er mit Herrschen Hüten gemeint und nicht etwa das Recht zum Verstümmeln und zum Auslöschen lebendiger Arten. Mein armer Descartes, du solltest dein Mandat niederlegen für eine Klientel, deren Vorläufern du vor dreieinhalb Jahrhunderten deinen Geist eingehaucht hast, ohne vorauszusehen, wohin sich die Nachfahren verirren würden. Da war dein mathematisch-philosophischer Weggenosse Pascal seinerzeit hellsichtiger, als er mit Recht warnte: »Wir verbrennen vor Sehnsucht, einen festen Ort und ein endgültig bleibendes Fundament zu finden, um einen Turm darauf zu bauen, der sich bis ins Unendliche erhebt, aber alle unsere Fundamente bersten, und die Erde tut ihre Abgründe auf.«

Jetzt ist es soweit, daß sich die Risse im Fundament auftun und schnell verbreitern. Aber die du vertrittst, die wollen unbelehrbar ins Unendliche hinauf. Ich jedoch sage wie Pascal: Was haben sie schon davon, wenn sie ihr Leben um zehn oder demnächst vielleicht dreißig Jahre verlängern? Von der Ewigkeit bleiben sie gleich weit entfernt. Und sie würden der Gewalt, die jetzt schon immer mehr Herrschaft über sie gewinnt, in der Form eines permanenten Generationenkrieges endgültig verfallen, es sei denn, die gerade Herrschenden würden keine Kinder mehr zeugen. Oder Gott würde sie zur Strafe unfruchtbar machen. Es heißt ja auch schon, daß es vielen Männern an Libido und fruchtbarem Samen mangle und daß ebenso viele Frauen steril bleiben – trotz aller Versuche künstlicher Befruchtung. Sollte das nicht die Vernünftigeren warnen?

Was du als großartige Errungenschaften prophezeist, Descartes, läuft auf pure Zerstörung hinaus, auch wenn die Träger dieser Art von Fortschritt dafür blind oder, genauer, weil ihre Herzen abgestumpft sind. Das ist die Auswirkung jener Spaltung der Seelen, die eingeleitet und ahnungslos propagiert zu haben wir dir ja schon eindringlich vorgeworfen haben. Die Leute bemerken kaum oder gar nicht mehr ihre Grausamkeit, wenn sie die Natur wie eine Beute jagen, sie ausweiden, deformieren und in Teilen verschlingen. Sie spüren nicht, was sie anrichten, wenn sie sich zu einem Geschlecht ohne Leiden und Schwächen umzüchten wollen. Denn das hieße doch Stigmatisierung, Diskriminierung und schließlich Austilgung der Träger dieser Schwächen. Sie nehmen den Haß nicht wahr, der solches Tun antreibt, weil sie Haß wie Liebe nicht mehr in ihr Denken eindringen lassen wollen.

EINSTEIN: Was steht dem entgegen, daß ihnen die unbotmäßige Gewalt dennoch begreiflich gemacht wird, die sie gegen die Natur und gegen ihre eigene Integrität ausüben? Es ist doch deine Spezialität, Freud, Verdrängungen und Spaltungen therapeutisch zu bearbeiten.

FREUD: Sich mit den eigenen Verdrängungen auseinanderzusetzen, sind immer nur solche bereit, die einsehen, daß sie krank sind oder leiden. Die von Descartes vertretene Schicht hält aber fatalerweise umgekehrt nur ihre Gegner für neurotisch oder uneinsichtig, die ihnen die Destruktivität ihrer rücksichtslosen Eroberermentalität vorwerfen. Sie sagen: Leidfreie Menschen zu züchten ist doch ein moralisches Ziel. Manche von ihnen gehen ja noch weiter und sagen: Die Gene sind wichtiger als die Menschen, deren Körper den Genen nur als Hilfsmaschinen zu ihrer ewigen Replikation dienen. Also ist die Weiterzüchtung der gesündesten Gene unser Ziel, was immer das für die Menschen an Opfern bedeutet, die sich dieser Aufgabe unterordnen müssen.

EINSTEIN: Haben die Nazis nicht sehr ähnlich gedacht?

FREUD: Deren Bestialitäten waren einzigartig. Aber als Beispiel für die Perversion moralischer Maßstäbe kannst du sie durchaus anführen. Auch dafür, daß Menschen sich einer solchen moralischen Perversion massenhaft unterwerfen können, wenn es heißt, die erblich Belasteten müßten auf der Erde Platz machen für die Gesünderen; dies sei eine moralische Pflicht um des künftigen Wohls der Allgemeinheit willen.

FREUD:
Der Pessimismus bereitet den Untergang vor

EINSTEIN: Ich hoffe, lieber Descartes, du kannst die Schelte ertragen, die du zugleich stellvertretend für die Dinosaurierzüchter und ihre Anhänger einstecken mußtest. Nun wäre Augustinus an der Reihe, uns Kunde von Gruppen zu geben, die unbeirrt an eine von solchen moralischen Zerstörungen bewahrte Zukunft glauben. Aber zunächst sollten wir den Mut aufbringen, uns mit dem Gespenst des *Pessimismus* auseinanderzusetzen, der sich in Millionen Köpfen eingenistet hat.

FREUD: Wobei wir zwischen offenem und verstecktem Pessimismus unterscheiden müssen. In meiner Sicht sind sogar die Propheten der technologischen Erlösung heimliche Pessimisten, insofern sie nicht mehr auf die menschliche Kraft und Weisheit, vielmehr nur noch auf die Intelligenz und Unfehlbarkeit der neuen Computer und Roboter bauen.
Einen anderen heimlichen Pessimismus entdecke ich bei denen, die sich ausschließlich noch *dem Augenblick* ergeben und erklären, nur im Jetzt und Hier finde das Leben statt – wer wisse denn, was morgen komme. In Wahrheit wollen sie an das Morgen und Übermorgen nur deshalb nicht denken, weil sie es so sehr fürchten.

EINSTEIN: Ich freue mich, lieber Freud, daß du schon voll dabei bist, uns über die Pessimisten zu belehren, in die du dich als notorischer Skeptiker ohnehin unschwer einfühlen kannst. Haben wir doch von dir gehört, daß du schon zeitlebens von der »Gefahr des Erlöschens des Menschengeschlechtes infolge seiner Kulturentwicklung« gesprochen hast. Ich habe mich gefragt, ob du damit nicht etwas Ähnliches gemeint hast wie die pessimistischen Prognostiker, die neuerdings von einer »sozialen Entropie« reden.

FREUD: Tatsächlich erinnert mich diese moderne Untergangstheorie an meine Besorgnis, die ich dir einst gestanden habe, als wir über die Möglichkeit der Kriegsverhütung korrespondierten. Da wagte ich die Vermutung, die Kulturmenschheit könnte an zunehmender Triebschwäche zugrunde gehen, ähnlich wie die Domestikation manche Tierarten degenerieren lasse. Ob dieser biologische Vergleich berechtigt ist, erscheint mir inzwischen eher zweifelhaft. Aber daß sich in einigen hochzivilisierten Völkern eine gewisse Ermattung und Abstumpfung ausbreitet, ist doch eine schwer zu leugnende Tatsache. In großen Scharen sehe ich die Menschen oberflächlicher und phantasieärmer werden. Wenn man in dieser Richtung weiter denkt, würde es auf eine allgemeine psychische Verarmung hinauslaufen, auf eine Entinnerlichung, schließlich auf ein Erstarren in geistiger und sozialer Kälte.

EINSTEIN: Aber du wolltest uns gerade noch erklären, warum die vielen, die nicht mehr über die Gegenwart hinausdenken wollen, angeblich nur aus Angst den Blick auf ein negatives Zukunftsbild scheuen.

FREUD: Was im Alltag kaum verraten wird, ermitteln meine Schülerinnen und Schüler in demoskopischen Befragungen. Da kommt zum Beispiel heraus, daß große Bevölkerungsteile, zumal die Jüngeren, eine fortlaufende Verschlechterung der Lebensbedingungen erwarten. Die Arbeitslosigkeit werde langfristig immer mehr zunehmen. Die Umweltzerstörung werde – so mutmaßen vor allem die Jugendlichen – nie mehr gestoppt werden können. Darüber sprechen wollen jedoch die wenigsten. Sie unterdrücken die pessimistische Vision – verständlicherweise –, um nicht einer lähmenden Resignation zu verfallen. Dieses Verschweigen funktioniert als Tabu. Wer es bricht, bedroht die gemeinsame Verdrängung und zieht Zorn auf sich.

EINSTEIN: Es gehört sich also, sich möglichst unbeschwert und munter zu geben, um wechselseitig die Verdrängung zu schützen?

FREUD: Genau. Die Munterkeit artet sogar, wie ihr alle beobachten könnt, vielfach in sich überschlagende Amüsierlust aus. Es müssen immer neue Spiele, neue Späße, neue Nervenkitzel erfunden werden. Die Verdrängung der Zukunftsangst funktioniert also nur durch eine hektische Ablenkung auf Zerstreuungen und Vergnügungen, deren Herstellung inzwischen eine ausgedehnte Industrie besorgt.

EINSTEIN: Aber erlaube einen Zweifel an deiner Pessimismus-Diagnose: Ließe sich die Amüsierlust nicht auch als Ausdruck von echter Lebensfreude deuten?

FREUD: Wenn ihr genau hinschaut, spürt ihr in der Hektik dieses Amüsierbetriebs den Ablenkungszwang. Alles darin ist übersteigert und gewaltsam. Die Formel eines bekannten Schriftstellers, »Wir amüsieren uns zu Tode«, paßt genau. Der Spaß wird zur gesundheitsbedrohenden Tortur, wenn Massen von Jugendlichen bei ihren Technopartys ihrem Organismus mit Aufputschmitteln eine Dauerekstase abfordern. »Jetzt weiß ich, wofür ich gelebt habe!« sagte kürzlich eine Jugendliche nach einer der Marathon-Technoparaden. Bis zum nächsten arrangierten punktuellen Glücksmoment reicht die Lebenshoffnung. Wer den verpaßt, den bestraft die perspektivenlose Zukunft. Sich aktiv austoben oder sich über Dutzende von TV-Kanälen von allen erdenklichen Reizungen der Emotions- und Triebskala überfluten lassen, das sind typische Symptome der Endzeitstimmung.

EINSTEIN: Kommt es nicht auch daher, daß die Erlebnissucht und die Schaulust vor keinen Tabus mehr haltmachen? Daß die Produzenten von Pornographie und Gewaltdarstellungen immer weniger auf Restriktionen stoßen?

FREUD: Ich sehe es so. Was diese Produzenten im Internet oder mit Videoclips bedienen, ist nicht etwa ein Bedarf an spontaner Sinnenfreude, sondern an Betäubung einer mühsam niedergehaltenen Untergangsstimmung.

EINSTEIN: Wenn das aber so ist, dann stellst du damit, wie mir scheint, deine alte Neurosentheorie auf den Kopf. Früher hast du gesagt, die Menschen werden hysterisch, wenn sie ihren Trieb unterdrücken. Nun erklärst du uns, das hemmungslose praktische oder voyeuristische Ausleben von Triebhaftigkeit sei seinerseits Folge einer Störung.

FREUD: Das ist gar kein Widerspruch. Nach wie vor werden Menschen neurotisch, wenn sie vor ihrer Triebhaftigkeit zuviel Angst haben und davon einiges in maskierter Form in hysterischen Symptomen unterbringen. Der andere Mechanismus ist mir erst später klargeworden, als ihn die zunehmende Endzeitstimmung voll ans Licht gebracht hatte. Er paßt in den Zusammenhang von Depression und Manie, von dem wir schon gesprochen haben. Sehen Menschen nicht mehr, daß sie eine sichere Zukunft haben, oder glauben sie, ihre Zukunft nicht mehr bestehen zu können, dann werden sie aus dieser Ohnmacht in die Zuflucht zu oberflächlichen Befriedigungen getrieben, die in ihrer Macht stehen.

Man kann sich das so vorstellen, daß es im menschlichen Gemütsleben verschiedene Schichten gibt. In der tiefsten spiegelt sich, ob die einzelnen sich selbst und der Welt im Grunde vertrauen, ob sie überhaupt eine Zukunft zu haben glauben oder ob sie dieser verzagt und hoffnungslos entgegensehen. Die jeweilige Grundstimmung trägt sie oder drückt sie nieder. Ist sie schlecht, sind sie ihr ausgeliefert. Aber sie können, wenn es in dieser tiefen Schicht trübe aussieht, immerhin ihre Fähigkeit nutzen, sich auf einer peripheren Ebene momentane Glücksempfindungen oder zumindest Entspannung zu verschaffen. Das kann als aktive oder passiv-voyeuristische Abreaktion von Triebhaftigkeit ebenso erfolgen wie durch Konsum von Alkohol oder Drogen. Diese Reaktion kann sich steigern und automatisieren: je verzweifelter die Grundstimmung, um so unwiderstehlicher der Zwang zu solcher Kompensation.

Wird das Bild einer Gesellschaft nun, wie zur Zeit, zunehmend durch solche suchtartigen Entlastungsreaktionen bestimmt, dann ist das ein untrügliches Signal für eine in der Tiefe negativ gefärbte Gemütslage. Eine Masse von Menschen ist bis auf den Grund pessimistisch und flüchtet sich in hunderterlei oberflächliche Ersatzbefriedigungen. Dabei verlangt das Entlastungsbedürfnis eine stetige Steigerung der kompensatorischen Reize. Automatisch kommt auch mehr und mehr von der in der Depressivität verborgenen Destruktivität zum Vorschein. Die Gladiatorenspiele, an denen man sich ergötzt, müssen, wie im späten Rom, ständig blutrünstiger werden. Tödliche Unfälle bei Auto-, Motorrad- und selbst bei Skirennen wirken nicht mehr abschreckend, werden vielmehr heimlich herbeigesehnt. Früher zahme Ballsportarten wie Fußball verrohen zunehmend und produzieren serienweise schwere Verletzungen. Russisches Roulette in den verschiedensten Varianten gehört zur neuen Jugendmode. Zahlreiche Unterhaltungsprogramme in den Medien nehmen die Katastrophen vorweg, die immer mehr das Phantasieleben beherrschen. Dazu hat man eine neue Berufsgruppe geschaffen, die für hohe Bezahlung Untergangsdramen aller Art simuliert: Erdbeben, Städtebrände, Explosionskatastrophen, Atomkriegsszenarien mit Massen von verblutenden, verstümmelten und verbrannten Menschen.

In allen diesen Brutalisierungen spiegelt sich eine schleichende Kapitulation vor dem Gewaltprinzip wider, demgegenüber die Bindungs- und Versöhnungskräfte schwächer werden. Die vorgeführten Untergangsbilder sollen die Angst vor einem realen schaurigen Weltende bannen. Parallel zu der fiktionalen Destruktivität steigert sich auf den Straßen die direkte Abfuhr von Aggressivität in Form von Überfällen und Vandalismus – oft die primitivste Abreaktion von Hoffnungslosigkeit in den sozial schwächsten Schichten.

EINSTEIN: Gern würde ich von dir noch erfahren, was es mit der neuen modischen Begeisterung für Spuk, Astrologie und galaktische Wunder auf sich hat. Was treibt die TV-Einschaltquoten für Mysteryserien in nie gekannte Höhen? Hat auch das etwas mit Flucht und Selbstbetäubung zu tun?

FREUD: In vielen Fällen sicherlich. Wird es auf diesem Planeten ganz finster, dann winkt vielleicht noch eine Befreiung durch Ufos oder Kometen wie Hale-Bopp. Wenn sich unlängst die Mitglieder einer Sekte umbrachten, um vor dem erwarteten Weltende noch auf diesen Kometen umzusteigen, so war das ein psychotisches Extrem. Aber im Ansatz schimmert dieses Muster immer häufiger in der Sehnsucht durch, sich in verwandelte Wunderwelten zu begeben, um den irdischen Nöten und Bedrohungen zu entrinnen. Die Mysterystoffe bieten mühelose Traumreisen in esoterische Szenarien und neue Lebensgemeinschaften mit extraterrestrischen Wesen an – und nähren in einem Winkel der Seelen die Hoffnung, daß man eines Tages, sollte es zu der apokalyptischen Katastrophe kommen und alles in Scherben fallen, zu irgendwelchen heilen außerirdischen Gefilden abheben könnte.

DESCARTES: Es kostet mich immer mehr Mühe, Freud zuzuhören. Alles, was er sagt, klingt mir zu sehr nach hemmungsloser Schwarzseherei.

FREUD: Sollte es nicht meine Aufgabe sein, euch das Phänomen des Pessimismus näher zu erläutern?

EINSTEIN: Du magst dich über die Pessimisten ärgern, lieber Descartes. Aber sie sind nun einmal in ihren zahlreichen Varianten eine bedeutende Fraktion auf der Erde. Ihre Stimmung allein wäre uns ja nicht so wichtig, aber deren mögliche Konsequenzen sind es, nämlich daß sie das Negative, das sie befürchten, unabsichtlich herbeiführen könnten.

FREUD: Ich tue mich deshalb einigermaßen schwer damit, euch den Pessimismus zu verdeutlichen, weil ich ihn vorwiegend anhand indirekter Belege vorstellen muß. Denn mit der Erwartung einer schlechten Zukunft steigt die Furcht vieler Menschen, sich diese Aussicht einzugestehen, weil sie das innere Gleichgewicht zu verlieren drohen. Also verleugnen sie, was sie nichtsdestoweniger ahnen. Unter den Vertretern dieser Reaktion könnte Descartes Tausende von Zeugen aufbieten, die mich der Schwarzmalerei bezichtigen würden. Wer liebt schon Aufklärer, gegen die man die Verleugnung der eigenen bedrückenden Vorahnungen verteidigen muß?

EINSTEIN: Nun gibt es jedoch wohl neben dem verdeckten auch einen ziemlich offenen Pessimismus, über den du uns auch noch informieren solltest.

FREUD: Die euch gut bekannten Scharen von notorischen Jammerern benötigen wohl keinen Interpreten. Aber vielleicht sollte ich noch ein Wort über eine Kategorie von Leuten sagen, die sich über den fortschreitenden Verfall keine Illusionen, sich diesen aber ungeniert egoistisch zunutze machen. Sie versinken weder in depressive Lethargie, noch suchen sie eine Kompensation in virtuellen Cyberwelten oder in Mysteryphantasien, noch legen sie es darauf an, sich zu Tode zu amüsieren. Statt dessen üben sie sich genau in den Verhaltensmustern, die den allgemeinen sozialen Niedergang beschleunigen. Ihre Vorbilder sind jene Mächtigen, die erklärtermaßen gegen Korruption kämpfen, jedoch sie selber ungeniert ausüben und davon profitieren, daß siegreiche Rücksichtslosigkeit neuerdings um so mehr imponiert, je weniger sie noch sichtbare Reste von Scham mit sich schleppt. Warum also, so sagt sich dieser Typ von Leuten, nicht selber im Strudel des Verfalls hemmende Skrupel unterdrücken, um wenigstens, solange es möglich ist, noch obenauf zu schwimmen? Warum nicht einen Vorderplatz im Wettbewerb der schamlosen Egoisten zu besetzen versuchen? Wenn schon mitgefangen, mitgehangen – dann wenigstens jetzt noch in einer der ersten Reihen mitlaufen, vorbei an den Edelsinnigen, die sich mit zaghaften moralischen Protesten nur noch eine belanglose Selbstbefriedigung verschaffen.

Vielleicht, so sagen sich die Betreffenden, beschleunigen wir den Untergangsprozeß mit unserer Verantwortungslosigkeit. Aber das ist uns auch egal. Wahrscheinlich ist ein baldiges Ende mit Schrecken sogar leichter zu ertragen als ein Schrecken ohne Ende, das heißt ein elendes Dahinkümmern in einer sich auflösenden Gesellschaft. Wenn es überhaupt für einige unter uns ein Überleben gibt, dann höchstens nach einer sintflutartigen Weltkatastrophe, die ein neues Denken hervorbringen könnte, zu dem wir aus eigener Kraft aber keineswegs mehr fähig sind.

AUGUSTINUS: Zumindest diese Sintflutsüchtigen verraten also, daß in ihnen immerhin noch ein Rest von Gewissen schlägt. Nur sind sie zu feige, diesem zu gehorchen.

FREUD: Der Vollständigkeit halber sollte ich euch auch noch eine letzte intellektuelle Spielart von pessimistischem Zynismus nennen, die sich in der Literatur- und in der Kunstszene erfolgreich ausgebreitet hat. Es ist ein schwarzer Humor, der von dem Untergangsthema nicht ablenkt, vielmehr an dieses geradezu zwanghaft fixiert ist, aber voller Spott und Ironie.

EINSTEIN: Meinst du so etwas wie Galgenhumor?

FREUD: Das ist vielleicht das passende Wort.

EINSTEIN: Kannst du uns diese Reaktion näher erläutern?

FREUD: Ich will es versuchen. Es war noch immer ein Zeichen von Hoffnung, als die Bevölkerung ein Verlangen nach Spaßmachern, Hofnarren und Kabarettisten hatte, die ihre Machthaber kritisch verulkten. Es war eine, wenn auch schwache, Äußerung von Widerstand gegen Unrecht und Korruption der Herrschenden. Nimmt der Pessimismus indessen überhand, dann verlieren die klassischen Kabarettthemen an Zugkraft. Das von Ängsten und Selbstzweifeln geplagte Publikum entzieht den Spaßmachern die Vollmacht, sich stellvertretend, wie witzig auch immer, als provokative moralische Instanz aufzuführen. Vielmehr schlägt das Bedürfnis um, nämlich nunmehr genau die Position zu verspotten, von der aus das klassische Kabarett seine therapeutische Funktion ausgeübt hatte. Es macht keinen Spaß mehr, sich an den versagenden Oberen abzureagieren, wenn die Erkenntnis aufkommt: Denen da oben wachsen die Probleme über den Kopf, uns allen anderen aber auch. Die oben sind nicht gut genug, wir anderen indessen ebensowenig. Aber noch unerträglicher als diese Enttäuschung ist es, von hartnäckigen humanistischen Mahnern zu einem moralischen Widerstand aufgestachelt zu werden, den man sich nicht mehr zutraut. Also genießt man die Schadenfreude, wenn eine neue Kategorie von Galgenhumoristen die Wahrheit verdreht und sagt: Das Böse kommt überhaupt erst von diesen Moralaposteln, die ihr eigenes Gutsein mit ihren apokalyptischen Horrorvisionen demonstrieren wollen.

EINSTEIN: Und das gelingt?

FREUD: Bei einigen Gruppen vortrefflich. Die benehmen sich ähnlich wie Kranke, die sich selbst insgeheim aufgegeben haben und in dieser Verfassung am wenigsten vertragen, wenn man ihnen noch eine heilvolle Umstellung ihrer Lebensweise anrät, also zum Beispiel das Rauchen und das

Trinken aufzugeben. Solche Ratgeber können sie aus Verzweiflung nur noch auslachen. Diese erscheinen ihnen wie jener Bajazzo, von dem unser seliger philosophierender Mitbewohner Kierkegaard erzählt hat: Der trat im Theater vor den Vorhang und meldete, die Kulissen hätten Feuer gefangen, und das Theater drohe abzubrennen. Das Publikum lachte, und es jubelte noch lauter, als der Bajazzo seine verzweifelte Warnung wiederholte. So werde die Welt eines Tages unter dem Jubel witziger Köpfe untergehen, meinte Kierkegaard. Mir scheint es, als säße eine gewisse Kategorie von Pessimisten heute bereits in diesem Theater.

MARX: Der globale Ultrakapitalismus steuert in ein Inferno

EINSTEIN: Freud verdient unseren Dank dafür, daß er uns diverse Typen von pessimistischer Psychologie verständlich gemacht hat. Mir scheint indessen, daß sich diese Stimmung auch bereits in gewissen politischen Strategien niederschlägt.

MARX: Das trifft zu. Nur hat diese Stimmung ganz handfeste Ursachen. Wenn die ökonomischen Triebkräfte zu einer zunehmenden Abspaltung der Schwachen von den Starken führen, wofür die ungehemmten Kräfte des globalen Marktes sorgen, dann gleiten der Politik die Zügel aus der Hand. Sie gibt es auf, dem Absinken der sozial Schwächeren noch entgegenzuwirken.

EINSTEIN: Was bedeuten dann die ungeminderten Versprechungen, Arbeitslosigkeit zu beseitigen und für soziale Gerechtigkeit zu sorgen?

MARX: Das sind inzwischen leere Beschwichtigungsformeln, für die eigentlich unser Freund Freud zuständig wäre. Wollte die Politik ernsthaft den Absturz der sozial gefährdeten Schichten in Armut, seelische Krankheiten, Alkohol- und Drogenelend sowie Kriminalität aufhalten, müßte sie, anstatt dem Abfluß der Spekulationsgelder auf die Finanzmärkte tatenlos zuzusehen, in soziale Prävention investieren – was sie aber eben nicht tut. Der zunehmende Rückzug der Reichen in Wehrgettos mit privaten Wachtruppen bedeutet doch nichts anderes als die Kapitulation vor einer definitiven Entsolidarisierung und der schleichenden Militarisierung einer scheiternden Ordnungspolitik.

EINSTEIN: Dann wäre also die Politik am Ende. Aber du kannst doch schwerlich bestreiten, daß sich die fortgeschrittenen Staaten immer noch funktionierender Strukturen erfreuen und keineswegs das trostlose Bild von Zerrüttung bieten, wie du es uns darstellst.

MARX: Denkst du nur an die äußerlichen Abläufe, hast du recht. Da klappt es noch immer mit den parlamentarischen Ritualen. Die Fernsehbürger lassen sich von der Rhetorik ihrer gewählten mittelmäßigen Repräsentanten einlullen, wohl ahnend, wie wenig alle propagandistischen Verheißungen taugen. Sie konsumieren Politik mehr oder weniger als Unterhaltungstheater, drücken den einen – wie auf der Sporttribüne – die Daumen, verwünschen die anderen, insgeheim allerdings immer noch mit einem Funken Hoffnung, die von der Mattscheibe strahlende rhetorische Fürsorglichkeit vielleicht doch ernst nehmen zu können. So laufen sie immer noch mehrheitlich in die Wahllokale – ähnlich wie chronisch Kranke, die unentwegt brav zum Arzt gehen, als hätten sie allein deshalb, weil sie dies tun, eine Chance.

DESCARTES: Du hast die gleiche dunkle Brille auf wie Freud. Es kostet Nerven, dir zuzuhören.

MARX: Aber ich stecke mit Freud wahrlich nicht unter einer Decke – schon deshalb nicht, weil ich seine psychologischen Typenskizzen zwar für einigermaßen gescheit, aber für absolut irrelevant halte. Denn mich beschäftigen die Abermillionen, die nicht wegen psychologischer Neigungen oder Anlagen, sondern weil sie keinen Ausbildungsplatz, keine Arbeit, kein Geld haben oder demnächst aus ihrer Stellung fliegen werden, vor der Zukunft wie vor einer schwarzen Wand stehen.

Zum Voraussehen muß eine Aussicht dasein. Um über Zukunft zu phantasieren, muß man überzeugt sein, daß man eine hat. Die Massen der ein für allemal sozial Abgehängten würden doch verrückt werden, würden sie Pläne und Visionen entwerfen, nur um deren Chancenlosigkeit zu betrauern. So wird es bald auch der heutigen Mittelklasse ergehen, denn die wird verschwinden, wenn es demnächst nur noch zwanzig Prozent Gewinner, aber achtzig Prozent Verlierer im mörderischen neoliberalistischen Wettrennen geben wird. Die Klassen der Verlierer werden sich in Kürze nicht mehr den Kopf darüber zerbrechen, wie viele Pflanzen- und Tierarten in hundert Jahren ausgestorben sein oder wo das Hochwasser der erwärmten Meere zuerst die Schutzdämme großer Hafenstädte brechen wird. Sie werden selber aufstehen und die Dämme brechen, hinter denen sich die wohlhabenden zwanzig Prozent noch so aufwendig verbarrikadiert haben mögen.

Das Entsetzen, das die Völker im kalten Krieg vor ihren Atomraketen gepackt hatte, dürfte nur ein laues Unbehagen im Vergleich zu der Panik gewesen sein, die der Sturm der Verarmenden auf die Wohlstandsfestungen entfachen wird, wenn diese Massen demnächst ihre gestohlene Zukunft einfordern werden. Dann werden Freuds korrumpierende und korrumpierte Pessimisten die Sintflut haben, die sie selber mit vorbereiten. Aber sie werden kaum eine Arche finden, in die sie sich retten können.

EINSTEIN: Vorhin hast du indessen gesagt, daß der Ultrakapitalismus seine Verlierer dazu erziehe, sich mit ihm zu identifizieren und damit den eigenen Abstieg als selbstverschuldet hinzunehmen.

MARX: Bis eines Tages alles zusammenkracht – so habe ich meinen Gedanken beendet. Und von diesem Zusammenkrachen rede ich jetzt. Allerdings wird der Aufstand kaum von den Massen der in Armut total Erschöpften, also von ganz unten ausgehen, sondern vermutlich von der Schicht, die bisher gerade noch Anschluß halten konnte und begreifen muß, daß alle ihre Qualitäten und Anpassungsanstrengungen nicht mehr taugen, sich zu sichern. Diese Gruppen werden sich ihren sozialen Abstieg nicht als persönliches Versagen anrechnen. Wenn sie mit friedlichen Protesten und Streiks nicht mehr weiterkommen, werden sie sich irgendwann nicht mehr zurückhalten. Und dann wird ein revolutionäres Potential gewaltig explodieren. Wenn ihr darauf achtet, könnt ihr bereits heute bemerken, daß es zu brodeln anfängt. Schon fast dreißig Millionen haben sich in den USA in befestigten Siedlungen eingemauert. Manche Großstädte dort würden heute schon in Flammen aufgehen, würde weiße Polizei nicht Provokationen der wutgeladenen schwarzen Mehrheiten ängstlich vermeiden. Ein einziger Funke könnte dort morgen schon Flächenbrände entfachen.
Aber bis überall Angst und Wut in die untere Mittelklasse einbrechen werden, wird es noch eine Weile dauern, nämlich bis diese Gruppen von den brutalen sozialen Spaltungsprozessen voll erfaßt und nach unten gedrückt werden. Dann wird es nur noch heißen: entweder zu essen haben oder selber gefressen werden. Dann werden die Massen, die noch gelernt haben, ihre Ellbogen einzusetzen, aber sich schon auf der Opferseite sehen, keine Radikalität, keine revolutionäre Gewalt scheuen, um die Macht der oberen zwanzig Prozent zu brechen.

FREUD: Und was käme danach? Glauben deine unerschütterten Anhänger und vielleicht du selbst, diesmal werde endlich das von dir beschworene wunderbare Zeitalter der »menschlichen Emanzipation« anbrechen? Ich stelle diese Frage aber nicht im Ernst. Denn eine solche grenzenlose soziale Explosion, wie sie dir vorschwebt, würde gewiß nur noch Staub und Asche, aber keine erholungsfähige Kultur hinterlassen.

EINSTEIN: Immerhin müssen wir Marx zugestehen, daß die Möglichkeit eines solchen Infernos nicht ganz von der Hand zu weisen ist. Denn daß die nationalen Regierungen der stetigen Verschärfung des Armutsgefälles zwischen Nord und Süd und innerhalb der eigenen Gesellschaften bislang ziemlich untätig zusehen, kann niemand ernstlich bestreiten.

AUGUSTINUS: Marx präsentiert uns eine Variante der Apokalypse, wie sie durchaus in die Zeit passen würde. Die ewigen Verlierer würden gegen die Schutzmauern der wirtschaftlichen Gewinner anrennen, deren Gegenwehr mit den modernsten Vernichtungswaffen auslösen, und alle miteinander würden in ihrem selbstentfachten Höllenfeuer verbrennen. Wer könnte sagen, daß dieses Geschlecht nach aller bereits jetzt der Schöpfung angetanen Gewalt solches Schicksal nicht verdient hätte? Die Pessimisten Freuds hätten sich jedenfalls ihre Prophezeiung – wenn auch anders als vorgestellt – komplett erfüllt. Aber es ist nicht meine Vision ...

EINSTEIN: Auch nicht die meinige. Marx könnte zwar recht behalten, aber ich hoffe und glaube es nicht. Es wäre doch der Gipfel des Schwachsinns, würden sich halbwegs aufgeklärte Gesellschaften bis zum furchtbaren Ende von den Mechanismen eines sozial ungebändigten Kapitalismus gegeneinander und gegen die Natur ausspielen lassen. Es müssen ihnen doch noch rechtzeitig die Augen aufgehen, daß ihnen, wenn ihnen keine Alternative einfällt, eine Aufstauung von sozialen Spannungen droht, die in ihrer Brisanz diejenige von atomaren Arsenalen vielleicht noch übertreffen wird.

FREUD UND DESCARTES:
Der eiserne Besen als Alternative?

EINSTEIN: Als ich noch zu Lebzeiten fürchtete, daß die Dinge sich einmal derart zuspitzen könnten, forderte ich wie manche andere, daß eine Weltregierung mit weitreichenden Kompetenzen und hinreichender Unabhängigkeit eingerichtet werden sollte. Der Schock des letzten großen Krieges schien mir eine günstige Voraussetzung für die Einsicht in diese Notwendigkeit zu bieten. Aber ihr wißt, daß die geschaffene Weltorganisation nur notdürftig die Abspiegelung und Konservierung der bestehenden Abhängigkeiten und Ungleichheiten verschleiert. Indessen hoffe ich unentwegt, daß meine Idee wiederauflebt, weil ohne eine solche übergeordnete Steuerungs-und-Schlichtungs-Instanz eine gerechtere und friedlichere globale Ordnung nie zustande kommen wird.

MARX: Warst du und bist du wirklich naiv genug zu glauben, die übernationalen Konzerne würden sich von einer Zentralregierung in ihre Machtstrategien hineinreden lassen? Inzwischen können die Politiker, praktisch zu Erfüllungsgehilfen der Wirtschaft degradiert, das System ohnehin nicht mehr zähmen, selbst wenn sie es wollten.

FREUD: Ihr blickt nur einseitig auf die herrschenden Machteliten. Aber mir scheint, daß der dringliche Ruf nach einer internationalen Zentralgewalt bald aus einer Ecke ertönen könnte, die ihr noch gar nicht in Betracht zieht. Allerdings würde in diesem Fall das Modell einer Weltregierung ganz anders aussehen, als es Einstein und auch mir vorschweben würde. Deshalb sind mir die Kreise, in denen sich solche Wünsche melden, einigermaßen unheimlich. Aber wir müssen diese Gruppen zur Kenntnis nehmen. Wer weiß, ob sie nicht bald noch gewaltigen Zulauf bekommen werden.

MARX: Also sag schon, wen du meinst.

FREUD: Die düsteren Zukunftsaussichten lassen dort unten nicht nur apathische Fatalisten, einäugige Technikgläubige, korrupte Egoisten und verdrängende Zerstreuungssüchtige entstehen. Es taucht noch ein ganz anderer Typ in wachsenden Scharen auf. Ich sehe Leute, die sich in ihrer Angst an eine rettende autoritäre Führung klammern wollen. Was sie vereint, ist kein deutliches Konzept, eher eine diffuse Sehnsucht. Eine herrschende Macht soll her, die aller Unordnung und Bedrohung ein Ende macht. Die Autoritätssüchtigen trauen den Parteien, den politischen Führern und sich selbst nicht mehr zu, die sich stetig verschärfende Krise noch in demokratischen Strukturen meistern zu können. Sie wollen sich ihrer Mitverantwortung entledigen, die ihnen nur noch angst macht. Psychologisch betrachtet, regredieren sie auf die Stufe von Kindern, wollen an der Hand genommen werden und nicht mehr selber entscheiden müssen. Aber die Macht, der sie ihre Mündigkeit opfern wollen, soll gefälligst alles perfekt richten, soll sämtliche Gefahren und Übel aus der Welt schaffen – die ungehemmten Egoismen der Wirtschaft, alles soziale Unrecht, Korruption, technischen Risikowahn und Naturzerstörung ohnehin. Der Begriff Ökodiktatur macht schon da und dort die Runde.

MARX: Also wäre Hitlers Rückkehr willkommen?

FREUD: Soweit ich sehe, berufen sich nur Unvorsichtige und Extremisten ausdrücklich auf dieses Leitbild. Andere scheuen sich, die geistige Verwandtschaft zuzugeben, oder reden sich ein, etwas ganz Neues im Sinne zu haben. Das alte Neue heißt: Die offene Gesellschaft hat ausgespielt. Ein eiserner Besen muß her, der das Schlechte wegfegt und mit der Unordnung ein für allemal aufräumt. Wir müssen zum Guten gezwungen werden, von uns aus sind wir dazu nicht mehr imstande. Wir brauchen eine Führerschaft, die mit harter Hand durchgreift.

EINSTEIN: Aber würde diese Diktatur nicht notwendigerweise der Tradition aller bisherigen folgen, nämlich die Übel, zu deren Wegschaffung sie herbeigerufen wird, um ein Vielfaches zu vermehren?

FREUD: Wir sollten nicht das primitive Niveau der Motive verkennen, von denen sich diese autoritätsfixierten Phantasten leiten lassen. Sie fallen auf die Stufe infantil magischen Denkens zurück. Nur eines ist ihnen noch gewiß, nämlich die eigene Verlorenheit und Hilflosigkeit. Wem sie sich am Ende in die Arme werfen, das wird vor allem die Suggestivkraft des ihnen angebotenen Heilsversprechens bestimmen, weniger die kritisch überprüfte Qualifikation des erhofften Retters beziehungsweise seiner Organisation.

EINSTEIN: Ich habe dich wohl recht verstanden, lieber Freud, daß du irgendwann mit der Entstehung einer breiten Strömung rechnest, die nachdrücklich nach einer zentralen autoritären Führungsmacht verlangt. Aber sind es nicht vorerst nur Randständige, von den gesellschaftlichen Mehrheiten beargwöhnte Grüppchen, die solche Träume ausbrüten?

FREUD: Im Umfeld dieser Grüppchen findest du jedoch schon zahlreiche Zweifler, die einerseits noch an den humanistischen Errungenschaften der Demokratie hängen, andererseits der Entscheidungskraft der Parteien, aber auch den Einflußmöglichkeiten von sozialen Bürgerbewegungen immer weniger zutrauen. So keimt ein kollektives Selbstmißtrauen: Wenn wir nicht mehr von uns aus imstande sind, die Werte, an die wir glauben, zu schützen, dann geht es vielleicht nicht ohne Härte und Zwang von oben. – Das sagen sogar Leute, die einmal an die »Politik der Compassion« Willy Brandts oder an die Vision des »Neuen Denkens« eines Gorbatschow geglaubt haben. Wer weiß, wie weit viele dieser Schwankenden noch nach rechts abdriften werden.

EINSTEIN: Darüber sollten wir vielleicht vorerst nicht weiter spekulieren, dafür diejenigen näher betrachten, die bereits definitiv auf autoritäre Heilsrezepte eingeschwenkt sind. Nun sind solche Gruppen doch in aller Regel eher nationalistisch gesinnt, müßten sich demnach schwer damit tun, sich über viele Grenzen hinweg zu schlagkräftigen Kumpaneien zusammenzuschließen.

FREUD: Nicht unbedingt. Die internationale Vernetzung einiger Formationen schreitet dank elektronischer Hilfen rapide voran. Sie haben einen Vorrat an gemeinsamen Zielvorstellungen ermittelt, der sie verkettet. Sie stellen sich eine herrschende Elite vor, die erst einmal Ordnung und Disziplin schafft, Anstand und Sitte garantiert, Verbrechen, Korruption und sexueller Verwahrlosung den rücksichtslosen Kampf ansagt und der biologischen Degeneration mit einer eugenischen Politik ein Ende macht.

EINSTEIN: Wie ist es aber mit dem Kult des Individualismus, der sich speziell in den westlichen Ländern etabliert hat? Steht diese Strömung nicht in direktem Gegensatz zu allen Neigungen, sich kollektivistisch einer diktatorischen Zentralgewalt zu unterwerfen?

FREUD: Weil sie in gewissen Blättern hochgeredet wird, erscheint diese Strömung beachtlicher, als sie ist. Es sind die schon langsam abebbenden Anwandlungen einer dünnen Wohlstandsschicht, in der man die Narzißmuspflege noch lobpreist. Aber selbst in diesen Kreisen beobachten meine Schüler eine rasch fortschreitende Ermattung. Die Menschen spüren ohnehin, daß ihr Spielraum für individuelle Entfaltung unaufhaltsam schrumpft, auch wenn sie sich originell kleiden, ihre Haare blau oder grün färben, sich Ringe an Nase oder Lippen hängen, ihre Körper bunt tätowieren. In Wahrheit versinken die allermeisten in einer grauen Nivellierung. Nicht was sie sind, zählt noch, sondern nur, was man mit ihnen machen kann, sofern sie überhaupt noch zu den Brauchbaren und nicht zu dem Ballast der zu lange Lebenden, der Pflege- und Wohlfahrtsempfänger gehören. Technologische Revolution und Globalisierung zwingen Abermillionen zu erkennen, daß sie durch billige Arbeitskräfte in anderen Ländern und Erdteilen austauschbar sind und daß sie fortwährend in der Konkurrenz mit Maschinen unterliegen, die schneller, präziser und oft auch intelligenter arbeiten als sie selbst.

Die Zahlen derer, die sich kaum mehr wahrgenommen und sich zumindest nicht mehr wichtig fühlen, die nicht mehr wissen, wozu sie überhaupt da sind, vermehren sich stetig. Hier wächst ein Riesenpotential an Verführbar- und Manipulierbarkeit heran, das für den Aufbau totalitärer Strukturen leicht eingefangen und ausgenützt werden kann. Laßt diese Abhängigkeitssehnsucht nur noch weiter anschwellen, dann wird es bald nicht an Organisationen mit ehrgeizigen Herrschaftsgelüsten fehlen, die sich der Anfälligen bedienen. Der stürmische Zulauf, dessen sich manche internationalen Sekten schon heute erfreuen, erlaubt uns eine Vorahnung davon, was sich demnächst noch in ganz anderen Dimensionen abspielen dürfte.

MARX: Übertreibst du nicht ein bißchen? Mir scheint, daß du auch an dieser himmlischen Stätte deine professionelle Neigung noch immer nicht losgeworden bist, die Menschen kränker zu machen, als sie sind.

EINSTEIN: Mir aber leuchtet Freuds Hinweis schon sehr ein, auch gerade weil die Sekten in der Art, wie sie sich neuerdings ausbreiten, für die Strategie der Machtergreifung durch eine totalitäre Organisation eine interessante Möglichkeit aufzeigen. Einige dieser halb religiösen, halb wirtschaftlichen Vereinigungen haben sich bereits in allen Ländern der Erde niedergelassen. Die einflußreichsten werden aus dem Lande gesteuert, das ihnen alle erdenklichen Freiheiten gewährt, während sie selbst von ihren Mitgliedern eine totale geistige und auch materielle Unterwerfung verlangen. Diese Sekten rekrutieren und schulen ihre Mitglieder in aller Stille, halten ihre Strukturen geheim und durchdringen die Gesellschaften, ohne sich, wenn sie einige Vorsicht walten lassen, mit deren Institutionen auf störende Konflikte einzulassen. Sie erobern wirtschaftliche Machtpositionen, lassen ihre Vertreter in den Bürokratien Karriere machen und sickern zielstrebig sogar in Geheimdienste ein. Vielleicht habt ihr verfolgt, daß kürzlich eine dieser Organisationen sich sogar der amerikanischen Regierung bedienen konnte, um ihre Interessen gegen Restriktionen in einem mit den USA befreundeten Land durchzusetzen. Bedenkt, was das heißt: Die führende Macht der Welt, der die Freiheitsideale über alles gelten, greift ungeniert disziplinierend in die inneren Angelegenheiten eines befreundeten Bündnispartners ein, nur weil die Sekte es so haben will. Ich nenne diese Organisation und ihr Vorgehen nur als Beispiel dafür, wie sich aus dem Innern der Gesellschaften heraus ein Machtapparat bilden kann, der eines Tages nur den Vorhang fallen läßt und seine Herrschaft bekanntgibt, die er auf subversivem Wege praktisch schon übernommen hat.

FREUD: Das hieße, die Mitglieder einer solchen Organisation hätten sich bereits in den Führungsetagen von Wirtschaft, Politik und Medien eingenistet oder dort die wichtigsten Schlüsselfiguren bekehrt. Die Revolution wäre gelaufen, ohne daß die Gesellschaften davon etwas gemerkt hätten.

EINSTEIN: Genauso könnte ich mir den Ablauf vorstellen. Was die derzeitigen Sekten anbetrifft, so sehe ich um diese herum allerdings noch heftige Kontroversen und gelegentlich spektakuläre Skandale. Läßt das nicht noch auf einen intakten Widerstandswillen der Bevölkerungen schließen?

FREUD: Nicht unbedingt. Öffentliche Aufregung bezeugt nur die Faszinationskraft derer, die sie verursachen. Heftiger Abscheu ist oft nur die Kehrseite von latenter Verführbarkeit. Vor ansteckenden Kranken flüchten bekanntlich am ehesten diejenigen, die sich insgeheim für besonders anfällig halten.

EINSTEIN: Ich sehe, daß Freud uns mit seinem Hinweis auf die Sekten ein gutes Stück weitergebracht hat. Denn offenbar bieten solche Organisationen mit ihrer religiösen Komponente den Menschen etwas an, womit die rechtsradikalen Gruppen nur schwer konkurrieren können.

FREUD: So ist es. Die Sektenwerber ködern die Haltsuchenden mit dem Angebot: Wir halten für dich eine absolute und verbindliche Wahrheit bereit. Du mußt nie wieder suchen und fragen. Wir haben alle Antworten. Du mußt dir keine Vorwürfe mehr machen, wenn du bedingungslos an unsere Lehre glaubst und unseren Vorschriften gehorchst. Wir sind fortan dein Heil, dein Gewissen, deine Bestimmung, dein Lebenssinn, dein Schutz. Verschreib dich nur ganz unserer Gemeinschaft, dann wirst du erst wissen, wer du wirklich bist, welchen Wert du hast, welche Kraft in dir steckt. Alles wirst du durch uns sein, nichts mehr ohne uns!

So absurd es scheinen mag, viele lassen diese Gehirnwäsche mit sich geschehen und erwachen danach mit einem Gefühl von herrlicher Befreiung und endgültiger Sicherheit. Subjektiv erleben sie ihre Hörigkeit keineswegs als solche, sondern als selbständig gewählte Loyalität. Wer immer diese von außen bedroht, macht sich zu ihrem Feind. Was dieser als Haß erntet, ist ihre Angst vor totalem Zusammenbruch, so wie es ihnen verheißen wurde: Du bist nichts mehr außer durch uns, wir sind dein Recht zu leben.

EINSTEIN: Das hört sich gespenstisch an. Bist du sicher, daß die Bereitschaft zu solcher Hörigkeit sich tatsächlich weiter verbreitet und sich nicht nur auf eine Minderheit von selbstunsicheren und willensschwachen Charakteren beschränkt?

FREUD: Ich meine, es ist eher umgekehrt. Die Zahl der Standfesten ist nicht sehr groß. Aber vielleicht habe ich euch den Prozeß der geistigen Umpolung zu sehr als eine Art Vergewaltigung beschrieben. Dann sollte ich mich korrigieren. In Gang gesetzt wird die Veränderung primär durch den aktiven Drang, sich mittels der autoritären Instanz von der eigenen Ratlosigkeit und Minderwertigkeit erlösen zu lassen. Was die rekrutierte Gefolgschaft mit sich machen läßt, das *will* sie mit sich machen lassen. Sie hat, so könnte man sagen, zuvor die Stelle zur Besetzung ausgeschrieben, für die sich dann die jeweilige politisch-religiöse oder religiös-politische Sekte anbietet. Mit dem Begriff Verführbarkeit meine ich also das aktive Verlangen der einzelnen, in ihr Ich eine fremde Steuerung zu implantieren. Ist die Implantation gelungen, kann man den rekrutierten Mitgliedern nichts mehr von Unsicherheit oder gar von Selbstentmündigung anmerken. Sie erscheinen autonom und souverän, fühlen sich auch so, sogar dort, wo sie nur marionettenhaft vollziehen, was ihnen eingegeben wurde.

MARX: Was du so schön oder vielmehr erschreckend beschreibst, ist doch nichts anderes als die psychologische Infrastruktur eines faschistischen Systems, hervorgegangen aus der Angst vor dem von mir prophezeiten Katastrophenszenario. Anstatt für ihre Rechte zu kämpfen, würde sich die leidende Mehrheit einer totalitären Herrschaft unterwerfen. Abgesehen davon, daß ich eine solche Weltrevolution der Seelen eher für eine Ausgeburt deiner phantastischen Überschätzung psychischer Energien halte, möchte ich doch vermuten, daß Hitler wenigstens vorläufig ein genügendes Quantum von Immunkräften hinterlassen haben dürfte, das zumindest im Westen die Wiederholung eines solchen Experimentes ausschlösse.

EINSTEIN: Da bin ich skeptischer. Wohl ist momentan kein neuer Hitler in Sicht. Aber mir leuchtet Freuds Gedanke ein, daß Angst und Not das Herbeisehnen einer diktatorischen Herrschaft bald außerordentlich begünstigen könnten. Es ist ja nicht nur seine Idee, sondern unmittelbare Beobachtung, daß immer mehr Menschen annehmen, die zunehmende Unregierbarkeit der Gesellschaften, die wachsenden sozialen Spaltungen und die bislang ungehemmte Naturzerstörung seien nur noch mit den Mitteln eines totalitären Systems zu beheben.

FREUD: Der Nährboden von Ohnmacht, Resignation und Selbstwertzweifeln könnte geradezu zwangsläufig eine Führungsstruktur erstehen lassen, die kompensatorisch mit Allmachtsansprüchen, Siegesgewißheit und Überwertigkeitsideen auftritt und den Verzagten anbietet, sich an ihren großartigen Verheißungen aufzurichten. Und diese Polarität dürfte sich, wie in dem fatalen historischen Präzedenzfall, eigendynamisch verstärken: Die idealisierte Führung würde in zunehmende Selbstvergötterung getrieben, während sie ihrerseits zugunsten der eigenen Allmachtsziele die geistige Versklavung der Massen stetig verstärken würde. Diktatorische Gewalt und entmündigte Willfährigkeit würden sich wechselseitig hochschaukeln. Aber die Gewalthaber würden natürlich nicht von Gewalt reden und die Sklaven nicht von ihrem Elend. Die Herrscher kämen als Befreier, und die entmachteten Massen würden dankbar in jede noch so opfervolle Rolle innerhalb des schaurigen Dramas hineinschlüpfen.

DESCARTES: Ihr sprecht leichthin von Hitler und einem schaurigen Drama. Aber wenn ich richtig zugehört habe, geht es in diesem Fall doch um ein ganz unblutiges Projekt als Alternative zu der mörderischen Utopie von Marx. Demnach leuchtet mir der pauschale Vergleich mit dem Hitlerfaschismus überhaupt nicht ein, der die Welt mit Krieg und dem Holocaust verwüstet hat. Wenn eine Mehrheit der Kulturmenschheit einsieht, daß die Nationen und die wirtschaftlichen Machtkomplexe ihre ruinösen Egoismen nicht mehr aus eigener Kraft bezähmen können, dann ist es doch ein Segen, mit unkriegerischen Mitteln eine Machtzentrale einzurichten, die eine vernünftig geregelte Weltordnung schafft. So fand ich euer Gedankenspiel durchaus interessant, daß eine auch politisch ambitionierte missionarische Gemeinschaft durch allmähliches Vordringen in wirtschaftliche und politische Schlüsselstellungen eine stille Revolution herbeiführen könnte. Widerständige Gruppen würden durch entsprechendes Psychotraining, wie es Freud gerade geschildert hat, besänftigt und funktionell integriert werden. Bald wird es ja ohnehin möglich sein, querulatorische und aufrührerische Elemente durch vorbeugende Geburtenpflege auszusondern.

AUGUSTINUS: Wie denn das?

DESCARTES: Wenn es in einiger Zeit dazu kommt, was ich vermute, daß man Zeugungen nur noch im Reagenzglas zuläßt, dann wird man lediglich Embryonen mit medizinisch und sozial unschädlichen Genen einzupflanzen erlauben.

AUGUSTINUS: Aber solchem Zwang würde sich die große Mehrheit der Frauen niemals beugen.

DESCARTES: Besonderen Zwanges wird es bald kaum mehr bedürfen. Die Psychotrainingszentren werden eine neue Ethik einfuhren, die zur Ächtung von solchen Frauen führt, die noch Kinder mit schlechten Anlagen zur Welt bringen. Außerdem wird man entsprechende Frauen natürlich auch juristisch zur Rechenschaft ziehen.

EINSTEIN: Verstehe ich dich richtig, so kannst du dir ohne weiteres vorstellen, daß die von dir begrüßte wissenschaftlich-technologische Revolution sich sehr gut mit der totalitär ausgerichteten Psychoströmung vertragen würde, die uns Freud gerade dargestellt hat?

DESCARTES: So ist es. Bedeutende Mehrheiten werden keine andere Möglichkeit mehr entdecken, die sonst unlösbaren sozioökonomischen und ökologischen Probleme zu meistern. Die Menschen werden sich genötigt sehen, alle als schädlich erkannten Gene zu eliminieren. Bisher noch grassierenden Skrupeln zum Trotz werden sie wünschenswertes Leben klonen und ihre Gesellschaften mit funktionell zueinander passenden Eigenschaften neu aufbauen. Haben wir Philosophen, von Platon und Marx einmal abgesehen, nicht durchgehend gepredigt, daß zuallererst Krieg und Blutvergießen aus der Welt geschafft werden müßten? Könnten wir unserem Geschlecht also verdenken, daß es die Chance wahrnehmen wird, kriegerische Gene wegzuzüchten und den Rest von überschießender Aggressivität mit Angeboten der Unterhaltungsindustrie zu neutralisieren?
Seien wir ehrlich, es sind doch nur Neid und nostalgische Wehmut, wenn einige unter euch den Irdischen die moder-

nen technischen Mittel mißgönnen, mit denen sie ihre Schwierigkeiten zu guter Letzt doch noch elegant bewältigen können.

AUGUSTINUS: Du sagst schreckliche Dinge. Aber es überrascht mich nicht, weil du dir ja allezeit treu geblieben bist. Schließlich hast du immer schon gesagt, außer deinem Selbstbewußtsein gebe es für dich nur die Wahrheit der mathematisch-physikalischen Welt, weswegen du die Organismen von Mensch und Tier zu seelenlosen Maschinen erklärt hast. Also findest du nichts Böses dabei, würde die Weltgemeinschaft nach Art einer Maschine, mit welchen Mitteln auch immer, zu reibungslosem Funktionieren gebracht werden. Du hast dich ja auch stets darauf berufen, daß Gottes Güte es ihm versage, die Menschen auf falsche Wege zu führen. Wenn er ihnen also nun die Möglichkeit erschließt, ihre Zellkerne mit den Erbanlagen zu manipulieren, dann müssen sie sich angeblich nicht schämen, die Schöpfung zu renovieren und zu modernisieren. Meinst du es nicht etwa so?

DESCARTES: Ich spüre sehr wohl deine Ironie. Du magst partout nicht einsehen, daß eine im Naturzustand verharrende Menschheit mit ihren alten Instinkten zerstören würde, was du wie sie erhalten zu sehen wünschst. Würden die Menschen ihre anachronistischen aggressiven Antriebe, mit denen sie sich in Urzeiten der wilden Tiere erwehren mußten, nicht dank der Biotechnologie künftig zügeln, wäre ihre Selbstvernichtung nur noch eine Frage weniger Dekaden. Sie müssen also ihre Gene künftig planvoll so sortieren, daß schädliche Reibungsverluste und Kollisionen vermieden werden können. Auch die natürliche Mitwelt sollten sie nicht, wie Einstein, Buddha und die Scharen der Romantiker wünschen, weiterhin in demütiger Ehrfurcht pflegen, sondern mit gutem Gewissen ausbeuten und umbauen, wo immer es ihrem Interesse dient. Würde unser Geschlecht nicht gerade in diesem Augenblick noch mit den Chancen der Elektronik, der Robotik und der biotechnologischen Revolution beschenkt, wäre sein Schicksal wahrscheinlich besiegelt, während es *mit* diesen Errungenschaften eine schöne und bessere Welt errichten kann – sofern es sein Zusammenleben eben nach Art einer gutfunktionierenden Maschine perfekt koordiniert und überwacht. Das mögt ihr faschistisch oder totalitär schimpfen. Aber es ist der einzige Weg zum Besseren.

EINSTEIN: Wie ich merke, hast du dich von einem Interpreten zu einem leidenschaftlichen Advokaten der Dinosaurierzüchter und zu einem unverkennbaren Konkurrenten des Propheten Huxley gewandelt.

DESCARTES: Mit dem Unterschied, daß Huxley frei phantasierte, während ich nur von der bevorstehenden Ausnutzung wissenschaftlicher Entdeckungen rede, die schon Wirklichkeit sind. Vorhalten könnt ihr mir höchstens, daß es noch ungewiß sei, ob die entdeckten Möglichkeiten auch praktisch angewandt würden. Aber da kann ich mich wiederum auf einen wissenschaftlichen Befund stützen, nämlich auf den statistischen Nachweis, daß bisher noch alle Entdeckungen, deren Nutzung irgendwelchen Gruppen Vorteile verspricht, praktisch ausgebeutet worden sind. Schon jetzt wird mit Eizellen und gefrorenen Spermien von Nobelpreisträgern und Olympiasiegern gehandelt. Weiltet ihr noch unter den Lebenden, wären eure tiefgefrorenen Samenzellen Bestseller. Heute bereits werden in einigen Ländern Reagenzglasembryonen zu Auslesezwecken getestet. Glaubt ihr im Ernst, die Versicherungsgesellschaften würden sich künftig die Chancen entgehen lassen, auf Gentests zur Berechnung ihrer Risiken zu verzichten? Oder die Betriebe würden weiterhin ihre Mitarbeiter blauäugig rekrutieren, ohne deren Erkrankungswahrscheinlichkeiten und charakterlichen Dispositionen einkalkulieren zu können?

Ob es ihr paßt oder nicht, die Menschheit hat sich in die Lage gebracht, sich selbst und alles Leben biotechnisch neu entwerfen zu können und zu müssen. Ohne hinreichende Kontrolle könnten dabei allerdings versehentlich oder gar geplant gentechnische Produkte von unerhörter Gefährlichkeit freigesetzt werden. Ein Durcheinander von Auslesekriterien könnte in einem verheerenden züchterischen Wildwuchs enden, der statt einer Harmonisierung der Gesellschaften zu hochbrisanten neuen Konflikten und Krisen führen würde. Also müssen schlagkräftige internationale Kontrollorgane eingerichtet werden. Aber wie? Schon die verhältnismäßig einfachere Überwachung des Atombombenbaues hat schlecht funktioniert. Vielfach schwieriger wird es sein, Zehntausenden von Labors der Geningenieure und Reproduktionsmediziner auf die Finger zu sehen. Ist es also absurd, daß sich in diversen Völkerschaften die instinktive Sehnsucht nach einer zentralisierten diktatorischen Führung breitmacht, die vernünftig koordinierte Züchtungsprogramme entwirft und zugleich mit einem durchorganisierten Apparat in alle Winkel hineinleuchtet, um Verstöße zu unterbinden? Das könnte natürlich nur ein totalitäres System leisten. Ist es unter diesen Umständen nicht tatsächlich moralischer, ein solches zu etablieren, anstatt darauf zu verzichten?

EINSTEIN: Moral ist eine Qualität, die allein Menschen eigen ist. Und Augustinus hat uns doch gerade an dem Beispiel des Dinosaurierzüchters gezeigt, daß kein Überwachungssystem die moralische Integrität verantwortungsbewußter Menschen ersetzen kann. Im übrigen bin ich ziemlich sicher, daß sich in dem von dir gemeinten Fall an der Führungsspitze genau die Typen etablieren würden, die – wenn schon überhaupt – am ehesten weggezüchtet zu werden verdienten. Inzwischen sehen auf der Erde alle, erst recht die Deutschen, daß diejenigen Naziführer, die eine biologische Veredlung der Menschengattung anstrebten, sich als allererste hätten als Minusvarianten erkennen müssen.

FREUD: Descartes denkt genau auf der Linie der unterwerfungsbereiten Volksteile, die zur Erlösung von ihren Ängsten nach einer idealisierten Führerschaft hungern. Einer solchen wird automatisch unterstellt, daß sie so sein wird, wie sie sein soll: in höchstem Grade verantwortungsbewußt, von lautersten Motiven erfüllt und gerecht bis ins Mark. Aber welcher Träger solcher Eigenschaften würde sich ausgerechnet eines Systems bedienen wollen, das den Großteil der Menschen zu Sklaven und Versuchskaninchen erniedrigt? Jeder Inhaber derartiger Tugenden würde das System eher zerschlagen wollen, als ihm auch nur einen einzigen Tag vorzustehen. Kurz gesagt: Descartes präsentiert uns ein Modell, das auf eine entseelte Maschinengesellschaft unter einer entseelten Führung hinausläuft und deshalb illusorisch ist. An der menschlichen Destruktivität zu arbeiten ist allein eine *kulturelle* Aufgabe. Sie durch ein noch so perfekt errechnetes System ausschalten zu wollen zeugt von totaler psychologischer und moralischer Blindheit. Das Projekt des Descartes wäre aus den gleichen Gründen zum Scheitern verurteilt wie jenes von Jurassic Park.

EINSTEIN UND BUDDHA: Vorsichtige Hoffnung auf Selbstheilungskräfte

PLATON: Du solltest dir an mir ein Beispiel nehmen, lieber Descartes. Auch mir ist es nicht leichtgefallen, mir die vorübergehende Begeisterung für einen autoritären Zwangsstaat wieder aus dem Kopf zu schlagen. Verrannt hatte ich mich in diese Idee, weil ich mir selber arroganterweise die Weisheit zugetraut hatte, ein solches Staatsgebilde zum Guten lenken zu können. Vermutlich hast du dich aus ähnlichen Motiven in eine solche Rolle hineingedacht. So froh, wie ich im nachhinein über die Vernunft der Athener bin, daß sie meiner diktatorischen Staatsutopie nicht gefolgt sind, solltest auch du sein, wenn sich die heutigen Irdischen nicht darauf einlassen, eine modernisierte Variante dieses Modells auszuprobieren.

EINSTEIN: Statt dessen müßten diese also erstens gemeinschaftlich aus eigener Kraft probieren, die rasch zunehmende Abkoppelung der sozial Schwächeren vom Wohlstand zu überwinden, um die von Marx ausgemalte Katastrophenvision nicht wahr werden zu lassen. Zweitens müßten sie jene größenwahnsinnigen technologischen Risiken meiden, die einen orwellschen Überwachungsapparat unerläßlich machen würden.

MARX: Was beides aus dem gleichen kommerziellen Grund nicht zu erwarten ist. Kann die Wirtschaft mit weniger oder schlechter bezahlten Menschen mehr Geld machen, wird sie es tun. Und wenn mit risikoreichen gentechnischen Produkten enorme Profite winken, wird kein Konzern abwarten, bis sein Konkurrent ihm das Geschäft wegschnappt.

EINSTEIN: Aber weil dieses Wirtschaftssystem in die falsche Richtung läuft, glaubst du, es werde eines Tages aus seinen inneren Widersprüchen heraus wie eine gewaltige Bombe platzen und in einem Inferno von Zerstörung untergehen, während Descartes den technologisch revolutionierten Superweltstaat prophezeit, den die von Freud entdeckten hörigkeitssüchtigen Massen noch beizeiten einer totalitären Führung à la Orwell ausliefern würden.
Wenn beide nicht recht haben sollen, dann bleibt uns doch nur die Suche nach solchen Kräften übrig, die weder pessimistisch resignieren, noch ihre Ängste verdrängen, noch in

sich blinde Gewaltbereitschaft aufstauen oder nach totalitären Rettern dürsten. Deshalb sollten wir, wie ich finde, gewisse irdische Gruppierungen genauer in Augenschein nehmen, die es ebensowenig auf ein Ende im Chaos wie in einer faschistischen Weltdiktatur ankommen lassen wollen, sondern ihr Schicksal selbst in die Hand nehmen, um die Prozesse der Entsolidarisierung und der Naturzerstörung zu stoppen.

Dabei denke ich zunächst an diejenigen in den unteren sozialen Schichten, die sich bereits immer lauter und heftiger gegen die ihnen zugedachte Opferrolle im brutalen Globalisierungsprozeß zur Wehr setzen. Massenproteste von Europa bis Asien, die schon an alte Kampfzeiten der Gewerkschaftsbewegung erinnern, machen den »Global Players« zu schaffen. Sie zeigen der ohnehin von verheerendem Vertrauensschwund betroffenen Politik auf, wo diese sich durch sozialen Abbau des Restes von Glaubwürdigkeit beraubt. – Muß es denn ausgeschlossen sein, daß massiver Druck von unten und erzwungene Einsicht auf der oberen Etage vernünftige Vereinbarungen herbeiführen können, ehe alles auseinanderbricht oder totalitären Verhältnissen zusteuert?

Mit einiger Genugtuung verfolge ich auch jene sozialen Bewegungen, die sich da und dort bereits erfolgreich gegen Unverantwortlichkeiten in der Militär- und der Umweltpolitik durchgesetzt haben. War es doch letztlich die internationale Friedensbewegung, die den Machtpolitikern und ihren industriellen Helfern verwehrt hat, ihren wahnwitzigen atomaren Rüstungswettlauf fortzusetzen. Auch die Bewegung der Kernkraftgegner dringt, wenn ich es richtig sehe, mit ihren Warnungen immer tiefer in das Bewußtsein der Gesellschaften ein und wirkt sich allmählich auch konstruktiv auf energiepolitische Strategien aus. Und daß gentechnischer Züchterwahn, wie ihn Descartes beschreibt, eine neue faschistische Barbarei heraufbeschwören würde, dämmert bereits wachsamen Bevölkerungsteilen, die sich zu Protestinitiativen sammeln.

FREUD: Um meine eigenen Hoffnungen zu stützen, blicke ich wie du, lieber Einstein, genau auf diese Kreise. Ihre kritische Wachsamkeit finde ich ermutigend. Aber wir sollten auch ihre Schwächen nicht übersehen.

EINSTEIN: Und die wären?

FREUD: In solchen Protestgruppen laufen stets junge Männer mit, die ihre pubertären Konflikte mit ihren Vätern noch nicht bewältigt haben. Ihre privaten rebellischen Gefühle verbinden sich mit dem Haß auf die Mächtigen, denen sie Rüstungen und Kriege, das Elend der Armen und die Naturzerstörung anlasten. Beherrscht von diesen Anti-Motiven können sie sich in eine kopflose Verfolgungsstimmung hineinsteigern.

EINSTEIN: Wie sind in solchen kritischen Gruppen nun diejenigen beschaffen, denen du mehr Besonnenheit und konstruktive Wirksamkeit zutraust?

FREUD: Es sind solche, die mehr von Pro- als von Anti-Motiven angetrieben werden.

EINSTEIN: Was meinst du mit Pro-Motiven?

FREUD: Ich denke an die vielen, die leidenschaftlich daran glauben, daß sich Gerechtigkeit durchsetzen kann, daß Konflikte mit gewaltfreien Mitteln gelöst werden können, daß es letztlich allen wohltun wird, die Natur besser zu schützen. Solche Überzeugung verleiht dem kritischen Engagement mehr Kraft zu Geduld, auch die Bereitschaft zum Dialog mit Gegnern – denn auch unter diesen gibt es ja Zweifler, denen die Bedrohungen des sozialen Zusammenhalts und die Gefährdung der natürlichen Lebensbedingungen allmählich unheimlich werden.

EINSTEIN: Siehst du eine Möglichkeit, wie solche Basisinitiativen lernen könnten, ihre Pro-Motive, wie du sie nennst, zu stärken und ihre innere Abhängigkeit von Feindbildern einzuschränken oder zu überwinden?

FREUD: Die Jugend sollte gründlich das Schicksal der großen Protestrevolte studieren, zu der ihre Vorgängergeneration vor dreißig Jahren aufgebrochen war. Deren große Themen waren der Vietnamkrieg der Amerikaner, die Unterdrückung der Schwachen in aller Welt, der Frauen, der Kinder – auch der Natur. Ein großer Teil der Rebellen berief sich auf unseren Freund Marx.

MARX: Ohne mich genau zu verstehen. Sogar mein Anhänger Herbert Marcuse hatte sehr bald herausgefunden, daß legitime politische Motive von einem ödipalen Generationskonflikt überlagert wurden, wie du ihn, Freud, soeben beschrieben hast. Die Jugend rannte gegen ihre Väter, Lehrer, Professoren und Chefs an, bis sie merkte, daß sie auf diese Weise die politischen Machtverhältnisse nicht erschüttern konnte.

FREUD: So lief der antiautoritäre Haß schließlich ins Leere. Eine fanatische Minderheit brach in den Terrorismus aus. Viele andere verschwanden sang- und klanglos in der Versenkung traditioneller Anpassung. Aber manche Gruppen blieben auf eine besonnene Weise standhaft. Sie spürten, daß die Bewegung immerhin den Boden für einige sinnvolle Reformen bereitet hatte. Sie erstritten mehr Mitbestimmung in den Betrieben und in den Hochschulen. Viele Initiativen wandten sich sozialen Randgruppen zu und erwirkten manche Verbesserungen in den Bereichen Psychiatrie, Obdachlosigkeit, Strafvollzug, Heimwesen. Sie brachten die Frauenbewegung voran, engagierten sich für eine kinderfreundlichere Erziehung und gründeten die ersten Zellen, aus denen später die grüne Bewegung wuchs. Maßgeblich waren hier eben solche Engagierte, die ihre Genugtuung eher im praktischen Helfen und Schützen suchten, anstatt sich im wilden Kampf gegen austauschbare Repräsentanten des verhaßten Systems zu erschöpfen.

MARX: Aber an dem repressiven Herrschaftssystem im ganzen haben sie nichts geändert. Sie haben ihm sogar geholfen, sich einige marginale Konflikte vom Halse zu schaffen.

FREUD: Sie haben einige Reformen durchgesetzt und die eigene Widerstandskraft gestärkt, während die Radikalen, die alles wollten, entweder total resigniert oder als Terroristen nur schreckliches Unheil angerichtet haben.

EINSTEIN: Ich habe deine Antwort auf meine Frage jedoch gut verstanden, lieber Freud. Du lenkst unsere Hoffnungen also vornehmlich auf solche Gruppierungen, die aus ihrem Drang, die bedrückenden Verhältnisse zu bessern, ein konkretes Handeln ableiten und in der Erfahrung konstruktiver Praxis wiederum ein Rezept gegen Resignation und Pessimismus erproben. Wenn ich mich umsehe, so glaube ich auch bereits eine Reihe solcher Ansätze von praktischem, sich selbst ermutigendem Optimismus entdecken zu können.

BUDDHA: Könntest du uns darüber etwas sagen, um auch zu *unserer* Ermutigung beizutragen?

EINSTEIN: Als Naturwissenschaftler verfolge ich mit leiser Freude, wie einige meiner heutigen Fachgenossen zusammen mit Ökonomen und Ingenieuren versuchen, der Wirtschaft ihre destruktive Gigantomanie auszutreiben, ihr vielmehr Bescheidenheit und Einfachheit zu verordnen. Aus der Bevölkerung wächst ihnen immer größere Sympathie für ihre Entdeckungen entgegen. Spontan verbreiten sich neue Lebensstile. Voller Eifer werden zum Beispiel neue Möglichkeiten genutzt, mit Energie haushälterischer umzugehen. Häuser werden so gebaut, daß sie sich mit wesentlich geringerem Aufwand als bisher heizen lassen. Haushaltsgeräte und Leuchtquellen werden danach gekauft, wie sehr sie zur Energieeinsparung beitragen. Das sind nur Beispiele. Technologischer Ehrgeiz sucht sich laufend neue Ziele, den Naturverbrauch durch effizientere Ausnutzung der Ressourcen zu senken, was die Ökologen Ernst-Ulrich von Weizsäcker, Amory W. Lovins und L. Hunter-Lovins auf die Formel gebracht haben: Aus einem Faß Öl und einer Tonne Erdreich wollen wir viermal mehr Wohlstand als heute herausholen. Damit meinen sie nicht etwa eine rabiatere Ausplünderung der Natur, sondern umgekehrt Schonung durch längere Erhaltung der Vorräte. Der einfache Grundgedanke lautet: Umkehr vom bedenkenlosen Expansionismus zu einer verantwortungsgeleiteten Lebensform, der die Technologie mit ihren Zielen angepaßt wird.

BUDDHA: Es ist nur zu wünschen, daß dieser Wandel rasch fortschreitet. Ihr werdet verstehen, daß ich mir diese Umkehr längst gewünscht hätte, denn vom Standpunkt unserer Wirtschaftslehre aus habe ich den Ehrgeiz eurer westlichen Wirtschaften immer nur bedauert, die Menschen an möglichst viele künstlich erzeugte oder gesteigerte Bedürfnisse zu ketten, um eine Unsumme unnötiger und sinnloser Produkte auf den Markt bringen zu können.

EINSTEIN: Offen gestanden, von der Existenz einer buddhistischen Wirtschaftslehre habe ich bisher nichts gewußt.

BUDDHA: In manchen Gebieten, in denen man meiner Lehre anhängt, sieht man keine besondere Schwierigkeit darin, die geistig-seelischen Werte unserer Religion mit wirtschaftlichem Fortschritt und einer angemessenen technischen Entwicklung zu verbinden. Euer Begriff von »Lebensstandard« allerdings, den eure Experten an der Höhe des Verbrauchs messen, ist meinen Anhängern völlig fremd geblieben. Denn es muß denen doch keineswegs bessergehen, die am meisten konsumieren. Ihr seid ja beim Thema Pessimismus selbst darauf gestoßen, daß die Sucht nach käuflichen Befriedigungen doch meist als Flucht aus einer unglücklichen Grundstimmung zu lesen ist, also als Versuch, eine innere Not zu überdecken.

Mit Erschrecken habe ich verfolgt, wie eure Völker immer barbarischer die Natur vergewaltigt haben, was meinen Anhängern, die sich von einer beseelten natürlichen Mitwelt umgeben wissen, nie in den Sinn gekommen wäre. Ihr wißt, daß unsere Religion sogar die Bäume als heilig achtet und daß es jedem unserer Mönche obliegt, von Zeit zu Zeit einen Baum zu pflanzen. Also erscheinen mir die von Einstein berichteten Ansätze zu einer Wirtschaft, die sich auf behutsamere und schonendere Technologien stützt, wie die Heimkehr aus einer krankhaften Verirrung. Aber vorläufig sind es nur Ansätze. Um ihre Tragfähigkeit besser einschätzen zu können, möchte ich dich noch eines fragen, Freund Einstein: Was sind die eigentlichen Beweggründe der Pioniergruppen, die den »Naturverbrauch«, wie ihr es nennt, drastisch einschränken wollen? Ist es nur, weil sie errechnet haben, daß sie sonst bald zugrunde gehen würden? Oder ist es ein grundsätzlicher Wandel in ihrem Denken?

EINSTEIN: Es ist wohl beides. Technokratischer Kalkül spielt eine Rolle. Man will die düsteren Hochrechnungen korrigieren. Aber viele haben auch eine Erfahrung gemacht, die Freud und vielleicht auch du mit dem Wort Krankheitseinsicht beschreiben würden. Sie spüren, daß sie mit ihrem bisherigen expansionistischen Denken sowohl ökologisch wie sozial den Halt verloren haben, wollen daher zu einem bescheideneren Maß zurückfinden, das sie als ihre Bestimmung ansehen.

DESCARTES: Verzeiht mir, aber mir scheint, ihr laßt euch arglos von einer romantischen Nostalgie benebeln, so als gäbe es für die Industrievölker ein Zurück zu einer entschwundenen Idylle. Aber tatsächlich gibt es für sie nur noch ein Vorwärts und die Notwendigkeit, die verlorene mittelalterliche Sicherheit durch eine selbstgeschaffene zu ersetzen, nämlich durch eine exakt berechnete technische Neuschöpfung der Weltordnung von eigener Hand.

AUGUSTINUS: Lieber Descartes, du hattest reichlich Gelegenheit, uns dein gigantomanisches Paradies auszumalen. Was du jetzt machst, ist der gleiche Einschüchterungsversuch, mit dem deine Geistesverwandten auf der Erde ständig diejenigen mundtot zu machen versuchen, von denen Einstein gerade berichtet. Auch die sollen ja angeblich nur ängstlich, rückwärtsgewandt, technikfeindlich, hysterisch, infantil oder sonstwie defekt sein.

EINSTEIN: Laß nur gut sein, Augustin. Bei mir könnte Descartes mit Recht entdecken, daß ich tatsächlich noch einiges von kindlicher Einfalt in den Himmel mitgebracht habe. Sogar das Gefühl meiner Nichtigkeit habe ich euch ja bereits gestanden, nämlich gegenüber der großartigen Ordnung der Natur – die übrigens auch von den alternativen Gruppen anscheinend mit neuer Ehrfurcht betrachtet zu werden scheint. Du solltest uns aber bitte nicht verwehren, lieber Descartes, diese verheißungsvolle Spur ein Stück weiterzuverfolgen.

AUGUSTINUS: Neue Zuversicht läßt sich erringen

AUGUSTINUS: Ich wollte schon zuvor an Buddha anknüpfen, aber ich finde es gut, daß er erst noch seine wichtige Frage nach den Beweggründen der praktischen Ökoreformer stellen konnte. Wir hören nun in der Antwort von Einstein, daß viele von diesen mehr maßhalten wollen – nicht nur, weil sie sich damit bessere Überlebenschancen ausrechnen, sondern weil sie eine einsichtsvollere Selbstgenügsamkeit gelernt haben. Demnach sind sie nicht bescheiden geworden, weil sie es sein *müssen*, sondern weil sie sich dabei anscheinend wohler in ihrer Haut fühlen. Es macht sie froher, sich weniger ansprüchlich, expansiv und ausbeuterisch zu verhalten.

EINSTEIN: So sehe ich es. Und nur solchen Gruppen können wir wohl zutrauen, daß sie längerfristig die Dinge zum Besseren wenden. Ohne eine gewandelte Gesinnung würde die gepriesene ökologische »Effizienzrevolution« kaum durchschlagen, denn jede Einsparung würde von einem expansionistischen Lebensstil mit ungehemmter Konsumgier schnell wieder aufgefressen werden. Das sagen die weitsichtigen Ökoreformer selber.

FREUD: Unbedingt zu wünschen ist demnach, daß beide Faktoren zusammenwirken. Nämlich das, was ich Pro-Motive genannt habe, also das echte Bedürfnis nach einer friedlicheren und sanfteren Lebensform, verbunden mit einer reformerischen Praxis. Die erneuerte Gesinnung allein hätte inmitten einer Ellbogenkultur einen zu schweren Stand. Auf der anderen Seite würde den reformerischen Praktikern bei ihren anstrengenden und langwierigen Projekten ohne geistigen Antrieb bald der Atem ausgehen. Die ideellen Motive und die innovative Praxis benötigen einander für eine erfolgreiche Wirksamkeit.

AUGUSTINUS: Aber damit kommen wir exakt auf unser Ausgangsproblem zurück, nämlich auf die Tatsache, daß es zur Zeit weniger an gescheiten Programmen fehlt, wie man gerechter, sparsamer, gesünder und gewaltfreier verfahren könnte, sondern zuvor an dem *Willen*, das theoretisch Erkannte auch *zu machen*. Ich freue mich zwar sehr darüber, daß Einstein uns Beispiele nennen kann, wo dieser Wille in westlichen Ländern neuerdings zaghaft spürbar wird. Aber seien wir ehrlich, von einem Durchbruch dieser neuen Einstellung kann noch keine Rede sein. Ich gestehe, daß ich nicht ohne Neid zur Kenntnis nehme, wie solches Wollen innerhalb der Anhängerschaft Buddhas wie eh und je zu den Selbstverständlichkeiten gehört.

FREUD: Aber wer, wenn nicht du, sollte uns erklären können, warum es die westliche Völkergemeinschaft so schwer hat, die an den Buddhisten bewunderten Energien zu entfalten, und wie diesem Mangel bald abgeholfen werden könnte. Vor allem die zuletzt genannte Frage solltest du uns beantworten. Denn wie mir scheint, konzentriert sich unsere gesamte gespannte Erwartung inzwischen genau auf diesen Punkt, nachdem wir uns so lange mit den trüben Perspektiven der Sintflut à la Marx, mit der gespenstischen totalitaristischen Vision von Descartes sowie allen möglichen Varianten von schleichendem Endzeitsiechtum beschäftigt haben.

EINSTEIN: Ich schließe mich Freud an. Du, lieber Augustinus, bist zu einem der wichtigsten Vermittler der Lehre Christi für viele Völker auf der Erde geworden. Diese Lehre steht doch in ihrem moralischen Gehalt derjenigen Buddhas in nichts nach. Übrigens finde ich, daß die berühmte Bergpredigt gar nicht im Ton einer moralistischen Pflichtenlehre gehalten, sondern, wenn ich mal die Sprache Freuds gebrauchen darf, als Ermutigung von Pro-Motiven zu verstehen ist. Es heißt dort nicht: Ihr *müßt* bescheiden, leidbereit und friedfertig sein. Sondern: Es wird euch selig machen, das heißt, es wird euch eine tiefe Befriedigung bereiten, wenn ihr barmherzig und gerecht sein könnt, wenn ihr eure Armut und auch eure Fähigkeit erkennt, Leid zu tragen. Und ihr werdet selig sein, wenn ihr Sanftmut und Friedfertigkeit aufbringt. Das ist also, wie ich finde, eine wunderbare Anleitung zu einer Einstellung, die inneres Wohlbefinden schenkt. Warum also ist den Völkern, die sich christlich nennen, der positive und ermutigende Sinn dieser Predigt abhanden gekommen? Warum meinen sie, die Botschaft passe nur noch für weltfremde Pazifisten oder professionelle Seelentröster?

AUGUSTINUS: Man öffnet seine Ohren nur gern für eine Botschaft, wenn man sich in ihr wiederfindet. Man muß die Kräfte, die in der Bergpredigt angesprochen sind, in sich spüren, um den Text gern zu haben und auch nur auszuhalten. Sonst erkennt man darin nur einen quälenden Vorwurf, und wer will sich dem nicht lieber entziehen? So ist es nur ehrlich, wenn sich Gesellschaften, die sich nach dem Mittelalter allmählich einem rücksichtslosen Stärkekult mit seinen inzwischen größenwahnsinnigen Auswüchsen zugewandt haben, einreden, die Bergpredigt sei nur etwas für weichliche Schwächlinge und Masochisten, die in Gottes Namen in Leid und Mitleid selig sein mögen. Aber sie passe nicht mehr in die reale moderne Welt.

FREUD: Ich verstehe dich so: Die Westmenschen müßten erst wieder das Selbstvertrauen gewinnen, sich barmherziger, gerechter und rücksichtsvoller verhalten zu können, um bereit zu sein, die Hilfe anzunehmen, die in der Predigt angeboten wird.

AUGUSTINUS: Und das ist nun die Crux. Diese Art von Selbstvertrauen läßt sich nicht einfach herstellen. Da können Zehntausende von Trainern, Therapeuten und Beratern kommen und den Leuten mit Suggestion, Analyse oder Verhaltensübungen beizubringen versuchen, daß sie sich gut und positiv fühlen sollen – es funktioniert nicht. Wenn es in der psychischen Tiefe anders aussieht, dann gibt es keinen Psychoingenieur, der wie ein Gentechniker eine andere Grundstimmung implantieren kann – sehen wir einmal von den Sektenfunktionären ab, die sich das Gewissen ihrer Opfer durch Gehirnwäsche übereignen lassen.

FREUD: Das hieße, die allermeisten im Westen fühlen sich in der Tiefe inzwischen zu schlecht, um daran zu glauben, daß sie den helfenden Arm, der sich ihnen in der Bergpredigt entgegenstreckt, noch erreichen können. Aber wäre es dann nicht wirklich sinnvoll, sie zu belehren, daß in ihnen dennoch die Kraft zum Besseren steckt? Denn sonst wird die Mehrheit unaufhaltsam weiter absacken – nach der Regel, daß Gesellschaften um so korrupter, verwahrloster und gewaltbereiter werden, je mehr ihr gemeinsames Selbstwertbewußtsein schwindet.

AUGUSTINUS: Ich sagte schon, daß es nichts nützt, mehr Hoffnung und Optimismus bloß *zu predigen*. Die westlichen Völker müssen an den Ursachen ihrer Depression *arbeiten*.

EINSTEIN: Wie soll denn das aussehen?

AUGUSTINUS: In der Depression der Westvölker verbirgt sich eine drückende Schuld. Das ahnen die Menschen. Deshalb begrüße ich einige Anzeichen für keimenden Mut, sich dieser Schuld zu stellen.

FREUD: Wo findest du diese Hinweise?

AUGUSTINUS: Ihr werdet euch vielleicht wundern, wenn ich euren Blick darauf lenke, daß sich die westlichen Medien neuerdings wie aus einem Zwang heraus auf das intensivste mit dem *Bösen* beschäftigen – im Fernsehen, in Filmen und in Magazinen. Ausgerechnet zu Weihnachten erzielte eines der bedeutendsten westlichen Nachrichtenmagazine einen gewaltigen Publikumserfolg mit der Präsentation aller erdenklichen künstlerischen, literarischen, philosophischen und theologischen Darstellungen des Bösen. Hitler, Stalin, der Terrorist Manson und viele andere moderne Teufelsgestalten werden so dem Millionenpublikum – just zum Fest der Liebe und des Friedens – vor Augen geführt, dazu Satanskulte, Orgien des Sadismus und exorzistische Rituale. Das geschieht, weil die hellsichtigen Journalisten spüren: Das ist das Thema schlechthin, das in den Seelen der Heutigen brennt. Genau zum Fest der Geburt des Heilands steigt in den Menschen unweigerlich das Gefühl ihrer Verworfenheit hoch. Sie müssen sich ihm stellen genauso wie Kranke, die sich wünschen, daß man in ein eiterndes Geschwür hineinsticht.

FREUD: Habe ich dich richtig verstanden: Weil die Westvölker von üblen Schuldgefühlen verfolgt werden, drängt es sie, sich allen Manifestationen des Bösen auszusetzen, um sich von innerem Druck zu entlasten?

AUGUSTINUS: Nur rede ich nicht nur von Schuld*gefühlen* wie von neurotischen Erscheinungen aus deinen Lehrbüchern. Ich spreche von echter Schuld. Die Menschen müssen sich mit den diversen Fratzen des Teufels konfrontieren, weil sie wissen, daß er der Inbegriff dessen ist, was sich ihrer bemächtigt hat. Eigentlich wenden sie sich an Gott, indem sie sein häßliches Gegenbild in sich akzeptieren. Sie müssen indirekt bekennen, daß sie als Sündige dastehen und nicht als Gerechte, die den Schwächeren helfen, nicht als edelsinnige Humanisten, die mit angeblich guten Kriegen böse Feinde besiegen.

Du, werter Freund Freud, verfügst nicht über die Heilmittel gegen diese selbstoffenbarte Sündhaftigkeit, mag deine

Zunft auch tausendmal den Ratsuchenden suggerieren, sie litten nur an ödipalen oder noch früheren kindlichen Strafbedürfnissen für Tötungswünsche gegen ihre Väter, Mütter oder Urväter. Ihre Versündigung ist eine schrecklich reale, und die phylogenetischen Komplexe bilden nur eine Vorlage dafür.

EINSTEIN: Und welches ist die reale?

AUGUSTINUS: Es ist eben die gesammelte Geschichte der neueren kulturellen Gewalt. Es sind die sichtbaren Orgien einer entfesselten Machtgier – auf Kosten der Armen, unterdrückter oder gemordeter Völker und vernichteter Natur –, und es sind die unsichtbaren ökonomisch rationalisierten Zerstörungen von Humanität und natürlichen Lebenszusammenhängen.
Vielleicht ist es ja ein ermutigendes Zeichen, daß der Gipfel aller Großverbrechen, der Holocaust, jetzt genau um die Jahrtausendwende die Abwehrmauer der Projektion durchbricht. Das Grauen der Erinnerung schüttelt zugleich mit dem Volk, das diese mörderischen Untaten vollbracht hat, endlich ringsum auch zahlreiche andere Völker, die mehr gewußt haben, als sie zugaben, den Mördern nicht so entschieden in den Arm fielen, wie es not getan hätte, und sogar teilweise mehr in die Verbrechen verstrickt waren, als ihnen lieb ist. Und es meldet sich die Ahnung, daß die Barbarei des Nazisystems keine zufällige Panne im Fortschreiten des Kulturprozesses war. Sie gehört in den Zusammenhang einer Gesamtentwicklung, in der kollektive Selbstvergötterung und Austilgung ausgegrenzter Repräsentanten des projizierten Negativen zu den Antriebselementen schlechthin zählen – was auch verständlich macht, daß die Kernideen der Naziideologie von international geachteten Erbforschern und Anthropologen ausgearbeitet worden waren. Nun ergibt es sich, daß die Menschheit beim Eintreten in das nächste Jahrtausend, ohne es sich eingestehen zu

wollen, erneut vor der Prüfung durch die noch immer lebendige Versuchung steht, sich das Ideal der Reinigung des kollektiven Blutstroms von der Repräsentanz des Bösen einzureden, diesmal durch die Gentechnologie.

Mag es Descartes bestreiten, soviel er will: Das Verdrängte kehrt wieder. Der Wahn Hitlers und seine erbbiologische und rassistische Lehre waren keine isolierte Psychose, sondern sie sind eine Kulturkrankheit, und es war kein einmaliges Ereignis, sondern die Eruption eines in der Tiefe dauerhaft gärenden Prozesses. Deshalb ist es gut, wenn nicht nur im Land der Täter, sondern im weitesten Umfeld immer neue lange zugedeckte Verwicklungen in den Holocaust ans Licht kommen: Mittäterschaft, tatenloses Mitwissen, Verrat an Verfolgten, Hilfslieferungen an die Verfolger, Bereicherung am Gold der Opfer.

Du fragtest mich, Einstein, wie denn die Arbeit an den Ursachen des westlichen Selbstwertverlustes aussehen sollte. Hier siehst du eine Aufgabe, nämlich sich mit den Erinnerungen an alles Scheitern in dem endenden Jahrhundert der Gewalt auseinanderzusetzen, um nicht von den verdrängten Ursachen im anbrechenden neuen zum nächsten, vielleicht dem abschließenden Inferno getrieben zu werden.

EINSTEIN: Die Arbeit, die du dir vorstellst und die offenbar auch schon einige in deinem Sinne befördern, erscheint mir ebenso verheißungsvoll wie schwierig. Trauen wir den sonst vor Selbstgerechtigkeit strotzenden Westvölkern zu, daß sie einen solchen schmerzlichen Heilungsprozeß durchstehen würden?

KONFUZIUS: Ich habe geschwiegen, solange fast nur von Zukunftserwartungen die Rede war. Jetzt endlich greift Augustinus die Vergangenheit auf. In einem gebe ich ihm völlig recht: Schuld an schlimmen Verfehlungen, die zuwenig geklärt und besprochen worden ist, meldet sich unweigerlich immer wieder als Versuchung zur Wiederholung. Aber meines Erachtens kommt es nicht nur darauf an, *daß* man sich erinnert, sondern auch und vor allem darauf, *wie* man es tut. Da gibt es die Selbstgerechten, die es treibt, immer neue bisher verborgene Täterschaften aufzudecken, womit sie sich vor allem der eigenen Reinheit und Unschuld zu versichern trachten. Darunter sind manche, deren übergroßer Bezichtigungseifer verrät, daß sie in sich selbst nicht entdecken wollen, wonach sie außerhalb so unerbittlich fahnden. Die pure Bloßstellung des vergangenen Bösen schützt nicht vor seiner Wiederkehr, weswegen die Inquisition in eurer Kirche, verehrter Augustinus, ihr Ziel so gründlich verfehlen mußte. Die Kraft zum Besseren wächst immer nur, wenn man auch in den schlimmsten Auswüchsen vergangener Gewalt nach Zeugnissen *humaner Gegenkräfte* sucht, so ohnmächtig diese auch gewesen sein mögen. Denn ich sagte ja schon, daß es keine Zuversicht zur Besserung gibt, wenn man sich nicht an gute Vorbilder halten kann, die es auch in den düstersten Phasen der Geschichte immer gegeben hat.

FREUD: Ich finde sehr wichtig, was du sagst, Konfuzius. Denn in der Tat kann es Menschen blind für das eigene Schlechte machen, wenn sie im Erinnern nur dazu gelangen, Täter zu verwünschen und Opfer zu betrauern. Als lebendiges Gegenbeispiel, von dem die Heutigen viel zu lernen hätten, bewundere ich immer wieder jenen Nelson Mandela, der in allem Bösen, das ihm als Verfolgten widerfahren ist, stets noch nach Spuren von Menschlichkeit gesucht hat, um sich seine moralische Widerstandskraft zu erhalten. Er wollte seinen Glauben schützen, wie er berichtet, daß tief unten in jedem menschlichen Herzen Gnade und Großmut vorhanden seien. »Selbst in den schlimmsten Zeiten im Gefängnis«, so seine Worte, »als meine Kameraden und ich an unsere Grenzen getrieben wurden, sah ich einen Schimmer von Humanität bei einem der Wärter, vielleicht nur für eine Sekunde, doch das war genug, um mich wieder sicher zu machen und mich weiterleben zu lassen.« – Auf diese Weise hat er sich in 27 Jahren Kerkerhaft die Kraft zur Versöhnung erhalten, mit der er als endlich Befreiter sein Land vor dem drohenden blutigen Bürgerkrieg bewahren konnte.

EINSTEIN: Mir scheint, daß die Juden bei der Einrichtung des Holocaust-Museums in Washington an ebendiesen Effekt gedacht haben, als sie inmitten der Darstellungen des grauenhaften Völkermordes auf einer großen Ausstellungswand den Lebensweg und die Rettungstaten des Deutschen Oskar Schindler dokumentierten, wie unscheinbar sich dessen Hilfe auch im Verhältnis zum Ausmaß des organisierten Massenverbrechens ausnimmt. Damit wird den Besuchern so etwas wie die von Mandela erlebte Sekunde von Humanität vermittelt, die ihnen beweist, daß es überhaupt eine Gegenkraft im menschlichen Herzen gibt, die selbst im äußersten Falle standhalten kann. Das meint wohl auch der Satz im Talmud: »Wer einen Menschen rettet, der rettet die ganze Welt.«

BUDDHA: Das zu Ende gehende Jahrhundert hat im Schatten von Kriegen und vielen anderen Orgien der Gewalt auch andere weitausstrahlende Humanisten hervorgebracht. Denkt nur an Gandhi, den gewaltlosen Befreier meiner Heimat Indien, oder erinnert euch an Martin Luther Kings moralische Ermutigung für die Schwarzen Amerikas oder an Andrej Sacharows unerschrockenen Kampf für die Menschenrechte in Rußland und aller Welt. Nicht vergessen sollten wir schließlich deinen seligen britischen Mitkämpfer Bertrand Russell, lieber Einstein, dessen Verdienst du besser als wir alle kennst.

EINSTEIN: Diesem ist es vielleicht sogar zu verdanken, daß ein Großteil der Menschheit die Jahrtausendwende überhaupt noch erleben kann. Ich erinnere euch: Am 23. Oktober 1962 hatte der Präsident der USA bereits die Alarmierung seiner Atomstreitkräfte befohlen. Beide Weltmächte trennte ein furchtbares Schweigen. Dieses durchbrach im letzten Moment der auch bei den Russen hochangesehene Bertrand Russell mit einem bewegenden öffentlichen Telegramm an Chruschtschow, in dem er um dessen Einlenken in der Krise bat. Chruschtschows ausführliche öffentliche Antwort mit versöhnlichem Inhalt war das erste Zeichen, das die Welt aufatmen ließ. Was immer Russell zu diesem Ausgang beigetragen haben mag, wissen wir nicht. Aber er war es, der mit der Gründung der Pugwash-Initiative der weltweiten Friedensbewegung den entscheidenden Anstoß gegeben hat.

KONFUZIUS: Aber leben sein Name und diejenigen der anderen, die ihr genannt habt, tatsächlich noch in den Herzen der Westvölker weiter? Ist Gandhi nicht vielen inzwischen so fern gerückt, als habe er sein Friedenswerk irgendwann in grauer Vorzeit und nicht erst jetzt jüngst in diesem Jahrhundert vollbracht? Wer kennt schon noch Bertrand Russell, geschweige denn seine Taten? Und wird es nicht längst als völlig normal verbucht, daß Nelson Mandela Südafrika statt in das erwartete Blutbad zu einem Versöhnungsfrieden geführt hat? Ist Sacharow nicht schon vergessen? Ich sehe jedenfalls Grund daran zu zweifeln, daß man nach solchen Vorbildern dürstet.

FREUD: Dein Zweifel ist nur zu berechtigt. Noch so großartiges und vielleicht auch erfolgreiches Wirken für Versöhnung bewegt das Publikum zumeist erst dann, wenn es den Vollbringern Verfolgung, Einkerkerung oder Mordanschläge einträgt, also wenn diese sich in das klassische Opfer-Täter-Szenario einfügen lassen. Erst die Gewalt, von der sie sich abheben, macht sie interessant. Bloß standhafte Arbeit für humanistische Ziele als solche, ohne dramatisches Beiwerk, erringt keine öffentliche Aufmerksamkeit, liefert höchstens Stoff für den Nachruf.

KONFUZIUS: Desinteresse wird häufig auch damit begründet, daß es sich angeblich um einzigartige Genies oder Heilige handle, die ohnehin nicht zum Maßstab für normale Sterbliche taugten.

AUGUSTINUS: Damit seid ihr wieder bei meiner Begründung angelangt, warum es den Heutigen meist unangenehm ist, an die Bergpredigt erinnert zu werden. Sie sagen: »Das Gute ist unrealistisch, weil wir dafür nicht geschaffen sind.« Aber die Wahrheit ist, daß sie so viel vom Guten in sich selber unterdrückt haben, daß sie diejenigen, die es noch in sich lebendig halten, entweder als wunderbare Übermenschen verklären oder sogar, wenn es irgend geht, irgendwelcher Schwächen oder Defekte überführen, um sie zu sich herabzuziehen.

Es reicht also nicht, lieber Konfuzius, auf die vorhandenen alten oder neueren Vorbilder hinzuweisen, solange unaufgearbeitete Schuld so niederdrückend wirkt, daß der Mut fehlt, sich an noch so wertvollen Leitfiguren und ihren Ideen auszurichten. Demnach bleibt den Menschen eben nicht erspart, erst noch an ihrer Schuld weiterzuarbeiten, bis sie wieder die Hoffnung zu verdienen glauben, die sie zum Meistern der gefährdeten Zukunft so dringend benötigen.

EINSTEIN: Ist nicht jedoch zu dieser Anstrengung, von der du immer wieder sprichst, schon *zuvor* Hoffnung nötig? Nämlich damit man nicht in der Zerknirschung steckenbleibt, wenn man sich in negative Erinnerungen vertieft?

AUGUSTINUS: Da hast du recht. Es muß in den Menschen eine Ahnung davon dasein, daß sie damit etwas zur eigenen Gesundung tun, nämlich indem sie lernen, daß die Diskriminierten und Ausgegrenzten, die als vermeintlich minderwertig Bekämpften, also daß alle diese Opfer immer auch Teile von ihnen selbst sind, nämlich die eigene gehaßte Schwäche, die eigenen verachteten Minderwertigkeiten, die eigene mißachtete Natur. Sie können von der Geschichte nichts mehr ungeschehen machen, aber die Defekte an eigener Menschlichkeit zu reparieren versuchen, indem sie künftig in sich selbst akzeptieren, was sie an sich fürchten, hassen oder verachten. Sie können sich vor größenwahnsinnigen Übergriffen schützen, indem sie erfahren, daß Leiden, Depression, Vergänglichkeit zu ihrem Leben gehören, daß Aggression, wo sie zerstörerisch wird, immer mit unaufgelöstem Selbsthaß zu tun hat. Aber das alles ist kein »Bewältigen«, wie es immer wieder genannt wird, mehr ein Zulassen von Prozessen in einer mutigen Bereitschaft zu innerer Offenheit. – Ich kann nicht erwarten, lieber Einstein, daß du mit meiner Antwort zufrieden bist. Aber mehr weiß ich dazu nicht zu sagen.

FREUD: Dafür kann ich dir versichern, lieber Kirchenvater, daß mir deine Anwort schon deshalb sympathisch ist, weil du einen Lernprozeß beschreibst, der in seinem Muster ein wenig den Heilungsvorgängen ähnelt, wie wir sie in der Psychoanalyse anstreben und manchmal erreichen. Auch in dieser Therapie können Menschen neue Kräfte gewinnen, indem sie eine Vergangenheit, die sie mit untergründigen Selbstvorwürfen und Ängsten quält, nicht länger vor sich verstecken, sondern sich ihr stellen. Nur kann ich ebensowenig wie du erklären, was es ist, das einigen mehr als anderen dazu verhilft, sich mit vorher abgespaltenen inneren Anteilen auszusöhnen und dadurch gesünder und widerstandsfähiger zu werden. Es bleibt ein Geheimnis, warum da etwas zusammenheilt, was vorher voneinander abgesperrt war.

PLATON: Das erinnert mich daran, wie ich einst den trefflichsten Heilkundigen als einen Künstler beschrieben habe, der Menschen, denen keine Liebe einwohnt, doch einwohnen sollte, diese beizubringen verstehe: »Ein solcher muß das Feindseligste im Leibe einander zu befreunden wissen, daß es sich liebe.« So habe ich mich damals mit unbeholfenen Worten ausgedrückt.

FREUD: Jedenfalls geht es um das Prinzip, daß Menschen eine scheinbar absolute Unverträglichkeit überwinden zwischen einem guten Selbst, das sie unbedingt sein und immer schon gewesen sein wollen, und einem schlechten, das sie nie gewesen sein und auch als psychische Erblast nie in sich haben wahrnehmen wollen.

Strittiges Resümee

DESCARTES: Ich kann nicht länger verschweigen, daß mir eure ewige Grübelei über Gut und Böse, Schuld und Sünde, seelische Krankheit und Heilung auf die Nerven geht. Nicht nur, daß ihr euch inzwischen im Kreise dreht, wenn ihr mal sagt, daß Vorbilder helfen können, aber im gleichen Atemzug erklärt, warum man sich nicht an sie hält, oder wenn ihr reformerische Bürgergruppen lobt, aber ihre Unattraktivität für die herrschenden Mehrheiten feststellt. Nun seid ihr sogar bei der vorher in meinem Falle so geschmähten Autoritätsgläubigkeit angelangt, wenn ihr an einen freudschen Therapeuten oder an einen Heilkünstler nach Platons Wunschbild denkt, der die gespaltenen Seelen der verirrten Irdischen kurieren sollte.

Mir scheint, ihr wollt die heute Lebenden partout nicht so sehen, wie sie sind, sondern nur so, wie sie sein sollen, damit sie aus euren alten Ideen und Rezepten Nutzen ziehen könnten. Aber der Hauptgrund, warum ich euch in die Quere komme, ist mein Eindruck, daß sich unsere Argumente bereits mehrfach wiederholen, daß keine neuen Ideen mehr aufkommen und daß sich unsere Widersprüche eher verfestigen. Deshalb möchte ich dich fragen, werter Gastgeber, ob wir nicht zum Abschluß gelangen und ein Resümee ziehen sollten. Ich vermute, daß wir dich ohnehin mit unserem Gewirr von spirituellen, moralischen, materialistischen und technokratischen Analysen und Hochrechnungen reichlich ermüdet haben, ohne daß du gewagt hättest, uns deine Ungeduld einzugestehen.

EINSTEIN: Nein, ich hätte euch durchaus noch eine ganze Welle zuhören können. Es könnte doch sogar sein, daß es überhaupt der Hauptertrag unseres Unternehmens ist, geduldig immer weiteres Fragen aushalten zu können. Vielleicht wäre dies sogar das wichtigste Rezept, welches wir den Irdischen, könnten wir sie noch erreichen, gern vermitteln würden – nämlich daß sie sich endlich mehr Zeit nehmen sollten, gründlich über sich, ihre Beziehungen zueinander und zur Natur nachzudenken. Versteht dies bitte schon als einen Beitrag zu dem von Descartes gewünschten Resümee, denn auch ich meine, daß wir unsere Gesprächsrunde fürs erste abschließen könnten.

PLATON: Ich stimme dir zu, Einstein. Es ist an der Zeit, den Ertrag unseres Krisengipfels zusammenzufassen. Auf den ersten Blick klingt deine Empfehlung reichlich banal, daß die Lebenden sich eingehender befragen sollten, woher sie kommen, wozu sie da sind und wo sie hinwollen. Aber ebendieses Banale haben sie versäumt. Deshalb bewundern sie wie eh und je die Gespräche meines Lehrers Sokrates, die ich vor zweieinhalb Jahrtausenden rekonstruiert habe. Denn in diesen entdecken sie die Fragen, vor denen sie noch immer stehen und mit denen Sokrates tiefer gedrungen ist als sie selber. Wer von ihnen wüßte gegenwärtig ähnlich Wichtiges zu sagen über die Geheimnisse der Liebe, des Schönen und des Guten? Wer käme ihm gleich in der Kunst, den Prozeß des Erkennens im Dialog zu entfalten? Zweitausend Jahre nach ihm hat Descartes' seliger Zeitgenosse Pascal beklagen müssen, daß die Menschen mit ihrer Selbsterforschung immer noch am Anfang ständen. Ist es heute denn anders?
Sokrates hat die Nachwelt mit seiner genialen dialogischen Untersuchungsmethode beschenkt. Freud hat sie ihm abgeguckt. Das Prinzip ist ganz schlicht: Hinter allen einleuch-

tenden Antworten findet ihr neue offene Fragen. Denn stets stellt sich heraus, daß scheinbar endgültige Antworten nur Ergebnis vorläufiger Fragen sind und auf noch tiefer bohrende Fragen warten.

BUDDHA: Es fehlt den Westvölkern ja nicht an Neugier. Aber diese richten sie fast ausschließlich auf die äußere Welt, die sie noch vollständiger beherrschen und für ihr Konsumieren zurichten wollen. Was immer es außerhalb ist, das ihnen hilft, nicht über sich selbst nachdenken zu müssen, ist ihnen willkommen. Also wünschen wir ihnen, daß sie den Mut finden, sich von diesem Ablenkungszwang zu befreien.

EINSTEIN: Das hieße aber nicht, daß sie etwa darauf verzichten sollten oder auch nur könnten, die Gesetze des Universums bis hin zu denen der kleinsten Naturbausteine zu erkunden, sofern sie nur nie aus den Augen verlören, was sie selber im Verhältnis zu allen belebten Wesen und unbelebten Dingen sind. Denn ihre bescheidene Stellung innerhalb des Ganzen erhöht sich keineswegs mit der Großartigkeit ihrer Entdeckungen und Erfindungen. Mir selbst wurde ja umgekehrt meine Winzigkeit und Unvollkommenheit erst immer klarer, je mehr ich von den großartigen Zusammenhängen des Universums verstand.

PLATON: Heute fühlen sich die Menschen winzig und ohnmächtig gegenüber den entsolidarisierenden Mechanismen der Wirtschaft und der Naturzerstörung, durch die sie sich vom Untergang bedroht sehen. Offenbar macht es ihnen aber immer noch weniger angst, an den Verfall ihrer sozialen Strukturen, an Atombomben, Ozonschmelze und Klimaschock zu denken als an ihren eigenen psychischen Verfall, der sich in jenen materiellen Gefahren und Zerstörungen abbildet.
Ihr habt mich auf manche Fehler aufmerksam gemacht, die ich mir einst habe zuschulden kommen lassen. Aber wenig-

stens habe ich richtig erkannt, daß Gesellschaften so beschaffen sind wie die Menschen, die sie machen. Überwiegt in diesen zum Beispiel das Besitzstreben, dann kommen die Besitzgierigsten an die Macht, von wo aus sie ihren Reichtum gegen die Armen verteidigen und vermehren – so wie jetzt im Kapitalismus die Banken regieren. Das habe ich schon in der »Politeia« beschrieben. Deshalb leuchtet mir auch Freuds Erklärung sehr ein, wie es im Falle der Not zu totalitären Verhältnissen kommen könnte, nämlich dadurch, daß geängstigte Volksmassen sich willig von einer allmachtbesessenen Führungsgruppe entmündigen lassen würden.

BUDDHA: Woraus zu folgern ist, daß der einzelne Mensch zu jeder Zeit seiner Mitverantwortung für das Ganze inne sein sollte. Daraus allein ergäbe sich schon ein entschlossenes Widerstreben gegen alle Formen von Ungerechtigkeit und Gewaltverhältnissen. Aber wir haben gehört, daß solcher Verantwortungssinn, wie er sich in unserem Mahayana eingewurzelt hat, den meisten nur noch als Desiderat von Moralisten erscheint, die von Menschen träumen, die besser sein sollen, als sie sind. Ich bin indessen sicher, sollten die einzelnen – so wie es Einstein und Platon auch empfohlen haben – gemeinsam den Weg einer geduldigen und eingehenden Selbstbefragung einschlagen, anstatt sich ewig weiter in blinde Geschäftigkeit zu stürzen, werden sie in sich genau diese Verbundenheit mit dem Ganzen vorfinden. Denn das Mitfühlen mit noch so fremdem Leben und Leiden ist jedem Menschen als Chance zur Überwindung seiner trostlosen Vereinzelung und zur Bestätigung seiner sozialen Wichtigkeit eingeboren, so wie es mein lebender Nachfahre, der tibetische Dalai-Lama, den vielen von ihm besuchten Völkern mit Worten und durch das eigene Beispiel klarzumachen versucht.

Deshalb knüpfe ich übrigens genau wie Augustinus zaghafte Hoffnungen an die Beobachtung, daß auch in euren

Westvölkern entschiedener Widerwille gegen das keimt, was die Leute Konsumdruck nennen. Sie wollen sich keine Wünsche mehr einreden lassen, die sie gar nicht haben, auch keine Artikel, die vorhandene Wünsche nach mehr Gesundheit, Kraft, Schönheit, Jugendlichkeit zu erfüllen nur vortäuschen. Viele wollen auch nicht mehr nur aus zweiter Hand leben, nämlich vor der Mattscheibe an inszenierten Gefühlen und Leidenschaften Anteil nehmen, die nicht die eigenen sind, sich auch nicht mehr von geschauspielerter und geschönter Fernsehpolitik ihr eigenes kritisches Denken enteignen lassen. Sie wollen endlich wissen, was sie überhaupt noch anderes sind als anonyme Teile der von der Werbeindustrie erfundenen und manipulierten »Zielgruppen«.

FREUD: Das heißt, sie wollen sich erst als Subjekte kennenlernen. So vernehme ich übrigens auch von den heutigen Kollegen meiner Zunft, daß viele Klienten sich ihnen nur deswegen über Jahre zur Therapie anvertrauen, um allmählich hinter allem, wozu sie bisher gemacht worden sind, ihr eigenes Selbst neu zu entdecken.

EINSTEIN: So waren sie zuvor gar nicht richtig krank?

FREUD: Sie waren es durchaus, denn wie soll man diese Selbstentfremdung anders nennen?

DESCARTES: Ginge es nach euch, sollten zumal die abendländischen Völker den geschichtlichen Prozeß erst einmal eine Weile anhalten, bis sie in ihrem Kopf darüber Klarheit geschaffen haben, was sie eigentlich wollen. Und dann sollten sie möglichst darauf kommen, das zu wünschen, was ihr euch von ihnen wünscht. Sokrates hat ja auch seinerzeit immer schon vorher gewußt, was seine philosophierenden Dialogpartner entdecken sollten. Freuds Zunftgenossen pflegen ihre Patienten ohnehin nichts anderes als die Bestätigung der Theorie ihres Meisters herausfinden zu lassen,

während die Klienten Augustins sich gefälligst als die Sünder zu erkennen haben, zu denen er selbst sie längst schon zuvor abgestempelt hat.
Aber abgesehen davon, daß niemand von euch weiß, was die Völker bei der ihnen von euch verordneten langwierigen Selbstprüfung tatsächlich herausfinden würden, so ist es naiv von euch zu glauben, sie könnten sich die dazu erforderliche Muße leisten und hätten überhaupt noch die von euch phantasierten Entscheidungsspielräume zur Verfügung. Wie ich schon mehrmals sagte: Sie sitzen in einem fahrenden Zug, den niemand anhalten oder auch nur von seiner Grundrichtung ablenken kann. Ihr Wirtschaftssystem ist eisern verankert. Welches von den Industrievölkern auch nur einen Moment zum Verschnaufen aus dem Wettrennen der technischen Wandlungen ausscheren würde, hätte mit riesigen ökonomischen Verlusten zu büßen. Und was die *Motive* der Pioniere anbetrifft, die diesen euch unheimlichen Prozeß in Gang halten, so bestehen sie in einer hellwachen Kühnheit und dem völlig legitimen Anspruch, die dem menschlichen Geschlecht eingeborenen Wachstumsmöglichkeiten voll auszuschöpfen. Dagegen mögen die von euch wohl favorisierten Vertreter des »Small is beautiful«, die Fürsprecher der »neuen Langsamkeit«, die Ökofanatiker und mit ihnen die gesamte Herde der Sozialidealisten in ihren edelsinnigen Sympathisantenzirkeln alle Huldigungen und Kulturpreise einheimsen – für mich sind und bleiben sie realitätsferne Träumer und ärgerliche Fortschrittsbremser.

AUGUSTINUS: Ähnlich verächtlich oder mitleidig haben die sich so fortschrittlich dünkenden Römer, als ihre Kultur schon im Niedergang begriffen war, auf die paar Christen hinabgeblickt, die sich für ihren alternativen Glauben verspotten oder sogar foltern lassen mußten. Hätten die Römer damals statt ihrer primitiven Kampfmaschinen moderne Vernichtungswaffen zur Verfügung gehabt, hätten sie es mit ihrer Lust an Grausamkeiten spielend fertiggebracht, nur noch verbrannte Erde zu hinterlassen. So aber konnten wir Christen aus der Kraft unseres Glaubens heraus unsere neue Kulturwelt aufbauen, auf deren Erbe sich heute noch viele Völker berufen, obwohl sie es zuwenig gepflegt haben. Was ich damit sagen will? Daß du, Descartes, nicht unterschätzen solltest, welche aufbauenden Kräfte die Abendländler vielleicht noch entfalten könnten – da es ihnen doch jetzt schon immer mehr übel wird von ihren Orgien der Gewalt, ihrer oberflächlichen Amüsierkultur, ihren Gladiatorenspektakeln sowie ihren sozialen und ökologischen Unverantwortlichkeiten. Vielleicht könnten sie dem Schicksal Babylons doch noch entgehen, würden sie sich im letzten Augenblick aus der bewußten Erfahrung ihres Scheiterns erheben und beherzigen, was ihnen ihre großen humanistischen Vorbilder und die Bergpredigt vermittelt haben.

EINSTEIN: Auch ich möchte die Gruppen verteidigen, die du, Descartes, als Fortschrittsbremser verhöhnst. Wie häufig stellt sich doch heraus, daß vorschnell etwas gemacht wird, was man nach späterer Erkenntnis besser unterlassen hätte. In älteren Zeiten war es noch nicht so gefährlich, als die Techniker mit vergleichsweise harmlosen Errungenschaften hantierten. Heute jedoch werden die schrecklichen Massenvernichtungswaffen um die Wette produziert und in alle Welt geschickt, bis man später Hunderttausende oder Millionen von Opfern durch Kriege beklagen muß, die man auf diese Weise erst führbar gemacht hat. Nie hätte ich selber zum Bau der Atombombe geraten, hätte ich die Ausgangsbedingungen und die möglichen Konsequenzen sorgfältiger bedacht. Mit Erschrecken sehe ich, daß die biotechnischen Konzerne vorsichtige Risikoabschätzung nur noch als unnötiges Handicap in ihrem Wettkampf um Patente bewerten. Es ist doch einer der Hauptgründe, weswegen ich euch überhaupt hierher eingeladen habe, daß unbesonnenes Machen immer häufiger verantwortungsvollem Denken vorauseilt, so daß man späterhin unheilvolle Sachzwänge beklagen muß, die man sich selbst eingebrockt hat.

Würde ich wie du meinen, Descartes, die Irdischen sollten ihre Geschicke denen überlassen, die auf der Überholspur alles noch schneller herstellen wollen, was sie selber scheinbar größer und mächtiger macht, dann könntest du mich zu den pessimistischen Apokalyptikern zählen. Doch das bin ich nicht. Ich glaube an die Chancen eines anderen technischen Fortschritts, der sich auf die Maßstäbe von Sanftheit, Verträglichkeit und Bescheidenheit umorientieren müßte.

KONFUZIUS: In einem mir wichtigen Punkt würde ich dich gern allerdings noch ergänzen, lieber Gastgeber. Ich finde, wir haben bisher Denken und Machen zu sehr als Gegensätze behandelt. Vielleicht auch deshalb, weil wir selber mit unseren ergrübelten Ideen zu Rang und Ansehen gelangt sind und mit praktischer Politik, wenn überhaupt, nicht besonders erfolgreich in Berührung gekommen sind. Wie sehr ich es seinerzeit bedauert habe, mich in der Politik nur kurzfristig nützlich machen zu können, habe ich euch erzählt. Nunmehr scheint es mir indessen hoch an der Zeit, daß kritische Denker – Intellektuelle, wie sie sich nennen – sich intensiver in das politische Machen einmischen. Alles wichtige Wissen, so lautete meine Lehre schon zu Lebzeiten, muß an die Menschen herangebracht werden, die danach praktisch anzuleiten sind. Was nützen Erkenntnisse, geht man mit ihnen nicht dorthin, wo über ihre Anwendung entschieden wird? Wenigstens dieses Prinzip konnte ich meinen Schülern vermitteln, so daß ich von hier oben erfreut beobachtet habe, wie einige meiner Ideen tatsächlich später tief in das soziale und politische Leben verschiedener asiatischer Völker eingedrungen sind.

AUGUSTINUS: Meinst du nicht, Konfuzius, daß du dich mit deinem Prinzip bei uns ohnehin in bester Gesellschaft befindest? Hat Buddha nicht schon sehr früh sogar zwei Könige und eine Reihe wichtiger Kaufleute als Anhänger geworben? Platons Ausflüge in die Politikberatung haben uns soeben beschäftigt. Mich kennt ihr ebenso als religiösen Philosophen wie als kirchlichen Politiker, und was Freund Marx in der Politik bewegt hat, ist weltweit doch jedem Schulkind geläufig.

PLATON: Aber daß keiner von uns sich in diesem Felde mit besonderen Verdiensten schmücken kann, das läßt sich doch nicht bestreiten. Übrigens geht es Konfuzius, wenn ich ihn recht verstanden habe, doch vor allem um die Gegenwart. Wo finden wir denn heute unsere philosophierenden Nachfolger an Stellen mit politischem Einfluß? Wo sind sie überhaupt an einem solchen interessiert und nicht nur an ihren akademischen Karrieren oder ihrem literarischen Ansehen? Und wo sind die Politiker, die dem Gewicht ihrer Aufgaben angemessene Berater suchen und nicht nur Helfer in Sachen Machtpraktik und Rhetorik?

Am meisten irritiert mich indessen, wie wenig sich unsere eigenen geistigen Nachfahren bemühen, sich Gehör bei den Verantwortungsträgern zu verschaffen. Während ich seinerzeit froh war, von meinem Lehrer Sokrates eine so einfache Ausdrucksweise erlernt zu haben, daß jedermann mich verstehen konnte, ist es offenbar der Stolz meiner erlauchten lebenden Kollegen, daß ihre Kunstsprache nicht einmal vom Gros der Bildungsbürger, geschweige denn von politischen Praktikern entschlüsselt werden kann.

Ich hoffe, Augustin und Freud, daß euch beiden an euren Schülergemeinden genau wie mir mißfällt, wie sehr diese sich zumeist davor scheuen, sich mit gesellschaftlicher Einmischung Ärger zu bereiten. Allen nachdenklichen Christen müßte doch klar sein, wie weit die heutige Politik von den sozialen und humanistischen Prinzipien ihrer Glaubenslehre entfernt ist. Aber sie kuschen vor ihrer Obrigkeit, die im Zweifel stets mit den Mächtigen statt mit den Schwachen und Ohnmächtigen paktiert, für die sie eigentlich Partei zu

nehmen hätte. Und deine inzwischen so zahlreichen Jünger, lieber Freud, meinen offenbar, die politische Wirklichkeit spiegle nicht nur vieles von den inneren Prozessen der Menschen wider, sondern sei wohl überhaupt nur noch ein Widerschein der inneren Realität, verdiene also kein nennenswertes Interesse, geschweige denn engagierte Anteilnahme.
Die Adresse, bei der kritische Intellektuelle heute nicht erst um Gehör bitten müßten, das sind die aus der Bürgergesellschaft spontan herausgewachsenen Initiativen von der Art, wie du sie uns zuvor geschildert hast, lieber Einstein. Da können sehr gut Philosophen neben Praktikern, Theologen neben Ingenieuren, Studierende neben Rentnern, Naturwissenschaftler neben Arbeitern ihre gewandelten sozialen und ökologischen Vorstellungen in der Realität erproben, vor allem aber auch die eigene Widerstandsfähigkeit in politischen Konflikten.

EINSTEIN: Das war, wie ich finde, noch eine ganz wichtige Klarstellung, die aber nichts daran ändert, daß wir am Ende mit einer Mehrzahl sehr unterschiedlicher Konzepte dastehen, die, in verkürzenden Stichworten skizziert, etwa so aussehen:
Descartes sagt, die Menschheit wird sich nicht nur retten, sondern sich in immer großartigere Höhen hinaufschwingen, indem sie alle Probleme, die sie sich je schafft, mit fortschreitender Wissenschaft und revolutionären technischen Errungenschaften lösen wird. Wo Risiken produziert werden, wird der Mensch sie mit staatlichen und technischen Kontrollsystemen beherrschen, ohne das Schicksal des Dinosaurierzüchters befürchten zu müssen.
Marx sagt: Die Mechanismen der kapitalistischen Globalisierung steuern unumkehrbar auf eine revolutionäre Gewalteruption zu. Markt und Staat brechen schließlich auseinander. Es ist bald kein Geld mehr da, um den aus der Arbeitsgesellschaft herausgefallenen oder verstoßenen Millionen eine erträgliche Versorgung zu garantieren. Während

die Verschuldung der Staaten ins Astronomische ansteigt und sich am unteren Rand der Gesellschaften Resignation und Lähmung ausbreiten, werden die noch Kampffähigen der Verlierermassen erst da und dort, dann aber sich stetig steigernd und bald immer mächtiger gegen die Bastionen der Herrschenden anstürmen und sich in einen Vernichtungskrieg mit privaten und staatlichen Armeen stürzen – wobei Marx noch hoffen mag, daß dieses Inferno eine regenerationsfähige Minderheit übriglassen würde, was anderen unter uns, sofern sie überhaupt ein solches Szenario unterstellen, utopisch erscheint.

Freud hat uns die Perspektive eines schleichenden tödlichen Siechtums erläutert – die Obsession der Massen von erklärten oder heimlichen Pessimisten. Er hat uns den sich selbst verstärkenden destruktiven Zirkel vor Augen geführt: Je mehr die Irdischen bezweifeln, ihre Probleme noch lösen zu können, um so tiefer versinken sie in eine Depression, die ihre aufbauenden Kräfte zusätzlich schwächt, worauf sich wiederum ihr Zukunftsbild weiter verdüstert – und so weiter und so fort. Die Widerstandskraft gegen Korruption und Gewalt nimmt ab, Schamgefühle schwinden, mit zynischem Galgenhumor wird Verzweiflung abgewehrt. So ermattet die Kultur in einem Prozeß schleichenden Absterbens, auch »soziale Entropie« genannt, als eine sich schrittweise selbst erfüllende pessimistische Prophezeiung.

Augustin hingegen hängt unbeirrbar an der Vision der Apokalypse. Seine Zeugen sind die Massen, die sich in der Hure Babylon wiedererkennen und den Absturz von der frevelhaften Selbstvergötterung zur universalen Selbstzerstörung unmittelbar und drastisch vor Augen haben. Dennoch könnten sie, so läßt uns der weise Kirchenvater hoffen, vielleicht im letzten Augenblick aus Schuldeinsicht noch den Mut zur Umkehr finden und die Kräfte zum Besseren, die durchaus in ihnen stecken, befreien.

Schließlich hat beharrliches Suchen unseren Blick auf Gruppierungen gelenkt, die sich neuerdings vielerorts und gerade auch im Abendland anschicken, von dem Kulturideal des ewigen Expansionismus Abschied zu nehmen und ihr Wohl in einem ermäßigten Bild von sich selbst und in einem einfühlsameren Einklang mit ihrer sozialen und natürlichen Mitwelt zu suchen. Diese Einstellung leitet sie ganz von allein zur Entwicklung und Anwendung verträglicherer Technologien. Anschluß an solche Gruppierungen suchen offenbar Menschen aus allen Schichten – spontan oder auch speziell von euren Lehren geistig beeinflußt. Es sind vorläufig nur bescheidene Anfänge. Aber es waren ja auch nur wenige, die ursprünglich von euren Botschaften etwas wissen wollten, bis diese sich über weite Teile der Erde nachhaltig ausgebreitet haben. Jenen Gruppierungen gehört jedenfalls meine besondere Sympathie – was ich mir trotz der Zurückhaltung, die sich für mich als Moderator geziemt, am Ende zu gestehen erlaube.

FREUD: Wir alle haben dir nicht nur für deine kluge und umsichtige Moderation, sondern zuallererst für die große Ehre zu danken, daß du uns überhaupt zu diesem spannenden Gespräch eingeladen hast. Du erinnerst dich gewiß, lieber Einstein, daß ich anfangs nicht recht einsehen wollte, warum du ausgerechnet unsere musealen Seelen und nicht diejenigen frisch zugereister Experten und Zukunftsforscher ausgewählt hattest. Aber jetzt verstehe ich deinen Grundgedanken viel besser, von dem du vielleicht sogar wünschst, daß er auch denen dort unten einleuchten könnte. Wo können diese denn das rechte Maß für ihre Ziele besser suchen als bei den Alten, die am tiefsten und deshalb auch am folgenreichsten über die menschliche Bestimmung auf der Erde nachgedacht haben? Da ich selbst genau wie Marx noch lange nicht diese Bewährung erbracht habe, darf ich mir diese Bemerkung wohl erlauben.

Können die Irdischen denn ihre globale Wirtschaft, ihren Umgang mit dem Atom- und dem Zellkern und der Mikroelektronik vernünftig planen, wenn sie nicht zuvor danach gefragt haben, wozu sie überhaupt da sind? Und finden sie dazu nicht viel maßgeblichere Gedanken bei euch Alten und manchen anderen historischen Heilsdenkern als bei der gesamten Expertenschaft und der elitären Intelligenzija von heute? Waren es nicht auch die überlieferten Weisheitslehren aus der Frühzeit unseres Geschlechtes, aus denen Buddha, Konfuzius und Platon ihrerseits tiefe Wahrheiten über das Wesen und die Verantwortung des Menschen geschöpft haben?

EINSTEIN: Wie du schon sagst, täte es den Lebenden gewiß gut, sich bei ihrer dringlichen Selbstbefragung mehr Rat bei ihren geistigen Vorvätern und Vormüttern zu holen. Damit stoße ich übrigens auf einen Ertrag unserer Gesprächsrunde, den ich – sicherlich aus schlechtem Gewissen – bisher vor mir hergeschoben habe. Ich meine unsere Erkenntnis, daß eine Rettung, wenn es sie geben soll, ganz entscheidend von der Energie der Frauen abhängen wird. Eigentlich hättet ihr mich dafür schelten sollen, daß ich hier eine reine Männerrunde eingeladen habe, obwohl es nicht an bedeutenden Denkerinnen fehlt, die durchaus in unseren Kreis hineingepaßt hätten. Vielleicht habt ihr mir dieses Versäumnis nicht vorgehalten, weil ihr selber, wenn ich es richtig sehe, durchweg erhebliche Probleme in eurem Verhältnis zu den Frauen hattet, was ja auch für mich zutrifft. Immerhin haben wir uns klargemacht, daß eine Befreiung vom westlichen männlichen Allmachtswahn nur im Falle einer kräftigen geistig-politischen Gegensteuerung durch die Frauen denkbar erscheint, die gerade in den humanistischen und ökologischen Initiativen der Bürgergesellschaft eine führende Rolle spielen.

PLATON: Mit dieser reuevollen Beteuerung hast du dich und uns schon ein Stück weit entlastet. Überhaupt finde ich, daß wir mit dem wechselseitigen Aufspüren unserer Irrungen und Versäumnisse wenigstens unsere Sache als Selbsthilfegruppe gar nicht so schlecht gemacht haben. Aber sag zum Ende, lieber Einstein, wissen wir nun tatsächlich mehr darüber, wie es mit denen dort unten weitergehen wird?

EINSTEIN: Wie es mit ihnen weitergehen *kann*, dafür haben wir wohl die wichtigsten Alternativen ermittelt. Aber was mit ihnen werden *wird*, das bleibt ihrem eigenen Wollen vorbehalten. Sie müssen nicht wollen, könnten sich ja auch weiterhin mehr oder weniger der Eigendynamik ökonomischer und technologischer Zwänge ergeben. Das wäre sicherlich die schlechteste ihrer Alternativen. Würden sie wenigstens dies durchschauen, was wohl die Mehrheit aus unserem Kreis erhofft, dann hätten sie schon einen wesentlichen Schritt getan.

Fragt ihr mich nach meinem persönlichen Resümee, so sehe ich für den Menschen, will er die Zukunft seines Geschlechtes sichern, die einzige Chance darin, daß er zwei ganz einfache Einsichten endlich praktisch beherzigt: daß sein Schicksal mit dem der Mitmenschen in allen Teilen der Erde unlösbar verbunden ist und daß er zur Natur und diese nicht ihm gehört.

Nachtrag

Daß diese denkwürdige Himmelskonferenz auf telepathischem Wege oder durch geheimnisvolle Vermittlung Außerirdischer belauscht und aufgezeichnet werden konnte, ist im wahrsten Sinne phantastisch. Der Protokollant vermochte der Versuchung nicht zu widerstehen, die empfangenen Gesprächsfragmente mit ihm passend erscheinenden Zutaten zu ergänzen – ein zweifellos problematisches Unterfangen. Mögen die himmlischen Weisen ihrem dankbaren Verehrer seine Vermessenheit nachsehen, derer sich dieser erst im nachhinein schamvoll bewußt geworden ist.

Wenigstens hat er sich um eine Aufspürung der Quellen bemüht, aus denen die ehrwürdigen Heilsdenker schöpften, wenn sie sich selbst oder gegenseitig zitierten:

Agrippa von Nettesheim: *Magische Werke.* Berlin (Barsdorf) 4. Aufl. 1921

Anders, Günther: *Die Antiquiertheit des Menschen.* Bd. II. München (Beck)

Augustinus, Aurelius: *Bekenntnisse.* Stuttgart (Kröners Taschenausgabe Bd. 80) 2. Aufl. 1939

Ders.: *Gottesstaat.* Ebd.

Barraux, Roland: *Die Geschichte der Dalai-Lamas.* Solothurn und Düsseldorf (Walter) 1995

Bauman, Zygmunt: *Biologie und das Projekt der Moderne.* Mittelweg 36, 2, 1993

Bell, Daniel: *Die Zukunft der westlichen Welt.* Frankfurt a. M. (S. Fischer) 1976

Böhme, Jakob: *Vom Geheimnis des Geistes*. Hg. F. A. Schmidt-Noerr. Leipzig (Reclam) 1940

Born, Max, u. Hedwig Born: *Der Luxus des Gewissens*. München (Nymphenburger) 1969

Broder, Henryk M.: *Im Chor der Gutmenschen*. DER SPIEGEL. Nr. 39, 25. 9. 95

Chargaff, Erwin: *Zeugenschaft*. Stuttgart (Klett-Cotta) 1985

Dalai-Lama: *In die Herzen ein Feuer*. Bern, München, Wien (Scherz) 1995

Ders.: *Der Friede beginnt in dir*. Freiburg, Basel, Wien (Herder) 1996

Der Spiegel: *Der göttliche Teufel*. Nr. 52, 23. 12. 96

Descartes, René: *Die Prinzipien der Philosophie*. Philosophische Werke, Bd. II. Leipzig (Meiner) 1911

Ders.: *Abhandlung über die Methode*. Bd. I. Ebd.

Ders.: *Über die Leidenschaften der Seele*. Bd. II Ebd.

Ders.: *Meditationen über die Grundlagen der Philosophie*. Bd. I Ebd.

Die Gruppe von Lissabon: *Grenzen des Wettbewerbs*. München (Luchterhand) 1997

Einstein, Albert: *Frieden*. Bern (Lang) 1975

Ders.: *Religion und Wissenschaft*. In.: Dürr, H. P. (Hg.): *Physik und Transzendenz*. Bern, München, Wien (Scherz) 1986

Ders.: *Naturwissenschaft und Religion*. Ebd.

Eliade, Mircea u. Joan P. Couliano: *Handbuch der Religionen*. Zürich u. München (Artemis) 1991

Erikson, Erik H.: *Gandhis Wahrheit*. Frankfurt a. M. (Suhrkamp) 1971

Flasch, Kurt: *Augustin. Einführung in sein Denken*. Stuttgart (Reclam) 2. Aufl. 1994

Frank, Philipp: *Einstein. Sein Leben und seine Zeit*. Braunschweig, Wiesbaden (Vieweg) 1979

Freud, Sigmund: *Zwangshandlungen und Religionsübungen*. Ges. Werke Bd. VII

Ders.: *Die »kulturelle« Sexualmoral und die moderne Nervosität*. Bd. VII

Ders.: *Jenseits des Lustprinzips*. Bd. XIII

Ders.: *Das ökonomische Problem des Masochismus*. Bd. XIII

Ders.: *Das Ich und das Es*. Bd. XIII

Ders.: *An Romain Rolland*. Bd. XIV

Ders.: *Die Zukunft einer Illusion*. Bd. XIV

Ders.: *Das Unbehagen in der Kultur*. Bd. XIV

Ders.: *Über eine Weltanschauung*. Bd. XV

Ders.: *Warum Krieg?* Bd. XVI

Gandhi, Mahatma: *Worte des Friedens*. Freiburg, Basel, Wien (Herder) 1984

Garrett, Laurie: *Die kommenden Plagen.* Frankfurt a. M. (S. Fischer) 1996

Glasenapp, Helmuth: *Die fünf Weltreligionen.* München (Diederichs) 1963

Hartmann, Heinz: *Psychoanalyse und Weltanschauung. Almanach der Psychoanalyse,* 1936

Hesiod: *Werke.* Berlin u. Weimar (Aufbau) 1994

Huxley, Aldous: *Schöne neue Welt.* Frankfurt a. M. (Fischer-Tb.) 1953

Jaspers, Karl: *Die großen Philosophen.* Bd. I München (Piper) 1957

Jones, Ernest: *Leben und Werk von Sigmund Freud.* Bd. I Bern u. Stuttgart (Huber) 1960

Kant, Immanuel: *Der Streit der philosophischen Fakultät mit der juristischen.* In.: Ges. Werke, Bd. IX. Darmstadt (Wissenschaftliche Buchgesellschaft), Sonderausgabe 1983

Kennedy, Paul: *In Vorbereitung auf das 21. Jahrhundert.* Frankfurt a. M. (S. Fischer) 1993

Kierkegaard, Sören: *Entweder-Oder.* Dresden (Ungelenk) 4. Aufl. 1909

Küng, Hans u. Heinz Bechert: *Christentum und Weltreligionen – Buddhismus.* München und Zürich (Piper) 1984

Lieber, Hans-Joachim (Hg.): *Politische Theorien von der Antike bis zur Gegenwart.* München (Olzog) 1991

Mandela, Nelson: *Der lange Weg zur Freiheit.* Frankfurt a. M. (S. Fischer) 1994

Marquard, Odo: *Die arbeitslose Angst.* Die Zeit, Nr. 51, 1986

Martin, Hans P. u. Harald Schumann: *Die Globalisierungsfalle.* Reinbek (Rowohlt) 1996

Marx, Karl: *Die Frühschriften.* Stuttgart (Kröner) 1971

Ders.: *Texte zu Methode und Praxis III.* Reinbek (Rowohlt) 1967

Ders.: *Das Kapital.* Stuttgart (Kröner) 1957

Marx, Karl u. Friedrich Engels: *Philosophie.* Frankfurt (Fischer-Tb.) 1966

Meyer-Abich, Klaus M.: *Aufstand für die Natur.* München, Wien (Hanser) 1990

Ders.: *Praktische Naturphilosophie.* München (Beck) 1997

Orwell, George: *1984.* Frankfurt, Berlin, Wien (Ullstein) 1976

Pascal, Blaise: *Gedanken.* Stuttgart (Reclam) 1979

Platon: *Symposion. Sämtl. Werke.* Reinbek (Rowohlt) 1957-1959

Ders.: *Menon.* Ebd.

Ders.: *Phaidon.* Ebd.

Ders.: *Politeia.* Ebd.

Ders.: *Phaidros.* Ebd.

Ders.: *Timaios.* Ebd.

Ders.: *Nomoi.* Ebd.

Plutarch: *Griechische und römische Heldenleben.* Wiesbaden (VMA) 1996
Postman, Neil: *Wir amüsieren uns zu Tode.* Frankfurt a. M. (Fischer-Tb.) 1988
Raddatz, Fritz J.: *Karl Marx.* Hamburg (Hoffmann u. Campe) 1975
Richter, Horst-Eberhard: *Der Gotteskomplex.* Düsseldorf und München (ECON) 1997
Russell, Bertrand: *Denker des Abendlandes.* Bindlach (Gondrom) 1996
Ders.: *Sieg ohne Waffen.* Darmstadt (Darmstädter Blätter) 1987
Scheler, Max: *Der Formalismus in der Ethik und die materiale Wertethik.* Ges. Werke Bd. II. Bern, München (Francke) 5. Aufl. 1966
Schopenhauer, Arthur: *Grundprobleme der Ethik.* Berlin (Deutsche Buchgemeinschaft) o. J.
Schumacher, E. F.: *Die Rückkehr zum menschlichen Maß.* Reinbek (Rowohlt) 1977
Sève, Lucien: *Marxismus und Theorie der Persönlichkeit.* Frankfurt a. M. (Marxistische Blätter) 1972
Simmel, Ernst (Hg.): *Antisemitismus.* Frankfurt a. M. (Fischer-Tb.) 1993
Spengler, Oswald: *Der Untergang des Abendlandes.* München (Beck) 1921
Stopczyk, Annegret: *Was Philosophen über Frauen denken.* München (Matthes u. Seitz) 1980
Trbuhović-Gjurić, Desanka: *Im Schatten Albert Einsteins.* Bern, Stuttgart, Wien (Haupt) 1993
Trungpa, Chögyam: *Das Herz des Buddha.* Bern, München, Wien (Barth) 1993
Weizsäcker, Ernst Ulrich v., Amory B. Lovins und L. Hunter Lovins: *Faktor vier.* München (Droemer Knaur) 1995
Windelband, Wilhelm: *Platon.* Stuttgart (Frommanns) 1905
Wöhlcke, Manfred: *Soziale Entropie.* München (dtv) 1996